西南大学"双一流"建设(教育学)学术文库
A Library of Academic Works of Southwest University "Double First-Class" Project (Education)

乡村教师职业吸引力论纲

赵 鑫 著

西南大学出版社
国家一级出版社 全国百佳图书出版单位

图书在版编目(CIP)数据

乡村教师职业吸引力论纲/赵鑫著. -- 重庆：西南大学出版社, 2024.12. -- (西南大学"双一流"建设(教育学)学术文库). -- ISBN 978-7-5697-2930-6

Ⅰ. G451.2

中国国家版本馆CIP数据核字第2025S4P368号

乡村教师职业吸引力论纲
XIANGCUN JIAOSHI ZHIYE XIYINLI LUNGANG

赵 鑫 著

责任编辑｜李 勇 鲁 欣
责任校对｜雷 兮
装帧设计｜闰江文化 胡 月
排　　版｜杨建华
出版发行｜西南大学出版社（原西南师范大学出版社）
　　　　　地　　址｜重庆市北碚区天生路2号
　　　　　邮　　编｜400715
　　　　　电　　话｜023-68868624
印　　刷｜重庆紫石东南印务有限公司
成品尺寸｜170 mm×240 mm
印　　张｜16.75
字　　数｜276千字
版　　次｜2024年12月 第1版
印　　次｜2024年12月 第1次印刷
书　　号｜ISBN 978-7-5697-2930-6
定　　价｜59.00元

总序

西南大学教育学科源于1906年的川东师范学堂教育科。1950年10月,四川省立教育学院教育系、国立女子师范学院教育系合组为西南师范学院教育系。后四川大学教育系和教育专修科、重庆大学教育系、相辉学院教育系、川东教育学院教育系和公民训育系、昆明师范学院教育系、贵阳师范学院教育系、四川医学院营养保育系等高校的教育类专业又先后并入。1995年成立教育科学学院,2005年改名教育学院。2011年,学校将西南大学教育学院、教育科学研究所、基础教育研究中心、教育部西南基础教育课程研究中心、教师教育管理办公室、高等教育研究所和培训学院的教学科研人员合并组建为西南大学教育学部,成为西南大学重点建设的研究型学部。在教育学科的发展过程中,先后涌现出陈东原、张敷荣、高振业、任宝祥、秦仲实、刘克兰等一大批老一辈教育家,以及新一代教育学者。

西南大学教育学科于1981年获得硕士学位授予权,1984年获得博士学位授予权,现拥有"课程与教学论"国家重点学科、教育学一级学科博士学位授权点、博士后科研流动站,有教育部人文社科重点研究基地"西南民族教育与心理研究中心"、教育学领域"职业教育融通与课程教学统整"全国高校黄大年式教师团队、高等学校学科创新引智计划(111计划)"西部儿童与青少年发展阻断贫困代际传递大数据决策系统"、教育部"成渝地区双城经济圈高校智能化教学改革"虚拟教研室、国家2011协同创新平台"中国基础教育质量监测协同创新中心西南大学分中心"、教育部"民族教育发展与高层次人才培养"重点研究基地等国家级、省部级平台与团队近20个。教育学、学前教育、教育技术学、特殊教育4个专业全部获批国家一流本科专业建设点，教育学专业为教育部和财政部联合确定的首批国家级特色专业，学前教育专业入选教育部首批"卓越幼儿园教师培养计划"。

自2022年入选国家"双一流"建设学科、重庆市一流学科（尖峰学科）以来，教育学科以服务国家教育强国战略和成渝地区双城经济圈教育协同发展战略为宗旨，找准国家重大战略需求、科学技术发展前沿、学科优势特色三者的结合点，确立了围绕"三个重大"（重大项目、重要奖项、重点平台）抓"关键性少数"、"三全治理"（全员、全方位、全过程）抓"系统性思维"、"三个一流"（团队、领域、平台）抓"可显性指标"的战略框架，坚持"做有组织的科研、出有领域的成果、建有追求的团队、留有记忆的符号、创有激情的文化、干有温度的事业、过有成就的日子"的七大原则，锚定"四大方向八个领域"，组建了教育基本理论与意识（马克思主义教育理论中国化、民族文化与教育特色理论建构）、区域发展与教育（职业教育与区域经济社会发展、乡村振兴与教育阻隔代际贫困传递）、基础教育课程教学与教师教育（中国特色课程教学新发展、教师教育理论体系建构与政策发展）、未来教育与儿童发展（智慧教育和"未来学校"建设、儿童健康教育与脑发育机制）"跨学院"的核心研究团队，建设了"智慧教育与全人发展"首批重庆市哲学社会科学重点实验室（试点）、西部科学城（重庆）西南心理健康大数据中心，创办英文国际期刊 *Future in Educational Research* 和辑刊《未来教育研究》。

本学术文库是西南大学教育学"双一流"学科建设的重要成果，它着眼于教育科技人才一体化推进的国家重大战略，立足世界教育发展与学术研究的基本趋势，聚焦中国教育发展的现实问题，塑造区域教育发展新优势与新领域，通过"跨学科""跨理实""跨区域"的研究视角，质性研究与量化研究相结合的技术路线，扎根中国大地做原创性、系统性、引领性的教育研究，真正把教育研究从西方教育范式和话语体系中解放出来，构建具有中国特色的教育学学科体系、学术体系和话语体系，为加快推进教育现代化战略和建设教育强国战略贡献西南大学教育学科的学术力量。

（西南大学教育学一流学科建设"首席责任专家"、教育学部部长、教育部国家级高层次人才）

2024年6月18日

前言

"从内往外看"与"从下往上看",就是站在社会生活本身看在"官语"与"译语"指导下的中国社会,尤其是中国农村社会的实际变化过程。

——曹锦清《黄河边的中国》

乡村兴则国家兴,全面建成社会主义现代化强国,最艰巨最繁重的任务在乡村,最广泛最深厚的基础在乡村,最大的潜力和后劲也在乡村。无论是乡村振兴,还是乡村现代化,都需乡村教育先行。乡村教育是乡村社会的有机组成部分,乡村教师是发展更加公平而更有质量的乡村教育、落实乡村教育振兴的关键主体。《乡村教师支持计划(2015—2020年)》《乡村振兴战略规划(2018—2022年)》《加快推进教育现代化实施方案(2018—2022年)》《关于加强新时代乡村教师队伍建设的意见》等国家政策文件多次要求把乡村教师队伍建设摆在优先发展的战略地位,尤其是"补强薄弱地区教师短板""采取切实措施加强老少边穷岛等边远贫困地区乡村教师队伍建设"。2021年颁行的《关于加快推进乡村人才振兴的意见》、2022年发布的《新时代基础教育强师计划》以及2025年印发的《教育强国建设规划纲要(2024—2035年)》都强调"加强乡村教师队伍建设",通过建好建强乡村师资队伍,加快乡村教育高质量发展和乡村社会全面振兴。

乡村教育是中国式教育现代化和教育强国建设的关键领域,我国的基本国情和乡村教育的战略地位决定了乡村师资建设的重大社会意义。但与城镇学校的教师相比,乡村教师缺乏足够的职业吸引力,导致乡村教师队伍的整体素质相对于全国教师队伍而言处于较低水平。《乡村教师支持计划(2015—2020年)》明确指出,乡村教师队伍建设的首要问题是"职业吸引力不强",《关于加强新时代乡村教师队伍建设的意见》再次强调了该问题,并指出这已经成为制约乡村教育发展和乡村社会振兴的短板,必须整体性提升乡村教师的职业吸引力,为新时代乡村教育的高质量发展保驾护航。2018年9月,习近平总书记在全国教育大会上强调,全党全社会要弘扬尊师重教的社会风尚,努力提高教师政治地位、社会地位、职业地位,让广大教师享有应有的社会声望。提升乡村教师职业吸引力、确保乡村教育成为有奔头的事业,是保障教育优先发展战略在乡村社会有效落实、推进城乡教育一体化发展的关键所在。

乡村教师职业吸引力是指"乡村教师"这一职业所具备和提供的条件对在职乡村教师和潜在乡村教师的个体价值与社会责任的实现予以满足,吸引其就业、保障其安业并促进其乐业的核心力量[1]。由于中国城乡教育差距较为明显,乡村教师职业吸引力普遍较低是一个不争的事实。正是因为乡村教师职业吸引力不足,乡村学校优质师资缺乏、课堂较为乏味、教学质量不高、教育效果甚微,导致学生产生厌学心理,甚至自愿放弃受教育机会。致使乡村学校"控辍保学"成为教育部门长期关注的头等大事,无法为乡村社会经济发展奠定扎实的人才基础,而乡村社会经济发展滞后又进一步削弱了乡村教师职业的吸引力,形成恶性循环的"怪圈"。作为乡村教育振兴"牵一发而动全身"中的那"一发",乡村教师职业吸引力的提升成为乡村社会"优先发展教育事业""办好人民满意的教育"的关键点,是功在当代、利在千秋的大事。由此可见,乡村教师职业吸引力的提升具有区别于一般意义上教师专业发展的独特逻辑,绝非职业吸引力学说在乡村教师群体中的自然展开,而是需要加强乡村教师职业吸引力提升的顶层设计和系统落实,采取超常规的振兴措施,在理论架构和实践路径上谋求解决之道、探寻突破之策,进而探索乡村教育高质量发展的新思路和新路径。

近年来,在乡村振兴的时代浪潮中,学术界有关乡村教师的研究成果可谓

---

[1] 赵鑫.民族地区乡村教师职业吸引力提升的理念与路径[J].教育研究,2019(1):131-140.

百花齐放、精彩纷呈。本书尝试以"职业吸引力"为切入点,以"从内向外""从下到上"的视角洞察乡村教师乃至乡村教育的变革与发展,旨在立足乡村社会的教育、文化和经济发展趋势,全面揭示提升乡村教师职业吸引力的必要性、紧迫性和特殊性。通过梳理乡村教师职业吸引力的历史源流、政策演变和时代背景,夯实理论基础、明晰概念内涵并搭建逻辑框架,准确把握乡村教师职业吸引力的核心要素与地域特性,洞察乡村教师职业吸引力的现状、问题及成因,从导向机制、运行机制、联动机制等多层面完成乡村教师职业吸引力提升机制及其策略体系的构建,为各级政府、教育行政部门、师资培养培训机构、乡村学校的政策制定者提供科学合理的参考依据和具体建议,为提高乡村教师队伍建设水平,确保教育优先发展战略在乡村社会的有效落实,促进乡村社会教育、文化和经济协调发展献计献策。基于这一研究初衷与思路,全书共由八章组成。

第一章,梳理乡村教师职业吸引力的发展脉络。古代乡村教师兼有乡贤身份,享有较高的文教权利,职业吸引力相对较高。近现代乡村社会矛盾和教育危机逐步显现,乡村教师职业吸引力呈下降态势。中华人民共和国成立后,党和政府为提升乡村教师职业吸引力,践行从"增数量"转向"抓质量"再到"多维发展"的政策及举措。在国家规划与社会力量的支持下,乡村教师职业吸引力呈现积极的回升态势。提升乡村教师吸引力成为扎实推进乡村振兴战略的要求,需要在充分考虑乡村社会发展优势特色及制约条件的基础上,持续夯实乡村振兴的教育基础、文化基础和人才基础。

第二章,明确乡村教师职业吸引力的学理支撑。教师职业吸引力作为影响教师队伍建设的关键要素,学术界探索了其内涵意蕴、影响因素、现实困境及提升对策等领域,系统探讨了乡村学校师资队伍建设存在的主要问题,诸如乡村教师队伍总量不足、骨干教师流失严重、人才补充机制不完善等。根据乡村教师职业吸引力同政府、社会、学校和教师个人发展的密切关系,从宏观、中观、微观三个层面,选取国家与社会关系理论、社会角色理论和教师专业发展理论作为研究的理论基础,全方位把握乡村教师职业吸引力提升的关键因素及作用机理。

第三章,搭建乡村教师职业吸引力的逻辑架构。乡村教师职业吸引力包括职业保障力、职业维持力和职业发展力,三个分力层层递进、协同影响职业吸引力的提升。其中,职业保障力是政府、社会和学校提供给乡村教师工作和生活的实际条件,关涉乡村教师的工资待遇、福利补贴、生活环境和职业动机等;职业维持力重在稳定乡村教师队伍,主要包括乡村教师的工作环境、工作强度、人际关系、子女教育和留任意愿等因素;职业发展力关乎乡村教师专业发展和职业前景,包含职业地位、职称评审、岗位编制、培训进修与职业成就感等。乡村教师职业吸引力的提升逻辑表现为:制度逻辑提供顶层规划,社会逻辑增强从业动力,经济逻辑夯实物质基础,文化逻辑明确精神导向,教育逻辑加强专业支撑,最终形成融合逻辑,共同作用于乡村教师职业吸引力的提升。

第四章,洞察乡村教师职业吸引力的现实样态。本书研究团队以西南民族地区乡村教师为个案,深入四川省凉山州,云南省楚雄州和怒江州,贵州省清镇市、贵阳市花溪区和黔南州,重庆市石柱县和彭水县等地的乡村学校开展田野考察和实证调研。问卷调查与深度访谈的结果显示,乡村教师职业吸引力的总体均值处于中等偏下水平,其中职业保障力均值最高,职业维持力均值高于职业发展力均值。由于西南民族地区地理环境复杂,乡村教师吸引力区域性特点明显,因此在描述当地乡村教师职业吸引力整体情状的基础上,归纳分析了高寒山区、山地坝区和城市郊区这三种典型区域乡村教师吸引力的现状和特点。

第五章,剖析乡村教师职业吸引力的问题表征。日渐完善的政策体系和日臻成熟的教师教育体系推动着乡村教师队伍规模日益扩大、结构日趋合理、专业素质不断增强以及地位待遇持续提高。但受多方面因素的制约,乡村教师职业吸引力仍存在职业保障力不足,贤才难招;职业维持力薄弱,人才难留;职业发展力欠缺,英才难育等问题。具体而言,职业保障力不足体现在偏远艰苦的乡村生活环境、难尽人意的工资待遇和福利补贴,以及水平较低的住房和医疗保障体系等;职业维持力薄弱体现在超负荷的工作时长和任务、被边缘化的社会交际境遇,以及难以抉择的子女教育问题等;职业发展力欠缺体现在乡村教师职业地位偏低、职业发展前景受限、培训质量有待提升,以及职业成就感不高等方面。

第六章，把握乡村教师职业吸引力的问题归因。本书采用从宏观至微观的分析路径对问题进行归因：在政府层面，乡村教育政策与制度仍然有待完善；在社会层面，乡村教师难以融入民族地区的生活环境，村民和家长对学校教育的认可度较低，导致乡村教师与乡土文化剥离、社会地位不高；在学校层面，乡村教师的发展资源不足、发展空间受限，针对乡村教师的培训脱离实际需要、发展规划缺失；在教师层面，部分乡村教师陷入职业动机弱化、身份认同迷失和责任意识淡化等困境。

第七章，借鉴乡村教师职业吸引力提升的国际经验。借鉴国外乡村教师职业吸引力提升的经验，可以为构建我国乡村教师职业吸引力的提升机制拓宽视野、提供启示。以美国、加拿大、澳大利亚、俄罗斯与印度为代表的"大乡村"、多民族国家，高度重视乡村教师职业吸引力的提升，采取的一系列举措中蕴含着可参考的经验。无论是政府的宏观导向，还是乡村社会、乡村学校的具体实施策略，都对提升我国乡村教师职业吸引力具有参考价值。

第八章，构建乡村教师职业吸引力的提升机制。立足理论框架、问题剖析和经验借鉴，乡村教师职业吸引力提升机制强调合理的顶层设计和精准的系统落实，包括导向机制、运行机制及联动机制。导向机制秉持"法治""专业""民生""系统"四个导向，引领乡村教师职业吸引力提升的行动方向和实践理路。运行机制是职业保障力、职业维持力和职业发展力三大分力的内在机理、运行方式与运作策略。在职业保障力方面，通过相关部门的宏观调控，创新乡村教师职前与职后的培养模式，改善乡村教师生活环境，切实提高工资待遇以及健全福利保障制度等，实现乡村教师"引得来"。在职业维持力方面，通过改善工作环境和工作条件，明确乡村教师工作范畴，构筑和谐的人际关系，完善子女教育优惠政策以及改进政府监督和问责机制，构建乡村教师职业维持力"一体两翼"的施策体系，确保乡村教师"留得住"。在职业发展力方面，通过实施精准化进修培训，优化乡村学校人文环境，提高乡村教师的职业地位，增强乡村教师专业素养，推动教研成果的产出，促使乡村教师"教得好"。联动机制旨在协同推进导向机制和运行机制的建设与实施，提高政府、社会、学校与教师等主体的聚合力，为提升乡村教师职业吸引力供应强有力的外部保障和源源不竭的内生动力。

本书的主旨为"提升乡村教师职业吸引力",强调的重点,一方面在于区别于述而不作的乡村教师学理阐释,另一方面在于探究教师职业吸引力"提升"的中国乡土特色。乡村教师职业吸引力的提升不仅是处理乡村教育复杂问题的重要突破口,也是应对乡村教育未知领域的重要方法论,还是促进乡村教师获得自觉和解放的重要策略。在此意义上,乡村教师职业吸引力及其提升不仅具有浓厚的理论品性,而且体现了乡村教育特有的实践智慧。

目录

第一章　乡村教师职业吸引力的发展脉络

第一节　乡村教师职业吸引力的历史源流 /002

第二节　乡村教师职业吸引力的政策演变 /014

第三节　乡村教师职业吸引力的时代背景 /021

第二章　乡村教师职业吸引力的学理支撑

第一节　乡村教师职业吸引力的文献支撑 /032

第二节　乡村教师职业吸引力的理论基础 /048

第三章　乡村教师职业吸引力的逻辑架构

第一节　乡村教师职业吸引力的内涵意蕴 /058

第二节　乡村教师职业吸引力提升的逻辑框架 /062

第四章　乡村教师职业吸引力的现实样态

第一节　乡村教师职业吸引力的整体性情状 /080

第二节　乡村教师职业吸引力的区域性情状 /090

第五章

乡村教师职业吸引力的问题表征

第一节　贤才难招：乡村教师职业保障力不足 /108

第二节　人才难留：乡村教师职业维持力薄弱 /119

第三节　英才难育：乡村教师职业发展力欠缺 /129

第六章

乡村教师职业吸引力的问题归因

第一节　政府层面：乡村教师政策与制度亟待落实 /144

第二节　社会层面：乡村教师文化脱节与地位劣势 /150

第三节　学校层面：乡村教师培养与发展规划缺失 /155

第四节　教师层面：乡村教师定位模糊与责任不明 /158

第七章

乡村教师职业吸引力提升的国际经验

第一节　美国提升乡村教师职业吸引力的经验 /164

第二节　加拿大提升乡村教师职业吸引力的经验 /168

第三节　澳大利亚提升乡村教师职业吸引力的经验 /172

第四节　俄罗斯提升乡村教师职业吸引力的经验 /175

第五节　印度提升乡村教师职业吸引力的经验 /178

第八章

乡村教师职业吸引力的提升机制

第一节　乡村教师职业吸引力提升的导向机制 /184

第二节　乡村教师职业吸引力提升的运行机制 /195

第三节　乡村教师职业吸引力提升的联动机制 /218

结语 /229

附录一 /231

附录二 /237

附录三 /241

主要参考文献 /249

后记 /253

第一章 乡村教师职业吸引力的发展脉络

发展乡村教育,教师是关键,乡村教师作为落实乡村振兴战略的主力军,承担着培养未来乡村建设者的重要使命和职责。乡村教师职业吸引力经过数千年的历史变迁,积淀了深厚的历史底蕴、体现了鲜明的时代特色,既具有历史承接性,也体现出地域和时代的独特性。深入梳理乡村教师职业吸引力变迁的历史源流、剖析相关教育政策内容及其影响,有助于探清乡村教师职业吸引力发展的历史背景与现实机遇,从而有效贯彻和落实国家相关政策,以乡村教师职业吸引力提升为"起始符",谱写乡村教育现代化和乡村振兴的新篇章。

第一节 乡村教师职业吸引力的历史源流

乡村教师职业吸引力的发展经历了漫长而曲折的道路。古代乡村教师兼有乡贤的身份,享有较大的乡土文教权力,因此乡村教师职业具有较强的吸引力。近现代学校制度通过政府"行政嵌入"到乡村,在时代大变革中,乡村社会矛盾和教育危机逐步显现,乡村教师同乡村社会的天然纽带发生断裂,乡村教师职业吸引力呈下降的态势[1]。中华人民共和国成立后,在国家和社会力量的系统支持下,乡村教师的数量结构、薪资待遇、培养体系、专业发展等多方面得到明显改善,乡村教师职业吸引力彰显出积极的回升态势。

一、中国古代乡村教师职业吸引力

乡村教师的产生可以追溯至原始社会时期,当时虽然还未产生专司其职的乡村学校,但原始村落中某些角色类似于现代意义上的乡村知识分子,承担着教化、育人等多重事务,可视为乡村教师的雏形。西周时期设立了较为完备

---

[1] 宋小伟.村庄内生秩序与国家行政嵌入的历史互动[J].内蒙古社会科学(汉文版),2004(4):124-126.

的学校体系,但教育体制以"学在官府"为主要特征,乡村学校的教育辐射面有限[1]。到春秋战国时期,私学兴起,乡村中的有识之士以身率教,以道自任,据《周礼》记载:"乡师之职,各掌其所治乡之教,而听其治……乡大夫之职,各掌其乡之政教禁令。"乡师掌管教化并积极参与乡村事务,享有较高的社会地位和民间声望,拥有较广泛的职业权利与备受尊崇的职业地位。进入封建社会,村落作为远离"皇权"的自治单位,乡村教师因特殊的文化优势而承担着绍休圣绪、上传下达以及维护社会秩序的责任使命,具有教师和乡贤的双重功能[2]。

乡村教师这一职业兴起于秦汉时期儒学广泛传播之后,主要功能是通过私塾对乡土社会进行教化和教育[3]。塾师的基本职能为"传道、授业、解惑",传授给乡村学生基本的文化知识技能和道德行为规范,发挥着开发民智的作用,培养了大批文人才士。同时,在村民眼中,塾师是乡土社会的"德"之典范和"道"之代表。从设立乡约、宗教规矩,到家庭事务、争议评判,或家中幼童取名、家书碑文代写,再或逢年过节时的对联撰写等,都离不开塾师的参与。在化民成俗、延绵道统的同时,塾师还发挥着比官学教师更为广泛的民族文化传承的独特作用。当时塾师的收入并不稳定,主要依靠学生缴纳学费或束脩、布匹等,或以贽敬金(表达敬意的礼金)、轮饭等方式替代,也有半耕半农维持生计者,但塾师的生活水平总体上略高于普通村民[4]。同时,塾师的工作时间、教学任务等很少受官方限制,因而较为自由,塾师的人际关系、社会声望、职业成就感等也都维持在较高水平。整体而言,这一时期的乡村教师代表着当时村民希望改善或摆脱自身处境时的社会角色参照系,乡村教师职业吸引力相对较强。

在以乡村为主的基层单位中,"三老"[5]作为乡贤的典型代表,主管教育活

---

[1] 吴洪成.中国教育史研究(下)·中国西南古代教育史[M].重庆:西南师范大学出版社,1998:24.
[2] 姚荣.从"嵌入"到"悬浮":国家与社会视角下我国乡村教育变迁研究[J].清华大学教育研究,2014(4):27-39.
[3] 吴洪成.中国教育史研究(下)·中国西南古代教育史[M].重庆:西南师范大学出版社,1998:45.
[4] 云南省地方志编纂委员会.云南省志·卷六十·教育志[M].昆明:云南人民出版社,1995:927.
[5] "三老"制度起源于先秦时期,指的是朝廷任命负责在乡间教化乡民的乡官,由百姓从村子里有声望的老人们中选举产生。《汉书·高帝纪》记载:"举民年五十以上,有修行,能帅(率)众为善,置以为三老,乡一人。择乡三老一人为县三老,与县令、丞、尉以事相教,复勿徭戍。"

动,需要高尚的德行与较强的办事能力。《礼记·乐记》中"三德谓正直、刚、柔。五事谓貌、言、视、听、思也。"即是对"三老"德行与能力的描述。科举制实施以后,人才的流动性增强,乡村出现了"乡绅"(也称"缙绅"或"士绅"),其构成或是准备入仕为官的人才,或是屡试不第的秀才和举人,或是年老闲居的官员[①]。他们在乡村开设塾馆、成为塾师,参与处理基层政务和民间事务,塾师的身影经常出现在诸多需要运用文字的场合。比如,乡村的对外交涉、田地冲突的调解、田赋经济的组织、集市和沟通官府等[②]。特别是在明清时期,塾师往往是所任教乡村中文化水平较高、威信较高的人员之一,自然承担起了乡村文化代言人的角色[③]。因符合村民的文化需要,村民对塾师充满信任和尊重,塾师成为乡村社会发展中的重要角色,具有较高的社会声望。

二、中国近现代乡村教师职业吸引力

清朝末年新政改革"废科举,设学堂",现代学校向乡村社会不断延伸,乡村教育的主要载体逐渐由私塾过渡至现代学校,原本享有较高地位和声望的乡村塾师阶层开始分化[④]。现代乡村教师群体开始登上历史舞台,逐渐继承传统塾师的文教职能,成为乡村教育发展所倚重的主体力量。清末民初,政府着手建立乡村义务教育供给体制,制定了学校改革方案、设立学部和地方教育行政部门、改良私塾等方面的具体方案。上述方案最初是由政府提倡,但在具体组织实施时,则采用"官督绅办"的形式,部分决策的执行从民间开始,后期才上升至政府行为。因社会力量的影响较大,方案的实行缺乏强制性,实施过程中遭遇乡村社会与地方当局两股势力"对抗"与"博弈"等困局,实行效果不佳[⑤]。"自上而下"的改革模式造成乡村民间势力常居于劣势,官民之间缺少"双

[①] 王春娟,秦行国.乡贤在传统社会的历史形态及其差异[J].齐齐哈尔大学学报(哲学社会科学版),2017(11):116-119.

[②] 娄立志,张济洲.乡村教师疏远乡村的历史社会学解释[J].当代教育科学,2009(21):7-9.

[③] 中国昌.明清塾师的日常生活与教学活动[J].教育研究,2012(6):123-128.

[④] 蒋纯焦.一个阶层的消失——晚清以降塾师研究[D].上海:华东师范大学,2006:85.

[⑤] 姚荣.从"嵌入"到"悬浮":国家与社会视角下我国乡村教育变迁研究[J].清华大学教育研究,2014(4):27-39.

向对流和共振",挑战和困难层出不穷,传统乡村塾师的生存空间逐渐被压缩[1]。

民国时期行政力量介入乡村社会,改变了乡村社会的传统内生治理机制,设立了培养专业化教师队伍的师范院校,一批接受了新思想和新理念的教师进入乡村学校,使乡村教师结构多元化。例如,当时贵州部分地区的乡村师资除旧制学校毕业生外,还有简易师范毕业生、外省学成回乡的大学生、国外留学回国的师范人才等,客观上壮大了乡村教师的师资队伍[2]。但由于颁布的教育政策和措施不够成熟,政府教育经费投入有限,对乡村内生力量的替代并不成功,乡村师资质量反而呈现下降趋势,导致乡村教育发展缓慢[3]。加之来自"五湖四海"的乡村新任教师不如塾师那般熟知乡村事务、通晓乡土社会礼仪,因此难以融入乡村社会、参与乡村事务。此外,乡土社会受到陈旧思想和观念的影响,"毁学"现象偶有发生,生存于新旧教育夹缝中的乡村教师在乡土社会的职业地位和声望逐渐下降。

这一时期时局动荡,乡村经济受挫、物价飞涨、通货膨胀严重。在经济待遇方面,乡村教师薪酬较低,且时常遭遇拖薪、欠薪、克扣薪水等不公待遇[4]。有乡村教师发出了"课完回家兮,食无米,有菜无盐兮,喉已酸,泪水泡饭兮,淡无味,一朝泪尽兮,将奈何"[5]的感慨,可见当时乡村教师生活条件的艰苦。乡村教师大都身担数职,工作内容较为繁琐,教学负担较为沉重,职业压力较大,造成乡村教师职业成就感偏低[6]。据当时一项调查统计,因不利的生活工作条件,想改业的乡村教师占41.43%,想升学的占29.64%,剩余不到29%的期望继

---

[1] 李华兴.民国教育史[M].上海:上海教育出版社,1997:577.
[2] 贵州省地方志编纂委员会.贵州省志·教育志[M].贵阳:贵州人民出版社,1990:544-546.
[3] 姚荣.从"嵌入"到"悬浮":国家与社会视角下我国乡村教育变迁研究[J].清华大学教育研究,2014(4):27-39.
[4] 徐继存,高盼望.民国乡村教师的社会形象及其时代特征[J].教师教育研究,2015(4):80-85.
[5] 四川省地方志编纂委员会.四川省志·教育志[M].北京:方志出版社,2000:407.
[6] 吉标,刘擎擎.民国时期乡村教师的乡贤精神探微——基于民国乡村小学教员的自我叙事[J].教师发展研究,2019(2):108-113.

续留在乡村教书[①]。乡村教师传统的师道尊严受到严重挑战,原先享有的乡土权益逐渐丧失,引发了乡村教师外流等一系列问题。总之,在新式教育背景下初登乡村社会舞台的现代乡村教师,一度徘徊于传统知识阶层和新式知识阶层之外,职业身份式微、职业吸引力下降。

三、中国当代乡村教师职业吸引力

中华人民共和国的成立开创了乡村教育的新纪元,党和国家对乡村教育的重视程度持续提高,乡村教师队伍建设逐渐成为政府和教育界关注的重点。鉴于乡村教育发展的特殊性与艰巨性,国家投入了巨大的财力和物力,大力支持乡村教师队伍建设。通过中央政府和地方政府的共同努力,逐步建立起具有中国特色的乡村教育体系以及现代化的乡村教师队伍建设机制,乡村教师职业吸引力的发展虽然经历曲折,但获得了实质性提升。当代乡村教师职业吸引力发展历程呈现出阶段性特点,根据国家对乡村教育关注重点的变化,大致可以划分为四个阶段。

1. 稳步提升期(1949—1978年)

中华人民共和国成立初期,全国人口中80%是文盲,其中乡村人口文盲率高达95%以上。"扫盲"成为乡村教育亟须解决的问题,而充足数量的师资队伍则是完成"扫盲"任务的前提。为了解决乡村师资紧缺的问题,国家从规模扩充和质量提高两个维度颁布多项政策,采取多种措施稳步推进乡村基础教育发展和乡村教师队伍建设。在国家顶层设计的引导下,乡村教育发展初具规模,乡村教师队伍步入规范化建设时期,乡村教师的队伍规模、职业待遇等方面都获得了发展,乡村教师职业吸引力稳步提升。

在扩充乡村教师队伍规模方面,由于各类师范院校原本培养的乡村教师无法满足急速扩大的师资需求,为有效补足师资缺口,各地各级政府积极响应中央号召,大力兴办各类乡村中小学校、招聘民办教师,并积极发展中等师范

---

① 李文海,夏明芳,黄兴涛.民国时期社会调查丛编(文教事业卷)[M].福州:福建教育出版社,2004:178-182.

院校和高等师范院校,充实乡村师资的后备力量。"两条腿走路"的方针确保大量乡村学校得以创办,民办教师迅速扩充,乡村教师队伍得以大规模增长。以小学教师数量为例,1949年,四川省、贵州省、云南省的小学教师数量分别为56804人、2432人和9600人,1978年三省的小学专任教师数量分别扩充至50万人、15.5万人和16.4万人[①]。同时,各地政府还招聘社会知识分子来补充乡村教师的缺额,充实学校领导班子和师资队伍,通过多渠道吸收乡村人才、充实教师队伍,包括民办教师、农业技术干部、高中毕业生以及有丰富务农经验的村民等,乡村教师的构成逐渐多元化,为乡村教育的普及和发展作出了重要贡献。

在提高乡村教师职业待遇方面,各地政策文件明确规定政府要加大对乡村教师福利待遇的投入。比如,1963年,云南省将本省小学教师福利费标准由工资总额的2%提高到2.5%,同时还提高了乡村教师困难补助的上限[②]。1978年,小学教师月收入由1952年的26元左右,提升为41.8元(起点工资26.3元,每月补贴约每人15.5元)。此外,还将教师纳入国家干部编制,实行固定工资,享受国家干部待遇。1955年,云南省积极吸纳教师参政议事,当选为省人民代表大会的中小学校及师范学校教师共15人,其中不乏乡村教师[③]。此外,受户籍制度的影响,全国逐渐形成城乡社会二元结构的发展趋势,为乡村教师外流埋下伏笔。但由于当时人口流动幅度较小,大部分乡村教师仍然能够坚守在乡村学校,作为乡村社会中的精英知识分子,他们受到村民尊敬,乡村教师职业吸引力相对较为稳定。

2. 曲折发展期(1978—2000年)

改革开放后,为促进乡村教育发展,全面普及义务教育,党和国家颁布了一系列有关教师的政策。在国家政策的引领下,针对乡村社会的实情,为建设

---

① 四川省地方志编纂委员会.四川省志·教育志[M].北京:方志出版社,2000:386-387;贵州省地方志编纂委员会.贵州省志·教育志[M].贵阳:贵州人民出版社,1990:544-547;云南省地方志编纂委员会.云南省志·卷六十·教育志[M].昆明:云南人民出版社,1990:888-927.
② 云南省丽江地区教育委员会.丽江地区教育志[M].昆明:云南民族出版社,1999:181.
③ 云南省地方志编纂委员会.云南省志·卷六十·教育志[M].昆明:云南人民出版社,1990:888-927.

数量上适应乡村社会发展要求、质量上符合乡村文化风俗特色的高水平师资队伍,采取了大力开办师范教育、优秀民办教师转为公办教师、大力开展乡村教师培训、培养"双语"兼通的乡村教师等举措。例如,1980年,四川省规定民族师范学校以及为藏族、彝族聚居区服务的师范学校,都要开设民族语文专业或者民族语文课[1]。这一时期,各地持续加强乡村教师教育专业建设、推进乡村教师培训等领域的全面改革,并取得了积极成效。以云南省为例,在改革开放后逐步形成了较为系统、全面的师范教育和师训工作体系。据统计,1960年云南省具有合格学历的专任教师仅有18.7%,经过培训提高与素质提升,1990年该省所有专任教师中,不能胜任乡村小学教师工作的仅有10%[2]。1992年,国家教育委员会等部门联合下发了《关于进一步改善和加强民办教师工作若干问题的意见》,明确提出了解决民办教师问题的"关、招、转、辞、退"五字方针,加快乡村学校民办教师问题解决的步伐。2000年民办教师问题基本得到解决,乡村学校民办教师逐渐退出历史舞台,长期困扰乡村教育发展的公办教师和民办教师并存的状况得以改善,为乡村教师职业吸引力提升步入良性循环创造了条件[3]。

乡村教师队伍建设在取得明显进展的同时,乡村教师职业吸引力也面临着新的挑战。随着社会主义市场经济体制的确立,社会发展的重心逐渐向城市偏移,城乡二元结构愈发明显,更多乡村人口外流至城市,尤其是许多乡村精英人才进入城市寻找发展机会。加之城镇化建设的启动,义务教育阶段城乡教育机会的不平等在一定程度上不减反增,乡村优质师资也流向城镇学校。同时,城市取向的教师专业发展导向削弱了乡村教师的乡土情感(尤其是乡土责任感),部分乡村教师成为单纯的"教书匠",一味地将教育问题专业化和技术化,抱守着自己的专业知识,认为似乎所有的教育问题都可以通过高度专业化的方式方法加以解决。对乡村社会而言,传统的乡村教师兼具乡贤身份掌管乡村事务的社会逻辑结构趋于瓦解,乡村教师与乡土社会的天然纽带断裂,

---

[1] 朴胜一,程方平.民族教育史[M].海口:海南出版社,2001:191.
[2] 云南省地方志编纂委员会.云南省志·卷六十·教育志[M].昆明:云南人民出版社,1995:921.
[3] 张春铭.庆祝第30个教师节特刊:那一番破旧立新的求索[N].中国教育报.2014-09-09(10).

不再享有乡贤的职业权益,社会角色和职业身份发生了显著改变,职业地位与社会声望逐渐下降,沦为乡村的边缘化群体。

国家能力介入的强化与完善确保了乡村教育普及的规模、教育结构的调整和教育经费投入体制的改革,实施"地方负责,分级管理"的发展模式和"以县为主"的财政体制。乡村教育办学经费的投入主体是地方政府,县镇在乡村义务教育经费投入中占有较大比重。但由于乡村学校所在地多为经济欠发达甚至深度贫困地区,县镇的经济状况不佳,地方财力与物力有限,致使乡村学校办学经费紧张。不仅教学设施难以满足基本的教育需求,而且教育投入不足还引发了乡村教师工资拖欠等问题,加剧了乡村教师的流失,乡村教师职业吸引力的提升陷入瓶颈。

3. 问题凸显期(2000—2015年)

2001年,全国乡村适龄儿童入学率提升至98.8%(全国适龄儿童入学率为99.05%),并在85%的人口地区实现"两基"目标[①]。全面提高义务教育质量、实现城乡教育均衡发展逐渐成为"后普九时代"义务教育的重要目标。但城乡教育的差距却不断扩大,主要表现为作为教育关键资源的师资力量存在较大差异。一方面,相较于城镇教师,乡村教师整体素质水平不高;另一方面,乡村学校在工作环境、教学设施、工资待遇、专业发展、生活条件、子女教育等多个方面都与城镇学校存在较大差距,无法满足乡村教师的需要,削弱了乡村教师的职业吸引力,造成大批乡村优质教师向城镇流动。

乡村教师生存和发展的诸多问题在这一时期凸显,职业吸引力提升面临较为严峻的挑战。比如,在工作环境方面,因地处偏远乡村或贫困乡村,教师办公环境简陋,教学活动所需要的硬件设施不齐全;在工作任务方面,除了承担繁重的教学任务外,乡村教师还需要参与课外辅导、作业批改、班级管理、学生家访、政治学习、会议组织、住校生管理以及下乡扶贫等活动,绝大部分乡村教师每天实际工作都超过10个小时,工作量处于超负荷状态。[②]与工作量不匹

[①]《中国教育年鉴》编辑部.中国教育年鉴(2001)[M].北京:人民教育出版社,2001:121.
[②] 肖正德.城镇化进程中乡村教师生存境遇与改善策略[J].中国教育学刊,2011(8):1-4.

配的是,乡村教师工资待遇整体偏低,调查显示,2010年贵州省某民族地区乡村教师收入平均为1500元[①],约60%的乡村教师对收入感到不满意[②];在子女教育方面,乡村教师几乎不会选择让子女在自己任教的乡村学校就读,为了确保子女接受更优质的教育,即便"亲子分离"也要将子女送到条件更好的城镇学校学习[③]。同时,乡村教师的专业发展受限,职前教育缺乏针对乡村社会及其教育特点的培养机制,职后培训无法针对性地满足教师专业发展的需求,乡村教师职称晋升遥遥无期[④]。

面对该阶段的挑战,党和国家以及各地各级政府对乡村教师队伍建设的重视程度持续提高,陆续出台了一系列针对乡村教师的支持性政策。2003年,国务院召开第一次全国农村教育工作会议,特别强调加强"老少边穷"地区乡村教育发展及师资建设的重要性。2012年,《国务院关于加强教师队伍建设的意见》出台,首次提出了"农村教师职业吸引力亟待提升"的观点。根据相关会议精神与文件政策,党和国家在工资待遇、人才引进、专业培训等方面采取了一系列措施。第一,着力提高乡村教师队伍的工资待遇,巩固和完善乡村中小学教师工资保障机制;通过加强乡村教师编制核定和管理、统一城乡编制等宏观举措进一步保障乡村教师的经济待遇,改善乡村教师的物质生活条件。第二,采取多种举措吸引优秀人才到乡村学校任教,创新性地搭建了以城镇教师支援为重点,大学毕业生、公费师范生和城镇教师定期轮换任教为主,新任公务员、大中城市教师支教为辅的乡村教师补给渠道,为乡村学校输入了大量的优质师资,增强了乡村教师的整体水平,对于缓解乡村师资数量短缺困境、优化乡村教师队伍结构、推进城乡教育均衡发展起到了关键作用。第三,通过中小学教师国家级培训计划(简称"国培计划")、"中西部农村骨干教师培训项

---

① 彭乃霞,侯中太,郭学敏.少数民族地区乡村教师生存状态研究——来自贵州省都匀市的调查[J].民族教育研究,2011(3):124-128.
② 刘世民,王义宝,王官诚.生存状态与教师专业化发展——基于四川农村地区教师调查的分析与思考[J].高等教育研究,2005(9):69-74.
③ 郑新蓉,王成龙,佟彤.我国新生代乡村教师城市化特征研究[J].河北师范大学学报(教育科学版),2016(3):70-77.
④ 吕晓娟,李泽林.民族地区乡村教师专业发展路在何方[J].中国民族教育,2015(10):41-42.

目"等对乡村教师的培训经费、培训形式、培训内容等进行顶层部署,同时综合采取远程培训、交流轮岗等多种措施,为乡村教师提供了优质的专业发展平台,提升了乡村教师的专业素养和专业水平,职称晋升也逐渐向乡村学校及教学点专任教师倾斜,这些举措为全力提升乡村教师职业吸引力奠定了重要基础。

4. 全力提升期(2015年至今)

2015年,国务院出台了我国历史上第一个专门针对乡村教师的国家政策《乡村教师支持计划(2015—2020年)》,将乡村教师队伍建设摆在优先发展的战略位置,着力解决乡村教师"职业吸引力不强"这一核心问题,打造一支"素质优良、甘于奉献、扎根乡村"的专业化乡村教师队伍成为乡村教育发展的重中之重与根本保障,乡村教师职业吸引力的提升迎来了新的发展阶段。党的十九大以来,在落实与推进乡村振兴战略和教育精准扶贫战略的双重背景下,乡村教师职业吸引力提升的战略意义愈加凸显,党和政府、教育行政部门与学校多措并举、多方合力,从乡村教师补充渠道、生活待遇、职称评聘等多个维度出发,全面加强乡村教师队伍建设,提升乡村教师职业吸引力,为系统解决乡村教师发展问题、激发乡村教师职业活力提供了契机。

乡村教师职业吸引力的提升举措也呈现出时代特点。

第一,乡村教师的培养与补充方式趋于多元化和本土化。一方面,采取措施吸引优秀高校毕业生到乡村就业,鼓励送教支教,推进交流轮岗等;另一方面,师范院校、综合性院校通过建设乡村师资培养培训中心和开设相关师范专业等措施,针对乡村学校教育发展的需要培养师资。在横向层次上,开始建立多体系、多学科共同培育的乡村师资培养模式;在纵向层次上,着手构建"国培""省培""市(区)培"和"校培""四位一体"的乡村教师培训方式。同时,为了更有针对性地解决乡村师资在培养、培训过程中出现的特殊问题,政府、教育行政部门和高校专门邀请一些通晓乡土特色、了解乡村师资情况的专家学者,为乡村中小学师资培养培训出谋划策或亲自授课,努力建立切合乡村教育和乡村社会发展实际需求的教师培养、补充与发展机制。

第二,改善乡村教师工资福利待遇。提高乡村教师生活待遇、健全社会保障体系,旨在改善乡村教师的生活环境,扩大乡村教师的发展空间。四川、云南等省采取了差异化乡村教师补助、增加绩效奖金、为乡村教师提供周转房等措施,着力改善乡村教师的工作和生活环境。2016年,中西部地区的乡村教师生活补助平均覆盖率已经达到97%[1]。比如,四川省依据乡村教师的从教年限和所在校区的艰苦程度,按照一定的等级为39所乡村学校发放乡村教师补贴、年终目标奖、交通补贴等,并将特岗教师补贴标准对标在岗教师,为其发放边远补贴和津贴[2]。云南省为吸引优秀人才到乡村学校长期任教,在努力提高乡村教师生活待遇的同时,全方位落实原集中连片特困地区乡村教师的生活补助,按照"以岗定补、在岗享有、离岗取消、实名发放、动态管理"的方式,根据乡村学校所在地区的地理位置、整体环境、艰苦程度、交通条件等实行阶梯式和差异化的乡村教师生活补助额度,并向坚守在条件艰苦的乡村小学及教学点的教师重点倾斜[3]。

第三,拓宽乡村教师专业发展渠道。为乡村教师专业发展和职业成长创造各类优惠条件,加大编制名额、职称评聘和教师培训等措施向乡村学校的倾斜力度,为边远地区、民族地区、条件艰苦、薄弱学校的乡村教师提供更多的专业发展平台。乡村学校中高级岗位的职称设置比例明显上浮,扩大了乡村教师职业晋升的机会,一些区域的教育行政部门和乡村学校还为以往在职称待遇方面处于弱势地位的体育、音乐、美术等学科教师单独设置了职称名额和标准。除"国培""省培"等项目外,还实行乡村学校"领雁工程""名师送教下乡"等培训项目和工程,提高了乡村教师培训的针对性。

第四,增强乡村教师职业荣誉感。为重塑乡村社会尊师重教的良好风尚,各地各级政府和乡村学校持续探索增强乡村教师幸福感的激励措施、构建乡

---

[1] 付卫东,范先佐.《乡村教师支持计划》实施的成效、问题及对策——基于中西部6省12县(区)120余所农村中小学的调查[J].华中师范大学学报(人文社会科学版),2018(1):163-173.
[2] 四川省人民政府办公厅关于印发乡村教师支持计划实施办法(2015—2020年)的通知[EB/OL].(2016-01-12)[2021-02-28].http://www.sc.gov.cn/10462/10464/10684/13601/2016/1/12/10364854.shtml.
[3] 云南省乡村教师支持计划(2015—2020年)[EB/OL].(2016-01-12)[2021-02-28].http://www.moe.gov.cn/jyb_xwfb/xw_zt/moe_357/jyzt_2015nztzl/2015_zt17/15zt17_gdssbf/gdssbf_yn/201601/t20160112_227669.html.

村教师荣誉制度,为不惧艰苦和长期坚守在乡村教育岗位、对教育事业发展作出贡献的乡村教师授予应有的荣誉,提供更多的职业发展机会。比如,云南和四川等省专门为教龄长、贡献大的乡村教师颁发证书并大力表彰,引导社会形成尊重乡村教师的良好风气,为乡村教师专业成长营造良好的社会氛围,提升乡村教师的职业成就感和职业荣誉感,进而强化职业责任感。

在各项举措的支持下,乡村教师职业吸引力获得了持续提升,但就实际效果而言,各项政策及举措在实施过程中仍有较大的改进与完善空间。例如,尽管"特岗计划"补充了乡村学校的师资数量,但也存在稳定性不高、招聘来源及质量难以保证等问题,且部分"特岗教师"毕业于非师范院校,教研素质不高[1];乡村教师超编和缺编问题共存,单一化编制核定不符合乡村学校的实际需求[2];城乡教师交流轮岗工作流于表面,部分城市教师只去距离城镇较近或交通方便的乡村中心学校交流,前往偏远乡村学校尤其是教学点交流的教师很少;教师培训内容与乡村学校教育情况脱节、缺乏实用性,许多乡村教师认为培训无法解决自身的教学实践问题;高级职称名额仍然偏少,而且评审条件对乡村教师而言难以企及甚至略显严苛,乡村教师通过长期努力无法达到评审标准等问题未能得到有效解决。面对上述问题,迫切需要深入、系统地探索乡村教师职业吸引力的提升机制及其实践途径。

总体而言,乡村教育发展及教师职业吸引力的历史变迁历程悠长且曲折。从远古时期到封建社会,乡村教师享有相对较高的社会地位和职业权益,乡村教师职业吸引力也保持着较高的水平。近代以来,随着社会的大转型,传统乡土社会开始解构,乡村教师也逐渐脱离乡土社会,在生存环境、薪酬待遇、教学工作、职业成长等方面陷入困境,乡村教师职业吸引力大幅下降。中华人民共和国成立后,在党和国家强有力的引领下,乡村教师队伍建设步入专业化与规范化的发展轨道,乡村教师职业吸引力得到了大幅提升。

---

[1] 付卫东,彭士洁.《乡村教师支持计划》执行情况的调查与分析——以四川省X县和Y县为例[J].教师教育论坛,2018(3):11-19.

[2] 张晓文,张旭.乡村教师支持计划背景下教师生存状态省思——基于2888名乡村教师的调查分析[J].当代教师教育,2018(4):80-87.

第二节
乡村教师职业吸引力的政策演变

我国"重农"的历史渊源推动乡村教师成为乡村社会发展必不可少的重要力量,这在已有的教育政策、民族政策、乡村政策特别是乡村教育政策中得以体现。只有国家在政策中真正保障乡村教师的权益并建立相应的长效机制,才能确保乡村教师获得职业认同感,感受到乡村教育工作的价值与意义,从而增强乡村教师的职业吸引力[①]。中华人民共和国成立以来,党和国家高度重视乡村教育事业和乡村教师队伍的发展,将乡村教育视为促进乡村教育发展、文化传承、经济繁荣和社会进步的基础性工程。针对乡村教育的文化传统、现实样态与时代走向,国家围绕乡村教师职业吸引力制定了倾斜性较强的社会支持和保障政策,陆续出台了系列政策文件,努力确保乡村教师"引得来""留得住"并"教得好"。本书以1949年作为政策演变的起点,将乡村教师职业吸引力的相关政策划分为"以扩充稳定的乡村教师队伍为主""以提高乡村教师的综合素质为主"和"多方位聚焦乡村教师职业吸引力"三个阶段。

一、以扩充稳定的乡村教师队伍为主(1949—1985年)

新中国成立至1985年教育体制改革期间,我国社会发展先后经历了社会主义过渡时期、全面建设社会主义时期和改革开放初期等阶段。为确保"扫盲"工作的稳步推进,缓解乡村师资短缺的困境,当时针对乡村教师的政策以多种渠道扩张乡村教师规模、稳定乡村教师队伍为主,对于经济待遇、职业发展等方面较少做出具体规定。"乡村教师职业吸引力"在这一阶段尚未进入国家政策的视野,乡村教师相关政策规定也多散见于涉及乡村教育或者民族教育的政策细项条款之中,且数量较少、规范性不强、强制性不高,也并未颁布独

---

① 吴凯欣,毛菊.论乡村教师身份认同危机及出路[J].当代教育科学,2019(7):48-51.

立和专门的政策文件,主要根据政府提出的宏观举措扩充和发展乡村教师队伍。

乡村教师规模扩充的第一阶段(1949—1978年),以追求乡村教师队伍数量增长为主。在社会主义过渡时期,教育面临的主要任务是改造旧学校并吸纳其中优秀的教育工作者,与乡村教师相关的教育政策承袭了中华人民共和国成立前积累的宝贵经验。《中国人民政治协商会议共同纲领》作为当时教育事业发展的纲领性文件,提出了"培养国家建设人才"的教育导向。在该政策的引导下,1951年政务院发布的《关于改革学制的决定》要求设立农民干部训练班、成人业余学校、速成学校等,推动乡村教师规模迅速扩大。1961年《关于保证中小学师资质量问题的两项通知》以提升乡村中小学师资质量为目标,要求"及时从秋季不能升学的高、初中毕业生中酌量挑选一批较好的学生加以短期训练,主要补充农村中、小学师资"。并对乡村中小学师资培训和补充渠道做了具体要求,为乡村师资建设指明了方向。在这些政策的引导下,大批师范生和知识分子进入并充实了乡村教师队伍,乡村教师规模得以扩大、教师结构趋向多元化。

乡村教师规模扩充的第二阶段(1978—1985年),以追求乡村教师队伍质量提升为主。1978年后,乡村教师队伍已初具规模,民办教师成为乡村教师队伍的绝对主体,但其质量不足以支撑乡村教育的发展,在稳定乡村教师数量的同时,着力提升教师队伍质量成为制定乡村教育政策的重要导向。1980年,教育部颁布《关于师范教育的几个问题的请示报告》,要求采取多种形式加强中小学教师培训。在该文件的引导下,部分师范毕业生进入乡村学校,乡村教师的数量得到扩充,师资质量也有所提升。同年,中共中央、国务院出台《关于普及小学教育若干问题的决定》,强调"充实和加强教师队伍"及"改变中小学民办教师比重过大、待遇过低、队伍极不稳定的状况"。1983年,中共中央、国务院《关于加强和改革农村学校教育若干问题的通知》明确指出"建设一支稳定、合格的教师队伍,是办好农村学校的重要关键",也再次强调了乡村教育发展需要适应不同区域、不同民族的需要,"应当坚持多层次、多种规格和多种形式",国家开始关注乡村办学的适应性和地域性。这些政策法规不仅促进了乡村教师队伍的逐渐壮大,还为后续制定更具操作性和针对性的乡村教师政策奠定了基础。

二、以提高乡村教师的综合素质为主(1985—2015年)

1985年,《中共中央关于教育体制改革的决定》的出台,标志着我国全面启动教育体制改革。随后,党和国家相继颁布了一系列教育法律法规以促进乡村教育发展。我国乡村教师队伍数量趋于稳定,师资短缺不再是突出矛盾,发展重心由规模扩张、稳定队伍转向质量提升。乡村教师队伍建设由中央和地方共同施力,各类乡村教育政策的边界愈加清晰。立足地方特色建设乡村教师队伍、提高乡村师资质量成为乡村教育政策的主导逻辑,乡村教师职业吸引力也逐渐进入国家的政策视野。

这一时期有关乡村教师职业吸引力的政策内容旨在提高乡村教师的综合素质及教学胜任力,促进乡村教师队伍的专业发展。《关于教育体制改革的决定》明确规定"教育体制改革的根本目的是提高民族素质,多出人才、出好人才",提出教师队伍建设的具体目标是"要争取在5年或者更长一点的时间内使绝大多数教师能够胜任教学工作"。随后,国家就乡村师资建设出台了多项规定,比如,1987年《关于农村基础教育管理体制改革若干问题的意见》将乡村教师队伍建设定位为"促进教育事业发展、提高教育质量的重要保证"。同年,《中等师范学校面向农村培养合格小学师资座谈会纪要》明确了中等师范学校主要为乡村培养合格小学教师的办学方向。1992年,国家教育委员会师范司发布《贯彻"纲要"精神,面向农村,培养合格初中教师》的报告,强调为实现"在全国基本普及九年义务教育"的奋斗目标,要将教师队伍建设的重点转向乡村,明确了"培养合格的初中教师"的具体目标。1993年,中共中央、国务院印发了《中国教育改革和发展纲要》,提出"必须把教育摆在优先发展的战略地位"。同年,《中华人民共和国教师法》颁布,对教师的权利和义务做了明确划分和规定,标志着包括乡村教师群体在内的教师队伍建设正式步入法治化轨道。2012年,国务院颁布《关于加强教师队伍建设的意见》,首次提出"农村教师职业吸引力"是教师队伍建设的主要短板,着力"以提高师德素养和业务能力为核心,全面加强教师队伍建设",更将"乡村教师职业吸引力明显增强"列为乡村教师队伍建设的总体目标之一。

除与教育尤其是乡村教育相关的文件之外,这一时期颁布的诸多民族教育政策也为乡村教师队伍建设提供了指导。1992年第四次全国民族教育工作会议召开,会议上印发的《关于对全国143个少数民族贫困县实施教育扶贫的意见》制定了教育扶贫的初步规划,开启了民族贫困地区乡村教育发展和乡村教师队伍建设的对口支援工作。同年,国家教育委员会和国家民族事务委员会也颁布了《关于加强民族教育工作若干问题的意见》,成为民族地区乡村教育的指导性文件。《全国民族教育发展与改革指导纲要(试行)》规定"在边远的少数民族山区、牧区工作的教师,条件比较艰苦,各地应根据当地的实际情况,制定一些可行的优惠政策,以稳定山区、牧区教师和鼓励外地教师到山区、牧区任教。"该政策的实施,对稳定民族地区乡村教师队伍起到了重要作用。进入21世纪,国家陆续出台了"三支一扶"计划、特岗教师计划、大学生志愿服务西部计划、"免(公)费师范生"政策以及"国培计划"等,从本土培养、城乡教师交流和人才引流等层面着重提升乡村教师的专业素养。

在实施教师培训、促进城乡教师流动等举措的同时,党和国家也在《关于教育体制改革的决定》《中国教育改革和发展纲要》和《面向21世纪教育振兴行动计划》等政策文件中专门指出要提高乡村教师的物质待遇,针对乡村教师颁布的诸如《关于落实2013年中央1号文件要求对在连片特困地区工作的乡村教师给予生活补助的通知》等文件,关注和改善乡村教师的生活境遇,表明国家政策由关注乡村教师的专业素养,逐渐扩大为关注乡村教师的生活状态,为全面提升乡村教师职业吸引力提供了政策依据。

三、多方位聚焦乡村教师职业吸引力(2015年至今)

《乡村教师支持计划(2015—2020年)》作为一项综合性及专业化的乡村教

师政策,强调"把乡村教师队伍建设摆在优先发展的战略地位",明确了"职业吸引力不强"是乡村教师队伍建设的首要问题。同时,自党的十八大以来,乡村教育改革也进入深水区,国家陆续颁布了一系列政策,在通过构建外部支持系统维护乡村教师队伍稳步发展、提高乡村教师综合素质的基础上,从更高层次为乡村教师队伍建设指明了方向,加强对乡村教师的心理与人文关怀,政策内容更加全面具体。在国家顶层设计的引领下,各级政府因地制宜颁布并施行本地化的乡村教师政策,并得到财政、人力资源等诸多部门的积极响应与互相配合,以期有效提升乡村教师的职业吸引力。

在国家层面,受乡村振兴和教育精准扶贫双重战略的影响,国家高度重视乡村教育和乡村教师的发展,陆续出台了一系列针对性更强的乡村教师政策,从多个维度指明了提升乡村教师职业吸引力的方向。其中,《乡村教师支持计划(2015—2020年)》从补充渠道、能力素质、师德水平、政治素养、生活待遇、教师编制、职称评聘、荣誉制度和教师交流等方面规划了乡村教师队伍建设的目标任务和路径方向,成为提升乡村教师职业吸引力的纲领性文件。同年,国务院发布了《关于加快发展民族教育的决定》,通过"健全教师培养制度""完善教师培训机制"以及"落实教师激励政策",在民族地区乡村"建立完善教师队伍建设长效机制"。2016年,国务院办公厅印发的《关于加快中西部教育发展的指导意见》,强调"全面加强乡村教师队伍建设""提升农村教师队伍总体水平,扩大优质教育资源覆盖面,缩小城乡差距、校际差距"。党的十九大之后,加强教师队伍建设逐渐上升为"重大政治任务"和"根本性民生工程"[①],"全面建设乡村教师队伍"成为常态化的重点制度,为全面提高乡村教师职业吸引力奠定了政策基础。2017年《国家教育事业发展"十三五"规划》、2018年《国家乡村振兴战略规划(2018—2022年)》《关于深度贫困地区教育脱贫攻坚实施方案(2018—2020年)》《教师教育振兴行动计划(2018—2022年)》、2019年《中国教育现代化2035》、2020年《关于加强新时代乡村教师队伍建设的意见》以及2022年《新时代基础教育强师计划》等系列政策的颁布,在不同程度上明确了全面

---

① 张志勇.教师是教育的第一资源——准确把握新时代教师队伍建设的战略布局和重点任务[J].中国教育学刊,2018(4):5-8.

加强乡村教师队伍建设,提高乡村教师培训的实效性,以及关心乡村教师工作生活等职业吸引力各维度的价值指向。

为准确把握教育质量提升的时代命题、直面乡村教育改革的现实问题,国家出台了《关于全面深化新时代教师队伍建设改革的意见》,将教师队伍建设提升至国家战略高度,明确了其所具有的全局性与重要性地位。在政策的引领下,2018年召开的"全面深化新时代教师队伍建设改革暨乡村教师和'三区三州'教师队伍建设工作会议"对新时代乡村教师的选派、对口支援等各领域做出全面部署。2021年《关于加快推进乡村人才振兴的意见》明确指出落实城乡统一编制标准、健全乡村教师发展体系以及落实生活补助等政策要求。2022年《新时代基础教育强师计划》按照乡村振兴重大战略部署和振兴教师教育有关要求提出的十五条具体措施中,"实施中西部欠发达地区优秀教师定向培养计划""优化义务教育教师资源配置""深化教师职称改革,完善岗位管理制度"和"加强教师工资待遇保障"等四条措施直接关涉乡村教师职业吸引力的提升。党的二十大报告再次强调"加快建设高质量教育体系""发展素质教育"以及"促进教育公平",乡村教育和乡村教师都是重要的着力点。这一阶段的相关政策从乡村教师培训、吸引机制、社会保障与荣誉制度等多方面对乡村教师计划等顶层政策做了具体补充,旨在营造良好的制度环境和社会氛围,激发乡村教师职业活力,增强乡村教师职业吸引力。在政策引导下,乡村教师队伍的建设与管理能力逐渐增强,乡村教师"引得来、留得住、教得好"的机制逐渐形成并趋向成熟。

各地政府也结合当地社会经济水平及教育诉求,制定了更具地域性和民族性的乡村教师政策。以西南地区为例,2015年发布了《贵州省乡村教师支持计划实施办法(2015—2020年)》《重庆市人民政府办公厅关于贯彻落实乡村教师支持计划(2015—2020年)的通知》《云南省乡村教师支持计划(2015—2020年)》和《四川省乡村教师支持计划实施办法(2015—2020年)》等,这些政策主要围绕乡村教师队伍建设,从生活保障、福利待遇、岗位编制、职称评聘、专业培训和职业荣誉等方面提出了全面加强乡村教师职业吸引力的具体措施。

其一，在生活保障和福利待遇方面，提供乡村教师周转宿舍、完善住房公积金和社会保险费等经费落实、实施重大疾病救助工作以及生活补助政策。比如，四川省结合本省深度贫困区县财政问题，实施"由省市县三级财政为'四大片区'贫困县教师提供每人每月400元补助，其中省财政按每人每月220元标准给予定额补助"。

其二，在岗位编制方面，统一城乡教职工的编制标准。依据"班师比"和"生师比"相结合的方式核定乡村小学、教学点编制，在教师编制和人员配备等方面向人口稀少的乡村小学、教学点倾斜。此外，云南省还提出配备专职心理健康教师，加强对寄宿制儿童及留守儿童的心理辅导。

其三，在职称评聘方面，整体向乡村教师倾斜，提升乡村教师职称水平，针对由历史原因造成的乡村教师外语和科研能力偏低等问题，专门提出"外语成绩(外语教师除外)、发表论文情况在乡村教师评聘职称(职务)时不作硬性要求"。例如，重庆市特别规定拥有中专文凭且在乡村学校任教满20年的教师可破格申报高级职称；拥有大专文凭且在乡村学校任教满15年、25年的教师分别可破格申报高级、正高级职称。

其四，在专业培训方面，将360个学时确定为乡村教师培训的最低学时，将师德师风提升为培训的首要内容，加强音乐、体育、美术等紧缺学科教师培训和信息技术培训，以及加强民族"双语"教师培训。比如，重庆市规定从公用经费中安排5%的经费用于乡村教师培训，确保小、初教师学历提高率分别达到90%和80%以上；四川省支持民族地区"双语"教师的全员培训；贵州省每年重点遴选培育10名乡村教育家和300名乡村名师，积极探索以"互联网+"为中心的线上教师培训，建设形成"名师工作室—乡村示范校—省级培训基地—区域发展中心"四位一体的乡村教师专业发展体系；云南省提出"建立50个名校(园)长工作室和200个省级名师工作室""实行'县级教师发展中心建设工程'"等措施。

其五，建立乡村教师荣誉制度，营造全社会尊师重教的氛围，通过颁发荣誉证书、给予表彰、物质奖励等多种方式对任教乡村多年的教师予以回馈和赞扬。例如，贵州省在优秀教师、教育工作先进个人和先进集体评选表彰中，向乡村、民族和艰苦边远地区学校和教师倾斜。在相关政策的牵引下,乡村教师支持计划的中期目标已基本实现,乡村教师"下得去、留得住、教得好"的局面基本形成。

第三节 乡村教师职业吸引力的时代背景

乡村教师队伍建设作为乡村振兴和乡村教育现代化的基础工程,必然依托于时代走向、国家战略以及乡村社会背景和教育背景,从而明确乡村教师职业吸引力研究的时代价值和独特意义。

一、国家战略背景

国家战略是乡村教育发展的引擎,"乡村振兴战略""铸牢中华民族共同体意识""教育强国建设"等为乡村教育带来新的发展机遇,乡村教师职业也必须符合新要求、具备新活力。在新时代际遇下,乡村教师队伍建设应时而动、顺势而为,只有认清形势、牢牢把握乡村教师职业吸引力提升的时代命题,才能有效推进乡村教师队伍建设,推动乡村教育的高质量发展。

1. 扎实推进乡村振兴战略的时代要求

《乡村振兴战略规划(2018—2022年)》对乡村振兴进行了全面规划。实现乡村振兴,首要任务是从思想根源上使村民摆脱贫困思想,尤其是让乡村学生树立"振兴乡村"的理想和目标,这需要通过乡村教育来实现。因而,乡村振兴必先振兴乡村教育,其中发展乡村教师队伍是关键。《关于加快推进乡村人才振兴的意见》提出优先发展乡村教育事业,强调"加强乡村教师队伍建设"。《乡村振兴战略规划(2018—2022年)》强调"落实好乡村教师支持计划,继续实施农村义务教育学校教师特设岗位计划,加强乡村学校紧缺学科教师和民族地区双语教师培训,落实乡村教师生活补助政策,建好建强乡村教师队伍"。乡村教师队伍建设是实现乡村教育振兴的重要一环,乡村教师作为乡村社会知识分子的代表,扎根学校场域和乡村社区,在建设社会主义新农村、做好乡村意识形态工作和文化创新等方面发挥着关键作用,通过推动乡村社会劳动者的知识更新与技能进步,培育乡村社会积极的价值观念,激发乡村人才的主动性、积极性和创造性,进而推动乡村社会的全面振兴。

2. 铸牢中华民族共同体意识的现实呼唤

我国少数民族大都生活在乡村,各民族语言文化、风俗习惯、思维方式等各具风格。党的十九大报告中提出"铸牢中华民族共同体意识,加强各民族交往交流交融,促进各民族像石榴籽一样紧紧抱在一起,共同团结奋斗、共同繁荣发展",党的二十大报告再次强调"以铸牢中华民族共同体意识为主线,加强和改进党的民族工作"。中华民族共同体意识既是休戚与共的命运共同体的意识形态表达,更是"多元一体"文化共同体的意识形态凝合,强调各民族要对自身文化认同,强调民族同胞之间的尊重[①]。铸牢中华民族共同体意识有助于铸牢国家统一与社会稳定的思想根基,实现各民族利益与国家利益的有机统一,满足各民族人民对美好生活的精神需求。在这个意义上,"铸牢中华民族共同体意识"也是乡村教育的核心目标之一。乡村教育对提高人的综合素质、促进人的全面发展、增强中华民族创新创造活力,最终实现中华民族伟大复兴具有决定性意义,铸牢中华民族共同体意识离不开乡村教育事业的发展。教师作为乡村教育的关键主体,建设优秀师资队伍是民族地区乡村教育发展的首要任务。高素质、专业化、创新型的教师队伍能够充分发挥培育人才、传承和创新文化的功能,有效推动乡村教育发展,引导学生树立正确的民族观,使乡村学生感受到"是同一民族的人,感觉到大家是同属于一个人们共同体的自己人"[②],协力推动中华民族共同体建设,实现中华民族伟大复兴。

---

① 卢成观,李文勇.中华民族共同体意识的理论根基、现实价值及路径选择[J].理论导刊,2020(3):51-58.
② 费孝通.费孝通民族研究文集[M].北京:民族出版社,1988:173.

二、乡村社会背景

由于信息化、城镇化和现代化进程的加快,乡村社会发展方式也在发生改变,传统的乡村教师角色无法有效促进乡村学生的教育进阶和身份转换,也难以有效契合村民的生活需要,致使教师的知识权威弱化。同时,由于城市化取向的知识生产方式使乡村教师无法及时掌握前沿知识,乡村教师的知识数量、质量和结构处于劣势,社会地位不如城镇教师,成为社会分工系统、教育层级系统和职业系统的"三重弱端",其职业吸引力的升降对乡村社会的发展有着较高的依赖性[①]。乡村社会特有的自然系统和人文系统既决定了发展乡村教育及建设乡村教师队伍的特殊性,也决定了乡村教师职业吸引力提升的复杂性和综合性。

1. 乡村环境的特殊复杂性

从自然环境角度而言,我国中西部乡村地形复杂多变。以西南地区乡村为例,大多山水阻隔、道路崎岖。重庆市的乡村区域地形以丘陵、山地为主,乡村学校聚集于山区及周边丘陵区域;四川省乡村区域的典型地貌为山谷并列,山高谷深;云南省的乡村区域地形多样,既有海拔偏低的坝区,也有海拔偏高的山区;贵州省的乡村区域多为喀斯特岩溶地貌山区。整体而言,西南地区的乡村大部分处于云贵高原和青藏高原,地形以山地居多,闭塞的地域环境造成交通相对阻塞,经济发展和文化教育交流受限,是典型的"老、少、边、穷"地区。近年来,国家战略的深入推进使乡村社会面貌发生了明显的改善,交通条件和经济发展的整体水平在不断提升,地域环境与乡村教育发展之间的恶性钳制日益削弱,但乡村教育发展并未完全挣脱自然环境的限制。

从人文环境角度而言,新生代乡村教师多数不是土生土长的本地人。尤其是一些任教时间不长的青年教师,由于没有掌握当地语言,也不了解当地习俗,生活上难以完全融入学校所在的乡村社会,在教学中无法与学生及其家长有效沟通。此外,特殊复杂的地域环境也对乡村教师职业吸引力产生了一定

---

① 周兆海.提升乡村教师的职业吸引力[N].中国社会科学报,2017-11-02(4).

影响。一方面,偏远的地理位置和不同的文化风俗弱化了高校毕业生的就业意愿,多数毕业生不会考虑到离家或者离城市较远、需要耗费长时间融入的乡村学校就业。另一方面,已经在乡村学校任教的教师受城市繁荣经济、优越环境和舒适便捷生活条件的吸引,也倾向选择在城市安家、在乡村工作。两地来回奔波的"走教"状态压缩了乡村教师的自主时间,消耗了乡村教师的热情和精力,这种远离乡村社会的生活方式也使得乡村教师的乡土责任感逐渐弱化。

2. 乡村经济的相对滞后性

长期以来,我国大多数乡村存在交通不便、信息闭塞、资源匮乏等问题,导致区域经济发展速度相对缓慢。部分乡村经济生产甚至仍然以自给自足的自然经济为主,农业是村民主要的就业渠道和收入来源,导致乡村社会的经济发展相对滞后。以西南地区为例,当地乡村经济无论是发展速度还是发展水平都普遍较低,经济发展具有滞后性和不平衡性,如图1-1所示。同时,乡村社会经济发展的区域间差异也尤为显著,比如重庆市区及周边的经济发展成就较为突出,而许多边远乡村地区的经济发展则相对滞后,成为当地社会和教育发展的掣肘。

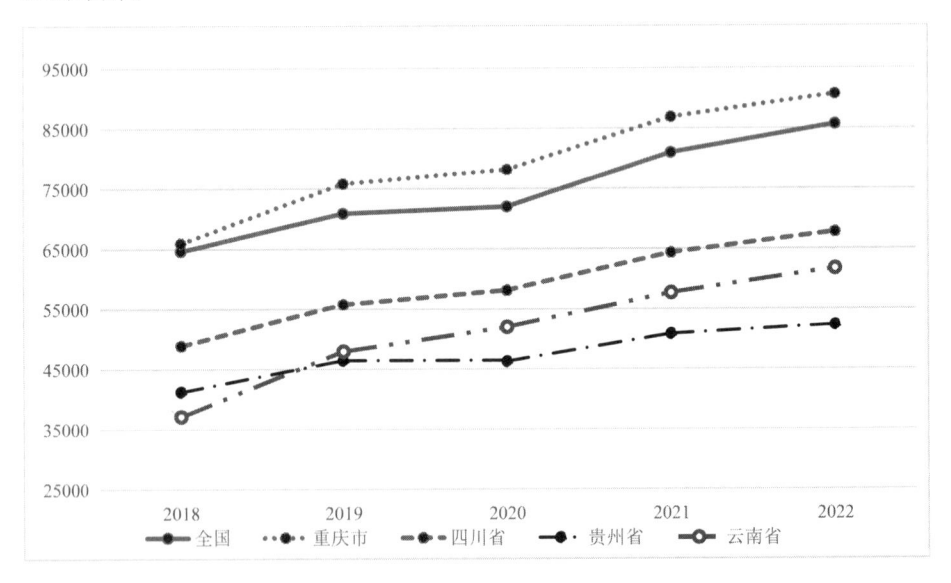

图1-1 2018—2022年人均国内生产总值(西南地区省份与全国比较)[①]

① 数据来源于2018—2022年中国统计年鉴。

随着"西部大开发""一带一路"倡议等的深入推进,西南地区乡村社会的经济水平持续攀升,发展态势整体向好。但是,从经济发展的全局来看,其与东部沿海地区仍然存在较大差距。欠发达的经济条件也使得西南地区与全国其他地区之间的发展差距从生活水平、交通条件、医疗卫生等物质生活领域,延伸至文化教育等精神生活领域[①]。滞后的发展水平使乡村教育发展欠缺有利的经济基础,县域财政对乡村教育的支持受到诸多限制,教育发展仍然需要依靠国家财政的支持。反之,乡村教育的落后又加深了西南地区与其他地区经济发展的差距。聚焦到乡村教师层面,落后的经济条件难以为改善当地乡村教师的教学环境、生活条件等提供充足资源,更无法提供优厚的福利待遇和良好的生活保障,这成为制约乡村教师职业吸引力提升的突出因素。

3. 乡村文化的多元繁荣性

乡村文化多样是乡村社会的又一主要特征,乡村教师的教育教学活动也是实现乡村文化代际传承与创新的重要载体。学校教育作为选择、整合、传承与创新文化习俗的有效方式,贯穿于乡村文化发展始终。乡村教师职业吸引力的提升与多元的乡村文化习俗互相影响、双向互动。一方面,高质量的乡村教师队伍是乡村优秀文化习俗传承与发展的关键力量,在全面加强乡村教师队伍建设、提升乡村教师职业吸引力的过程中,教师能够逐渐立足乡村社会的优秀文化习俗,在乡村学校教育中创造性地开发和建构具有乡土特色的教学内容与课程体系,关注乡村学校课程与乡村文化背景的价值互动与现实关联,进而引领乡村文化的创新与发展,优化乡村文化的整体布局,促进乡村文化的繁荣与振兴。另一方面,乡村文化的繁荣与振兴也推动乡村教育和乡村教师队伍建设的变革与优化。在乡村教育层面,乡村文化能够健全乡村教育体系、丰富学校教育资源、促进学校特色化发展;在乡村教师层面,将乡村文化融入其专业成长与培养培训的全过程,能够强化乡村教师对乡村文化习俗的认同和交流,增强乡村教师"引得来""留得住"与"教得好"的文化动力。

---

① 王德清.西南少数民族地区经济文化发展战略与教育需求研究[M].北京:民族出版社,2007:3.

三、乡村教育背景

乡村社会独特的地域环境、滞后的经济发展和多元的文化习俗等造成了乡村教育发展的复杂性、多样性和特殊性。乡村教育发展相对缓慢、国家扶持力度持续加大,以及乡村学校师生构成复杂是乡村教师职业吸引力提升的乡村教育背景。

1. 乡村教育发展相对缓慢

乡村教育是我国教育高质量发展的焦点,也是教育现代化的短板。受历史、文化、经济和地理等因素的制约,乡村教育基础较差,保障能力偏弱,乡村教育的质量总体偏低,较全国整体水平而言发展相对缓慢。特别是在乡村学校的师资力量上,乡村学校与全国整体水平存在较大差距,各地的乡村学校与城市学校之间也存在较大差距,见表1-1。以西南地区为例,截至2021年,重庆、四川、贵州和云南四省(市)义务教育阶段的研究生学历教师人数仅占全国研究生学历教师人数的8.64%,四省(市)乡村地区研究生学历教师人数占全国乡村研究生学历教师人数的7.31%,比例偏低。在同省(市)之间,西南地区上述四省(市)乡村教师学历为研究生的人数仅占四省(市)全部研究生学历教师人数的4.44%。相对缓慢的发展情况与乡村教师整体质量不高互为影响,难以吸引并留住优秀人才到乡村学校任教。近年来,城乡教育发展的不平衡促使中央政府和地方政府将更多人力、物力、财力投入乡村社会,这样既能够改善乡村教育条件,也为优化乡村教师队伍、提升乡村教师的专业水平、增强教师职业吸引力提供了基础性支持和专业性引导。

表1-1 义务教育阶段专任教师学历(全国及西南地区数据)[①]

	研究生毕业(人)	本科生毕业(人)	专科毕业(人)
全国总计	306389	7910281	2247902
全国总计(乡村)	16064	145171	734875
重庆市	7839	162767	46925

---

① 中华人民共和国教育部发展规划司.中国教育统计年鉴.2021[M].北京:中国统计出版社,2022.

续表

	研究生毕业（人）	本科生毕业（人）	专科毕业（人）
重庆市（乡村）	217	21366	11722
四川省	12726	385312	171067
四川省（乡村）	327	56991	45517
贵州省	2203	269483	66450
贵州省（乡村）	219	60460	20013
云南省	3698	275211	88819
云南省（乡村）	411	105104	47170

2. 国家扶持力度持续加大

国家一直高度关注乡村发展，尤其是中西部地区。各项政策的陆续实施，有力地推动了乡村教师专业发展。

一是2006年国务院常务会议通过《西部大开发"十一五"规划》，目标是经济又好又快发展，人民生活水平持续稳定提高。除经费支持外，大力实施"跨世纪园丁工程""21世纪民族贫困地区中小学教师综合素质培训计划""百万中小学校长培训计划"，在培训西部地区乡村校长的基础上，进一步加大对乡村教师的培训力度，提高教育教学和管理水平[①]。

二是党的十八大报告中提出了"命运共同体"的价值导向，党的十九大报告提出"铸牢中华民族共同体意识"，既明确了乡村教育发展的目标，也凸显了乡村教师新的身份及其多维度专业发展的必要性与紧迫性。

三是2015年《推动共建丝绸之路经济带和21世纪海上丝绸之路的愿景与行动》发布，教育部随之颁发《推进共建"一带一路"教育行动》，党的二十大报告要求"推动共建'一带一路'高质量发展"。中西部地区基于古丝绸之路的历史渊源，成为"一带一路"建设的重要区域，对当地乡村教师提出了更高要求——教师只有具备深厚的文化自信和跨文化理解、交流以及知识转化的能力，才能更好发挥职业价值。"一带一路"倡议的纵深推进也将持续扩大乡村教师

---

① 焦新.贯彻中央战略决策 采取十项具体措施教育部支持西部大开发[J].人民教育,2000(4):12.

的职业影响力,在充分发挥乡村教师职业价值的基础上提升乡村教师专业发展活力。

四是党的二十大报告强调"全面推进乡村振兴,坚持农业农村优先发展"。"十四五"发展规划明确提出全面实施乡村振兴战略,着力建设素质过硬的乡村教师队伍,加大对乡村教师队伍建设的倾斜和支持力度,是振兴乡村教育,服务乡村振兴的重中之重[①]。乡村振兴战略为提升乡村教师职业吸引力提供了更为全面的保障和支持,有利于改善乡村教师教学条件、提高乡村教师待遇保障。《关于加快推进乡村人才振兴的意见》强调"加强乡村教师队伍建设",为乡村教师在编制核定、培养体系、专业发展、职称评聘等方面创造更多的条件和机会。

3. 乡村学校师生构成复杂

乡村学校教师和学生构成复杂是乡村教育特殊性最直接的表征。比如,在西南地区,生活着全国三分之二以上的少数民族。少数民族师生在民族语言、个性情感、思维方式、价值观念和行为方式等方面的差异加深了乡村学校教育的复杂性,为乡村教师职业吸引力的提升带来了挑战。

一方面,乡村学校中少数民族师生占比较大,不同民族的交往习俗、知识经验、宗教民俗、文化信仰和教育传统等也存在较大差异。乡村教师在教育活动中既要彰显整体性,铸牢中华民族共同体意识,培育各民族学生的社会主义核心价值观;又要根据不同民族学生的实际,尊重合理的差异性,培养不同学生适应自身民族生活的能力。但在教育实践中,这种差异客观上造成了教师与学生及家长沟通交流的不顺畅,不仅部分学生难以理解教师所教内容、不听从教师的劝导和管理,而且学校教育和家庭教育无法形成有效的教育合力。此外,一些民族传统风俗对乡村学生的成长有较大影响,成为学生辍学的主要原因之一。

另一方面,生产方式和经济发展水平的制约导致了乡村社会的"离农潮",无论是少数民族教师还是汉族教师,对乡村社会浓厚的乡土情结和积极的情

---

① 钟焦平.乡村振兴必先振兴乡村教育[N].中国教育报,2019-03-11(2).

感体验都在减弱。同时,愈来愈明显的乡村"空心化"趋势造成了较为严重的"留守儿童""单亲儿童"等问题,加重了乡村教师职业的挑战性和艰巨性,乡村教师不仅仅承担着"教书育人"的角色职责,在很大程度上也可称之为学生的"监护人",加之还要负责一些行政事务,许多乡村教师在身兼数职的情况下职业压力持续增大,甚至出现职业耗竭等问题。

通过对乡村教师职业吸引力演进历史的回溯、相关政策的梳理以及时代背景的分析,可以发现,职业吸引力既是历史上乡村教师职业发展的重要主题,也是当前乡村教师队伍建设的关键所在。要深入剖析乡村教师职业吸引力,需在事实分析的基础上进一步开展学理探索。

第二章 乡村教师职业吸引力的学理支撑

中华人民共和国成立以来,党和政府高度重视乡村教师队伍建设,乡村教师职业吸引力作为影响教师队伍建设的关键因素,逐渐成为学术界关注的热点。本章一方面通过对乡村教师职业吸引力相关文献进行梳理和分析,厘清乡村教师职业吸引力的已有研究成果及其发展趋势;另一方面,在总结文献的基础上,从多种理论视角中探寻研究的切入点,基于乡村教师职业吸引力的特征、影响因素等构建研究的理论框架,为乡村教师职业吸引力研究夯实理论基础、提供学理支撑。

第一节 乡村教师职业吸引力的文献支撑

通过搜集、整理和分析相关文献,把握乡村教师职业吸引力的已有研究脉络,明确相关研究的动态,旨在借鉴前人经验、思考研究方向,进一步明确乡村教师职业吸引力研究的学理基础。

一、已有研究的综述反思

本书结合研究的主题及重点进行文献梳理,明确乡村教师职业吸引力的相关研究成果,掌握已有研究的主要内容及进展。

1. 关于乡村教师职业吸引力的研究

以"乡村/农村教师职业吸引力"为主题在中国知网(CNKI)进行检索,以及在 Web of Science 数据库以"rural teachers' professional attraction"为标题进行检索,运用内容分析法对文献进行分析,将研究内容归纳为内涵意蕴、现实困境、影响因素和提升策略四个方面。

(1)乡村教师职业吸引力的内涵意蕴研究

吸引力是指能够引领人们前进的力量,职业吸引力主要来源于两个层面,一是外在牵引,二是职业人内心的向往,同时这一职业对应聘者具有一定挑战,能够让其经过努力获得进步和发展。学术界主要基于"职业吸引力"概念将乡村教师职业吸引力的内涵分为三个层面:一是源于乡村教师职业的"外在吸引力",即该职业发出的讯息同在职人员和求职人员的生存性或发展性择业需求的契合程度,以及由此而产生的对其去留意愿和应聘参与的影响程度[1]。换言之,乡村教师职业的外在吸引力是指从事乡村教师职业所具有的经济待遇、工作环境和社会地位能够得到普遍认可,是一种基于职业崇高性产生的魅力以及社会的认同力融合而成的力量[2]。二是源于乡村教师自身的"内在倾向力",即职业候选人会在众多职业中优先选择乡村教师职业,乡村教师职业意愿的保持需要其自身对乡村教育这一事业具有内在职业归属感、满足感和获得感,同时能够产生岗位上的幸福感、事业上的成就感和社会上的荣誉感[3]。三是源于职业要求对乡村教师的"挑战力",具体而言是指教师职业的高要求,即学为人师、行为世范的从业品质属性;以及教师与人际实践的高黏合,即言传身教、立德树人的从业实践属性[4],激励和促使教师保持从业动机,不断追求上进,在专业领域积极追求发展。

(2)乡村教师职业吸引力的现实困境研究

学术界对乡村教师职业吸引力的研究,主要基于国家与社会大众对乡村教师"下得去""留得住""教得好"的期望,通过对乡村教育现状的分析,凸显乡村教师职业吸引力的现实困境。在已有成果中,研究者基于不同对象和视角深入剖析了乡村教师职业吸引力的现实困境。

其一,从"下得去"的维度关注乡村学校吸引毕业生选择乡村教师职业所存在的困境。从时间上看,自改革开放后,特别是近20年以来,由于多种因素导致师范生生源质量呈下滑状态;乡村教师职业中男性从业者占比持续下降;乡村教师行业经济待遇处于全行业平均水平且提升缓慢,工资水平低于卫生、

---

[1] 周兆海.薪酬激励与制度吸纳:农村教师职业吸引力的提升路径[J].当代教育科学,2016(6):20-23.
[2] 姜英敏.韩国基础教育教师职业吸引力保障制度分析[J].比较教育研究,2012(8):25-29.
[3] 朱永新.切实提高地位待遇 增强教师职业吸引力[J].中国教育学刊,2018(4):1-4.
[4] 张炜.改革开放40年教师职业吸引力嬗变的循证研究——基于教师教育现代化视角[J].教师发展研究,2018(4):27-36.

社会福利、科学研究、技术服务等相关行业,乡村教师职业吸引力水平整体偏低[①]。其中,年轻教师、基层管理岗教师、低收入教师的职业吸引力相对较低[②]。对乡村教师而言,工作压力和强度越来越大,社会对乡村教师职业评价却较低,部分地区乡村教师的补助较低,福利待遇问题饱受诟病。因为乡村学校地理位置偏远、基础设施建设差、交通不便等问题,师范生对乡村学校的整体印象较差,加之乡村教师工资待遇、社会地位较低等问题,造成师范生毕业后任教乡村学校的意愿模糊、动机不强。

其二,从"留得住"的维度审视乡村学校吸引青年教师和优秀教师继续留任乡村所面临的困境。研究表明,乡村教师工资绝对增长较快,但相对增长缓慢,甚至部分地区出现乡村教师薪酬"明增暗降"的现象。加之乡村社会对乡村教师的认可和关怀不足,乡村教师的工作压力和精神负担也逐渐增大,许多教师想"逃离"乡村[③]。乡村教师承担着养家糊口的重担,但由于工资薪酬不理想、子女教育问题无法有效解决,也容易出现离职倾向。长期的城乡二元结构下,由于没有形成一套完整的乡村教师综合待遇保障制度体系与机制,在各项政策的分头推进中,乡村教师的经济社会总体待遇一直没有达到应有的水平,直接影响乡村教师职业吸引力的提升,进而制约稳定而优质的乡村教师队伍建设[④]。概言之,乡村教师职业处于入职率低、离职率高的尴尬处境。

其三,从"教得好"的维度聚焦乡村教师在乡村学校安心从教所面临的困境。当前,乡村教师群体中普遍存在待遇不高、教学任务繁重、激励效果不好、工作压力较大、生活困难等亟待解决的问题[⑤]。此外,乡村新任教师较少,城乡教师之间的交流动力不足,校本研修空白,乡村教师无法及时学习先进的教育

---

① 张炜.改革开放40年教师职业吸引力嬗变的循证研究——基于教师教育现代化视角[J].教师发展研究,2018(4):27-36.

② 侯小兵,杨慧.扎根乡村:乡村教师职业吸引力的自我感知与系统提升[J].宁波大学学报(教育科学版),2023(6):57-64.

③ 姚跃林.提高教师职业吸引力也要向"钱"看[N].中国教育报,2015-07-03(2).

④ 庞丽娟,杨小敏,金志峰,等.构建综合待遇保障制度 提升乡村教师职业吸引力[J].中国教育学刊,2021(4):34-40.

⑤ 许爱红,许晓莲.乡村青年教师职业吸引力影响因子分析[J].当代教育科学,2020(3):41-45.

理论知识、接触最新的教学设备,专业发展受阻,致使职业幸福感缺失[①]。职称评聘和荣誉制度一定程度上可以激励乡村教师的任教热情,但乡村学校职称评聘名额竞争激烈,高级职称获取年限长[②],导致乡村教师长时间任教却难以获得及时的激励。日益萎缩的乡村学校办学规模、相对不均衡的城乡教育发展,以及落实不力的乡村教师管理制度,也导致了乡村教师职业成就感的锐减。

(3)乡村教师职业吸引力的影响因素研究

影响乡村教师职业吸引力的因素复杂多元,研究者将影响教师职业吸引力的因素大致划分为两类。一类以客观、主观因素为划分标准。客观因素主要是职业所能提供的工作条件和工作氛围,即物质因素、人际因素和时间因素[③]。其中,物质因素是乡村教师所处的工作条件和环境,关乎生活舒适度和生活成本,以及与乡村教师生活息息相关的子女教育、医疗保健等公共服务和生活便利程度;人际因素是乡村教师工作的氛围环境,包括领导关系、同事关系、师生关系、决策参与和晋升制度等;时间因素是职业赋予乡村教师的工作时长、晋升时长等。主观因素主要包括乡村教师的心理状态、个人志趣和感受,即教师的社会认可度、职业热爱程度和工作满意度等。其中,心理状态与工作压力及压力来源密切相关;个人志趣和感受涉及个人的发展机会、价值体现、升职希望、专业自信与自身反思等。另一类以宏观、中观、微观因素为划分标准。宏观层面包括国家政策支持、社会认可、政府重视与监管等,譬如国家实施乡村振兴战略,先后出台多项政策,在工资待遇、职称评定等方面向乡村教师队伍倾斜,助推乡村教师队伍建设;中观层面包括学校管理环境、同事人际关系、教师文化等,比如学校的文化氛围与能动性显著地影响着乡村教师的

[①] 胡来宝.提升农村教师职业吸引力的思考[J].中国农村教育,2013(C1):67-69.
[②] 全国教育科学规划领导小组办公室.全国教育科学规划《教育成果要报》汇编.第1辑[M].北京:教育科学出版社,2016:197-199.
[③] [美]丹·克莱门特·劳蒂.学校教师的社会学研究[M].饶从满,于兰,单联成,等,译.北京:人民教育出版社,2011:22-28.

工作满意度[1];微观层面涉及乡村教师的职业成长、工资待遇、劳动程度和辛苦程度、工作趣味性与丰富性等[2]。

(4)乡村教师职业吸引力的提升对策研究

针对乡村教师职业吸引力的现实困境和影响因素,增强乡村教师的职业吸引力应采取特殊措施解决乡村教师职称晋级、进修提高和安居乐业等问题,其中,提高乡村教师工资收入等待遇和社会地位是增强乡村教师职业吸引力的关键[3]。已有研究主要从国家政策、乡村社会、教师发展、域外经验四个方面探寻提升对策。

在国家政策方面,为落实《关于全面深化新时代教师队伍建设改革的意见》中"不断提高地位待遇,真正让教师成为令人羡慕的职业"这一意见要求[4],国家从不同角度制定了提升乡村教师职业吸引力的政策。其一,在乡村资源配置方面,加强公共服务供给向乡村倾斜,强化社会资源配置对乡村社会的交通、医疗、社会保障和教育发展方面的照顾[5]。其二,积极探索有效的乡村教师激励制度,比如在工资待遇方面提高乡村教师的工资待遇、实行阶梯式生活补贴政策,以加强对边远和艰苦地区乡村教师的经济援助等[6];在职业定位方面保障教师在乡村社会中的法律地位,通过这些方式满足乡村教师的物质需求和尊重需要,让乡村教师成为让人羡慕的职业,真正实现优秀人才"进得来"[7]。其三,深化人事制度改革,包括改革乡村教师内退制度,落实"严进宽出制度",建立乡村教师定期轮岗交流制度,加快职称改革,下放职称评聘指标,实现标

---

[1] 贺文洁,李琼,穆洪华.学校文化氛围对乡村教师工作满意度的影响:教师能动性的中介作用[J].教师教育研究,2018(3):39-45.
[2] 高英哲,高龙刚,高洪民.关于中小学教师职业吸引力的社会调查[J].中国成人教育,2011(10):83-86.
[3] 郝文武,雒强,贺璐璐.增强乡村教师职业吸引力的关键指标和特殊措施[J].教育与经济,2022(2):46-52.
[4] 朱永新.切实提高地位待遇 增强教师职业吸引力[J].中国教育学刊,2018(4):1-4.
[5] 周兆海.薪酬激励与制度吸纳:农村教师职业吸引力的提升路径[J].当代教育科学,2016(6):20-23.
[6] 李涛,黄少澜.乡村教师职业吸引力的多维测算与分解[J].东北师大学报(哲学社会科学版),2023(1):32-46.
[7] 包金玲.中小学教师职业吸引力不足原因分析及应对策略[J].现代中小学教育,2018(11):56-61.

准的多元化,加强乡村教师的在职培训,创新乡村教师管理制度和激励机制[1]。其四,继续实施推进"特岗计划""农村教育硕士计划""公费师范生计划"和"乡村教师硕士计划",确保乡村教师职前职后均能接受良好的教育[2]。

在乡村社会方面,通过开放乡村学校的办学空间、强化乡村社会与乡村学校之间的联结,为乡村教育营造良好的社会文化氛围。一是实施微观环境改造机制,确保乡村教师"教得好",挖掘乡村特色文化,为乡村教师构建积极和谐的生存环境和学校组织文化,同时弘扬尊师重教的传统文化,合理保护教师群体的权益[3]。二是彰显乡村教师职业的崇高性,建立乡村教师荣誉基金制度,着力发挥乡村教师"新乡贤"的公共职能;推动乡村教师荣誉成果的平台共享,促进专业发展,弘扬尊师重教的社会氛围[4]。三是加强乡村社会与优秀资源的关联,紧密联系高校师资,鼓励一流高校带头参与,为乡村教师增加知识储备、优化知识结构、提升知识品质提供专业支撑,进而强化乡村教师的专业化特征、提高教育服务乡村社会的文化质量[5]。

在教师发展方面:一是关注乡村教师心理健康,注重乡村教师情感关怀,鼓励乡村教师特别是新任教师坚定职业信念,促进乡村教师主动适应并全身心投入乡村教育的建设中[6]。二是明确乡村教师职业的道德价值,制度性维护乡村教师的道德荣誉,提高社会声望[7]。挖掘乡村教师职业蕴含的魅力,丰富乡村教师培训内容,增强城乡学校双向流动,扩宽发展渠道,满足发展需求。三是积极创设条件,确保乡村教师"留得住",落实亲师利教举措[8]。比如,建立乡村教师子女中考或高考加分机制,保障乡村教师公平的职称评定机会等,解

---

[1] 方建成.浅谈农村小学教师的职业吸引力[J].中国农村教育,2013(C1):64-66.
[2] 全国教育科学规划领导小组办公室.全国教育科学规划《教育成果要报》汇编.第1辑[M].北京:教育科学出版社,2016:199-202.
[3] 张炜.改革开放40年教师职业吸引力嬗变的循证研究——基于教师教育现代化视角[J].教师发展研究,2018(4):27-36.
[4] 吉标,刘擎擎.乡村教师乡贤形象的式微与重塑[J].当代教育科学,2018(5):47-50.
[5] 李璐钏.ERG理论视域下乡村教师职业吸引力提升的激励制度研究[J].成都师范学院学报,2017(5):40-44.
[6] 朱孝菊.如何提高幼儿教师的职业吸引力[N].中国教育报,2014-09-14(2).
[7] 周兆海.提升乡村教师的职业吸引力[N].中国社会科学报,2017-11-02(4).
[8] 郭志慧."优师专项"的政策优势、实施挑战与优化策略[J].教育发展研究,2022(2):9-17.

决乡村教师后顾之忧。此外,乡村教师职业吸引力的提升离不开一个具有领导力的乡村校长,好校长不但能够带领乡村教师干事创业,还能够把国家的经费和政策潜能充分释放,激发教师奉献乡村教育的热情①。

在域外经验方面,广泛关注世界各国提升乡村教师职业吸引力的举措及经验。比如,借鉴欧盟提升乡村教师职业吸引力的举措,从厚生与保障层面提升乡村教师管理的科学性与人文性;从强舆与扬道层面彰显乡村教师职业的崇高性与神圣性;从自修与持恒层面提升乡村教师发展的自主性与超越性②。借鉴韩国健全的法律法规体系,严格的职前培养、资格授予和职后培训制度,凸显乡村教师职业的专业性,通过不断完善的人事管理制度激发乡村教师的工作热情③。英国逐年提高师范生的入学标准,秉持在实践中培养乡村准教师的理念和做法,采用工作与培训同步推进的方式增强乡村教师素养,并不断提高乡村教师工资待遇④。芬兰强调提高乡村教师地位以加强社会认可、提升师范生选拔标准以保证优秀师资、保障乡村教师的专业自治权等措施,对我国的政策制定与实施具有参考价值⑤。此外,日本、美国、法国、俄罗斯和澳大利亚等国制定了偏远地区乡村教师的激励机制,包括凸显乡村教师职业经济收益优势、推行"县管校聘"及校长和教师轮岗制度、酌情放宽乡村教师职称名额、增加国家荣誉获取年限时段和后期跟进工作,以及乡村教师激励的其他创新措施,如弥补政策疏漏、建立教师队伍的龙头管理机制等,这一系列举措对我国提升乡村职业吸引力具有参考价值。

2.关于民族地区乡村教师职业吸引力的研究

民族地区作为我国乡村教师队伍建设的重点和难点区域,其乡村教师职

---

① 何树虎,邬志辉.乡村教师职业吸引力的实证研究——基于"离"与"留"强意愿的对比[J].教师教育研究,2021(1):51-59.
② 杨明刚,于思琪,唐松林.如何提升教师吸引力:欧盟的经验与启示[J].湖南师范大学教育科学学报,2018(4):84-92.
③ 姜英敏.韩国基础教育教师职业吸引力保障制度分析[J].比较教育研究,2012(8):25-29.
④ 王璐.提升职业吸引力,提高职前教育质量:英国教师教育改革最新趋势[J].比较教育研究,2012(8):20-24.
⑤ 石佳巍.芬兰教师职业吸引力探析[J].西北成人教育学院学报,2016(2):86-90.

业吸引力的相关研究具有较强的代表性与典型性。在知网中以"民族地区"并含"乡村/农村教师"为主题进行检索,结果显示,20世纪初在我国民族师范教育诞生时就有学者关注相关主题。近年来,民族学研究者也逐渐关注并探索民族地区乡村教师队伍建设的相关议题。尽管现有成果尚未对民族地区乡村教师职业吸引力进行直接阐述,但都从不同角度对民族地区乡村教师的相关问题以及民族地区乡村教师职业吸引力的要素有所涉及。

一是在民族教育理论中专门探讨民族地区教师教育的发展。一方面,聚焦民族教育理论的核心问题,即民族文化、宗教、语言文字三大领域,民族地区师资的发展状况与三者密切关联[①]。新时代的民族教育应体现中华民族共同体立场,要求在民族"双语"教育中形成"意识三态"的互动联结,凝练民族共同的文化符号,构建铸牢中华民族共同体意识的心理场域,培养兼具"公民意识"和"文化身份"的意识形态,从而对民族地区乡村教师队伍建设提出了针对性的要求[②]。同时,也有直接聚焦民族教师队伍建设的成果,比如《新中国民族教育政策研究》等著作系统分析了民族教师队伍建设的政策内容、实施情况及政策创新等[③]。另一方面,运用民族教育理论剖析民族地区教育发展样态。比如,借鉴博厄斯原始文化观,李修远等人发现民族地区社群传统影响着当地的教育观和行动模式,部分社群在与现代文化互动中的表现依旧保守,对学校等现代教育组织模式的反馈明显不足,民族教师队伍承担着连接现代文化和社群文化的重任[④]。基于特纳的仪式理论,王荣等人指出少数民族的传统仪式有助于建构良性的"文化认同"、维系民族认同感、继承和发扬传统文化,民族地区教师队伍肩负着传承民族文化和民族精神的使命[⑤]。乌兰夫教育理论中关于"谁来培养人"的问题指出应将师范教育视为发展民族教育事业的关键之

---

① 王晓燕.民族教育现代化离不开民族教育理论发展[J].教育发展研究,2017(17):77-78.
② 达万吉.中华民族共同体意识下民族教育实践的理论构想[J].民族教育研究,2019(1):38-42.
③ 孟立军.新中国民族教育政策研究[M].北京:科学出版社,2010:136-157.
④ 李修远,马知遥.博厄斯原始文化观视域下民族教育发展的理论思考与审视[J].民族高等教育研究,2020(5):10-14.
⑤ 王荣,滕星.特纳的仪式理论对少数民族教育的启示[J].民族教育研究,2016(4):11-17.

举,提出了"师范教育先行"的教师教育观[①]。

二是强调民族地区乡村教师队伍建设的价值。民族地区乡村教师队伍建设既是一个教育问题,也是一个政治问题。民族地区乡村教师队伍是全面贯彻国家民族政策、促进民族团结与进步的重要力量。民族地区乡村教师队伍建设是民族教育发展、改革与创新以及优化民族师资队伍的紧迫需要。民族地区乡村教师肩负着光荣而艰巨的育人使命、文化传承使命和政治使命。在历史意义上,民族地区乡村教师传承各地、各民族的乡土文化,传播中华优秀传统文化,对中华民族凝聚力的形成和发展发挥了促进作用;在现实意义上,民族地区乡村教师为社会主义新农村的文化建设事业以及民族团结进步事业努力奋斗,作出了重要贡献;[②]从乡村学生发展的视角看,民族地区乡村教师队伍建设有利于促进当地乡村少年儿童成长及发展,启迪其智慧,实现其知识获取、能力培养与价值塑造[③]。这就要求民族地区乡村教师除一般素养外,还应具备由本土化知识、跨文化能力及乡土情怀构成的特殊素养。其中,本土化知识应包含地方自然与人文知识以及地方学生心理特征知识,跨文化能力应包含适应多元文化的能力和整合多元文化的能力,乡土情怀应包含对民族地区乡村自然生态和人文环境的认同和热爱,以及以教育促进民族地区乡村发展的责任感和使命感[④]。

三是关注民族地区乡村教师的发展困境。已有成果采用多样化的研究方法,深入各民族地区开展实地调研,剖析了民族地区乡村教师职业发展的困境。比如,运用定性研究和定量研究相结合的方法,剖析了渝东南民族地区乡村教师职业认同危机[⑤]。针对民族地区乡村教师开展叙事研究,陈述并分析了民族地区乡村特岗教师因为对教师事业的热爱而义无反顾投身支教,后来却

---

① 苏德,阿木古楞.乌兰夫教育理论与实践的当代审视[J].云南民族大学学报(哲学社会科学版),2020(3):41-46.
② 吴明海.对民族地区乡村教师队伍建设的思考与建议[J].中国民族教育,2015(5):13-15.
③ 曹二磊,张立昌.民族地区乡村教师的特殊素养:价值、结构及培养路径[J].教师教育研究,2022(1):19-24.
④ 黄健毅,黎芳露.新时代民族地区乡村教师的特殊素养及培养路径[J].民族教育研究,2020(1):85-90.
⑤ 卢秀琼.渝东南少数民族地区农村教师职业认同研究[J].教育评论,2009(1):110-113.

由于教育理想无法实现而被迫离开的事例[①]。通过个案研究方法,以湖南新晃侗族自治县民族地区新生代乡村特岗教师为典型,剖析乡村特岗教师职业压力的主要来源,涉及城乡教育文化的鸿沟、正常履职的人际关系束缚、专业发展的繁重教学任务羁绊以及教育抱负施展的有效支持匮乏等[②]。通过对W省D、E两县进行田野调查,发现民族地区面临乡村教师离职严重、乡村教育岗位成为跳板、教师疏离乡村公共生活、乡村教师队伍规模日益萎缩与单薄、乡村教师在考评中处于劣势等现实困境[③]。还有研究对贵州、湖南及广西等省(自治区)条件艰苦的民族地区进行调查,发现这些民族地区普遍存在教师招不来、留不住、教不好的问题[④]。具体表现为乡村学校教师总量欠缺、学科教师结构失衡、骨干教师向外流失严重、教师补充机制难以维持乡村师资队伍的稳定等[⑤]。民族地区乡村教师群体在教学负担、心理状态、职业认同、专业发展等方面存在差异[⑥]。年长教师、低学历教师和民族教师的晋升渠道狭窄,中青年、高职称、高学历教师呈现出不合理的单向上位流动趋势[⑦]。

四是提出民族地区乡村教师队伍专业发展的策略。国家、社会和乡村学校应当针对民族地区乡村教育的特殊需要,因地制宜地提升乡村教师职业吸引力,采取多元联动的措施确保民族地区乡村教师能引、能留和善教[⑧]。基于国家政策、民族文化和教师发展等维度探索提升机制。首先,国家顶层设计要

[①] 田友谊,张迪.民族地区农村特岗教师离职问题的叙事研究[J].民族教育研究,2019(1):76-82.
[②] 钟云华,张维.民族农村地区新生代特岗教师职业压力来源的叙事分析[J].教师教育研究,2020(1):103-108.
[③] 敖俊梅,孙昉.超越现代性:民族地区农村教师职业生存发展困境初探——基于W省D、E两县的调查[J].西北民族研究,2017(3):149-154.
[④] 钟海青,江玲丽.本土化:边境民族地区乡村教师队伍建设的重要途径——基于广西边境民族地区的教育调查[J].民族教育研究,2017(6):5-11.
[⑤] 许锋华.连片特困民族地区教师队伍建设的困境、原因及出路——基于武陵山区的调查研究[J].民族教育研究,2013(5):72-76.
[⑥] 张鸿翼,李森.西部地区农村小学教师结构性缺编现状调查研究——基于川、渝、滇、黔等六省市区的实证分析[J].云南师范大学学报(哲学社会科学版),2019(3):100-109.
[⑦] 王淼.民族地区农村教师流动特点、成因与对策研究——以湖南通道侗族自治县为例[J].民族教育研究,2014(2):88-92.
[⑧] 赵鑫.民族地区乡村教师职业吸引力提升的理念与路径[J].教育研究,2019(1):131-140.

探索构建民族地区乡村教师队伍建设的政策与具体措施①。例如,国家采取倾斜政策适当扩大民族地区教师应聘的比例;推进民族地区乡村教师职称评定、优化提拔晋升政策,加大职业道德、育人业绩与教学经历的考核权重;政府优化特岗教师招录条件设置与加强岗前培训,民族地区乡村学校则应加大对新生代特岗教师的管理与支持力度②。其次,在民族文化融合层面,应注重民族地区乡村文化的特性,从物质和精神两个层面加强乡村教师职业稳定性。要充分考虑到民族教育与外部环境的互动,核心在于传统与现代之间分野的"弥合",基于不同民族地区的文化模式因地制宜,深化学校教育与民族文化融合,加强学校教育对民族文化的传承与发展,进而促进学校教育与民族文化的共同繁荣③。最后,在民族地区乡村教师专业发展层面,对于民族地区乡村教师普遍流失、进修提升机会少的状况,可以在成人教育中开发专门面向民族地区乡村教师的创新培养模式,使其培养的乡村教师在符合乡村教育需要的同时,也适应民族地区的特殊环境;④在民族地区乡村特岗教师的离职问题上,应当给予特岗教师群体更多关怀,营造有助于他们实现理想的工作环境,帮助他们获得归属感和成就感⑤;鼓励民族地区乡村教师实现自主专业发展,主动学习先进的教育理论。

鉴于西南民族地区是我国民族地区乡村教师职业吸引力提升的典型区域,本书以"西南民族地区"和"乡村/农村教师"为主题进行文献检索,发现以西南民族地区乡村教师为主题的研究成果也涉及乡村教师职业吸引力的相关议题。比如,对西南民族地区乡村教师的调查研究证明,乡村教师专业发展水平受性别、教龄、学历、职称与区域等因素的影响,呈现出较为明显的群体差异和个体特点。整体来说,当地乡村教师专业发展大致处于中等水平,无论是教学

---

① 吕晓娟,李泽林.民族地区乡村教师专业发展路在何方[J].中国民族教育,2015(10):41-42.
② 钟云华,张维.民族农村地区新生代特岗教师职业压力来源的叙事分析[J].教师教育研究,2020(1):103-108.
③ 李修远,马知遥.博厄斯原始文化观视域下民族教育发展的理论思考与审视[J].民族高等教育研究,2020(5):10-14.
④ 王东,任永波.民族地区乡村教师"双适型"人才培养方案研究[J].中国成人教育,2012(6):99-100.
⑤ 田友谊,张迪.民族地区农村特岗教师离职问题的叙事研究[J].民族教育研究,2019(1):76-82.

还是科研,乡村教师的专业知识和专业能力均有待加强,职业幸福感体验较弱[1]。亟待构建具有针对性、精准性和系统性的西南民族地区乡村教师职业吸引力提升策略,如提升乡村教师工资和福利待遇、改善乡村学校的生活条件、实施子女教育优惠政策、营造和谐融洽人际关系、优化乡村教师培训和职称晋升等,以满足乡村教师不同层次的职业需求[2]。

为了在微观层面更加深入地挖掘和洞察有关西南地区乡村教师队伍的已有研究成果,本书通过知网,分别以"四川""云南""贵州""重庆"并含"乡村/农村教师"等为主题进行文献搜索,发现相关研究成果也涉及民族地区乡村教师职业吸引力因素。

调查结果显示,四川省尤其是凉山州的乡村教师在数量、结构、地域分布、专业素养、专业发展和队伍稳定等方面都存在一些问题,乡村教师的专业发展水平与精神生活存在显著的正相关。乡村教师队伍建设的强化,仍需要加大政府投入力度,加强乡村教师培训尤其是"双语"师资队伍建设,解决乡村学校代课教师的问题,采取多元措施均衡配置城乡教师资源,有效破解乡村教师面临的系列问题[3]。为改善乡村教师精神生活状况,应当完善乡村教育制度体系,加大支持和保障力度;构建乡村校园生态文化体系,丰富乡村教师文化生活;培育乡村教师精神文化,增强文化自觉和生命自觉[4]。

云南民族地区乡村教师的薪资待遇相对西南其他地区而言处于较高水平,但该省不同民族地区的乡村教师受到学校位置、住房条件、工作负担、教学风气、管理制度与社会氛围等因素的影响,职业吸引力也存在较大差异。已有研究显示,云南省有流动(调动)及流失(改行)意愿的乡村教师占比近80%,呈现出"向城性"和"返乡性"两种趋向,其中,30岁以下的乡村青年教师在这一意

---

[1] 李森,崔友兴.新型城镇化进程中乡村教师专业发展现状调查研究——基于对川、滇、黔、渝四省市的实证分析[J].教育研究,2015(7):98-107.
[2] 谢小蓉,赵鑫.西南民族地区乡村教师职业吸引力的实证分析与提升策略[J].中国成人教育,2021(19):31-37.
[3] 贺新宇,黄远春.均衡发展视野下的民族地区农村教师问题探微——基于四川省凉山彝族自治州的调查与思考[J].中国成人教育,2010(24):8-10.
[4] 郑岚,邓成飞,李森.城镇化进程中乡村小学教师精神生活现状调查研究——基于四川省C市的实证分析[J].海南师范大学学报(社会科学版),2017(1):110-118.

愿上的表现最为强烈[①]。鉴于此,相关政策及举措应当积极关注并回应乡村教师作为村民的基本需求,为乡村教师尤其是乡村青年教师提供周转住房,改善其工作和生活条件;优化乡村学校管理,加强乡村教师的职业归属感和成就感。

贵州民族地区乡村教师职业生存条件艰难,生活条件艰苦,待遇偏低,乡村教师队伍整体水平和职业吸引力在西南民族地区属于相对落后状态。联合国儿童基金会大型国际项目乡村教师支持服务体系(导师制)在贵州民族地区建立了乡村教师社会支持服务体系,这一举措有利于推进贵州民族地区乡村教师队伍建设[②]。

相比云南、贵州等省的乡村教师,重庆民族地区乡村教师离职意向整体较低,但仍需国家与地方高度重视。调查发现,重庆民族地区乡村教师离职意向受学历、工作负担、工资待遇、生活满意度、职业认同感和专业发展等因素的影响较大。为促进重庆民族地区乡村教师队伍持续发展,一方面需要政府加强政策保障,提高乡村教师工资待遇和培训质量,改革管理体制;另一方面要在社会上加强关于乡村教师重要价值的舆论宣传,此外,乡村教师自身也需要通过自主学习实现专业发展[③]。

3. 针对已有研究的反思

近年来,随着国家乡村振兴战略的推进以及对教师队伍建设战略地位的高度重视,乡村教师职业吸引力提升得到了国内外学术界的积极关注,相关成果为本书的研究奠定了重要基础。国外研究起步较早,其强调地域特性和民族特性的乡村教师发展措施对我国具有重要启示。我国教育学界和社会学界对教师职业吸引力的内涵意蕴、影响因素、现实困境、问题归因及提升策略进行了较为系统的探讨,并取得了显著的进展:第一,界定了教师职业吸引力的

[①] 王艳玲,李慧勤.乡村教师流动及流失意愿的实证分析——基于云南省的调查[J].华东师范大学学报(教育科学版),2017(3):134-141.
[②] 冉源懋.民族地区农村教师支持服务体系(导师制)建设新论——联合国儿基会大型国际项目在贵州民族地区的实践[J].贵州民族研究,2009(3):157-162.
[③] 任远昌.重庆市农村教师队伍持续发展方略探析[J].重庆教育学院学报,2011(4):5-8.

内涵;第二,采用多种研究方法调查了教师职业吸引力的现状及困境,明确了教师职业吸引力的影响因素;第三,针对存在的问题进行归因分析,提出了教师职业吸引力的相关提升策略。但是,教育学界直接针对乡村教师职业吸引力的研究成果数量偏少,研究的深度和广度都亟待加强。尽管我国民族学界和社会学界在研究民族教育、乡村教育时都会涉及师资建设、乡村教师职业吸引力的相关问题,但几乎没有直接关注乡村教师职业吸引力的成果。

总体而言,目前的已有研究仍然存在一些不足之处:一是已有研究对象较为宽泛,面对乡村教育振兴和乡村教师队伍高质量发展的时代呼唤,有关乡村教师职业吸引力的专题研究仍然不足,已有成果关于某些地区的研究在于探讨当地的乡村教师队伍发展,并没有直接聚焦乡村教师职业吸引力;二是乡村教师职业吸引力的调查维度不全面,在分析乡村教师职业吸引力影响因素时可能存在偏差,缺少诊断乡村教师职业吸引力的逻辑框架;三是对乡村教师职业吸引力的探索缺少系统的学理剖析和学理支撑;四是专门针对国外乡村教师职业吸引力的借鉴性研究不足;五是有关乡村教师职业吸引力提升策略的系统性和针对性探讨需要进一步加强。本书立足教育学学科立场,加强对多学科理论的综合借鉴,基于乡村社会经济发展的特殊性,结合新时代背景下乡村教育发展的地域性、多元性和复杂性等新形势,诊断乡村教师职业吸引力的现状及问题,综合借鉴国外乡村教师职业吸引力提升方面的经验,构建乡村教师职业吸引力的提升机制。

二、后续研究的走向展望

提升乡村教师职业吸引力是新时代建设更加公平、更高质量乡村教育的基础支撑。作为近年来乡村教师研究中的热点与重点,乡村教师职业吸引力研究可以考虑三个"加强":就内容而言,加强局部影响因素分化研究与整体模型构建;就立场而言,立足高质量发展,加强实践立场的实证研究;就视域而言,加强多学科空间视野下的乡村教师职业吸引力探索[1]。后续研究可在研究

---

[1] 宁宁,周正.乡村教师职业吸引力研究:回顾与展望——基于共词分析和社会网络分析[J].吉林师范大学学报(人文社会科学版),2022(2):72-79.

对象、研究内容、学理深度、国际借鉴和策略体系等方面进一步聚焦和深化。

1. 研究对象具体化

我国乡村教育发展现状具有共性的一面,但不同地区乡村教育的发展又有其个性的一面。比如,西南地区民族众多,为了深入研究当地乡村教师职业吸引力,需要在关注各区域乡村具体情况的基础上,提炼其中的共性,才能够尽可能兼顾乡村教育的多样性,进而确保乡村教师职业吸引力提升策略的针对性和实效性。西南地区从常住民族种类划分,部分区域以单一民族为主,比如四川省凉山州,彝族占总人口的50%左右,下属部分区县彝族所占比重更高。而云南省楚雄州民族众多,共有彝族、回族、苗族、白族等多个民族。从所处地理环境划分,西南地区乡村社会所处地理环境包括远离城市的高寒山区、离城市有一定距离的山地和坝区、城郊,位于不同地理环境的乡村学校及其乡村教师职业发展状况也有较大的差异。从经济发达程度划分,西南地区部分乡村及学校位于经济相对较为发达的区域,但大多数乡村及学校则位于经济欠发达区域,比如四川省凉山州属于国家脱贫攻坚任务完成之前的深度贫困地区之一。由此导致西南地区各地乡村教师职业吸引力的现状和问题差异较大,为获得具有较高信效度的研究结论及建议,需要深入西南地区具有典型性和代表性的州、县乡村学校进行实地调研。

2. 研究内容精准化

深入探索乡村教师职业吸引力,应当合理划分并根据乡村教师职业吸引力的次级维度开展深度分析,才有利于精准解决乡村教师职业吸引力的各类问题。次级维度的明确对于提升乡村教师的职业吸引力至关重要,不同次级维度带来的影响及程度也有差异,无法一概而论,但这些次级维度又共同作用于乡村教师职业吸引力的提升。例如,职业动机、生活环境、工作环境和教学任务等因素是解决乡村教师"引得来"的前提;教师工资、福利待遇、生活保障、子女教育和人际关系等因素是确保乡村教师"留得住"的保障;职业地位、职称评选、岗位编制、培训进修和职业成就等因素是激励乡村教师"教得好"的关键。相关研究的深化可以推动乡村教师职业吸引力次级维度的合理划分,针对每个次级维度进行重点剖析,深化乡村教师职业吸引力的研究内容。

3. 学理研究深度化

乡村教师职业吸引力作为综合性主题,在立足教育学学科立场及其理论的同时,需要拓展研究视角、探寻理论支撑,增强研究的深度和广度。一方面,乡村教师职业吸引力研究涉及教育学、社会学、管理学、心理学、民族学和人口学等诸多学科,后续研究应酌情综合借鉴多学科理论及方法,结合乡村社会经济和教育发展的特点,对乡村教师职业吸引力提升机制进行理论探索和实证研究,从而为乡村教师队伍建设提供有效的学理支持,并为全面评价乡村教育及师资队伍发展水平提供合理的参考模型。另一方面,乡村教师职业吸引力的影响因素众多,诸如宏观层面的国家政策制度、中观层面的社会经济文化以及微观层面的乡村学校和乡村教师,仅从某个层面尝试构建提升策略难以从根本上解决乡村教师职业吸引力面临的困境。后续研究应综合考虑乡村教师职业吸引力的影响因素,从多个层面选择理论依据和学理支撑,系统构建乡村教师职业吸引力研究的理论逻辑。

4. 国际经验本土化

乡村教师职业吸引力不足等问题并非我国的特有问题,其他国家尤其是美国、加拿大、澳大利亚、俄罗斯和印度等世界典型的"大乡村"、多民族国家,也面临类似的问题,他们也进行了相关探索。例如,美国通过比较城市、城郊、城镇与乡村教师的转校和流失状况,发现在多重措施的保障下,乡村教师队伍较之城市具有更高的稳定性[1]。加拿大联邦政府、省政府与学校通过加大经费投入、师资补充、教师培养培训等政策措施提升乡村教师职业吸引力,形成了相对健全的保障机制与融洽的合作伙伴关系[2]。澳大利亚面对乡村教师数量不足、老龄化问题严重、教学水平不高等困境,构建了乡村教师"职前储备—入

---

[1] 刘丽群.乡村教师如何"下得去"和"留得住":美国经验与中国启示[J].教师教育研究,2019(1):120-127.
[2] 石娟,巫娜,刘义兵.加拿大偏远地区乡村教师队伍建设及其借鉴[J].比较教育研究,2017(2):61-66.

职指导—在职教育"的培养体系①。建设高质量的乡村师资是俄罗斯长期追求的目标,俄罗斯采取了诸多积极措施探究乡村教师职业吸引力的提升举措,并取得了良好的成效②。印度乡村人口占比较大,乡村教师职业吸引不足的困境也是该国教育学界关注的重点之一③。对上述国家的经验进行系统化梳理,可以为提升我国乡村教师职业吸引力提供有益参考。

5. 研究策略体系化

鉴于乡村教师职业吸引力所具有的复杂的研究对象、综合的研究内容和多元的影响因素等特性,可以对乡村教师职业吸引力的提升策略进行统整性探索,将职业吸引力提升策略的构建贯穿于乡村教师"引得来""留得住"和"教得好"的全过程,对潜在的职业吸引力不强甚至下滑等问题进行全面预防,全方位提升乡村教师的职业吸引力。其中,"引得来"是提升乡村教师职业吸引力的前提,"留得住"是提升乡村教师职业吸引力的根本,"教得好"是提升乡村教师职业吸引力的关键。确保乡村教师"引得来""留得住""教得好",精准长效地提升乡村教师职业吸引力,是乡村教育需要持续探索和达成的目标。

第二节
乡村教师职业吸引力的理论基础

本书从宏观、中观、微观三个层面进行理论剖析,全方位探寻乡村教师职业吸引力的理论基础。宏观层面立足国家与社会关系理论,关注国家有关乡村教师的政策与制度,明确法治导向;中观层面根据社会身份理论,明确乡村

---

① 杨茂庆,刘玲.21世纪澳大利亚农村学校师资保障:现实困境与应对策略[J].教师教育研究,2018(3):121-128.
② 于海波.俄罗斯提高农村教师职业素质的策略与启示[J].外国教育研究,2008(3):39-43.
③ 董静,于海波.印度农村初等教育教师:短缺现状、补充策略及启示[J].外国教育研究,2014(5):91-99.

教师社会身份及地位对职业吸引力的影响，提供民生导向；微观层面基于教师专业发展理论，把握乡村教师专业发展的总体规律与阶段特征，提供专业导向。

一、国家与社会关系理论

国家与社会关系理论聚焦个人、社会和国家三者之间的关系状态。近代以来，国家与乡村社会的关系历经两次转型。第一次转型是20世纪初乡村建设运动时期，当时的社会以传统农业生产为主导，乡村社会在整个国家占据着举足轻重的地位，乡村具有较大的"话语权"，乡村社会的力量在很大程度上代表了国家力量。第二次转型是20世纪中叶以来，随着工业化和城镇化浪潮的推进，乡村的"话语权"被逐渐削弱，城市的"话语权"显著增强[1]。这使得乡村教育出现了明显的城市化倾向，乡村学校调整布局向城镇集中，乡村教育内容和方法采用城市的模式，地理布局城镇化，乡村教师向城市流动，从而导致乡村教育逐渐成为城市教育的附庸，失去了自身的活力和特色，沦为乡村社会的"文化孤岛"[2]。在乡村教师队伍建设领域，诸如乡村教师培养、乡村教师培训等，都跟随城市学校的教师发展模式，致使乡村教师逐渐脱离乡村社会及其文化。

在乡村教师职业吸引力的发展历程中，国家与社会关系的张力一直蕴含其中。20世纪以来，国家权力开始介入乡村教师队伍建设，乡村教师获得了国家体制内的关怀，经历了从"塾师"到"教师"称呼的转变，从乡村社会最广大的知识群体转变为"教书匠"，乡村教师逐渐退出乡村社会的事务活动，其社会功能被削弱，成为乡村社会生活的"边缘人"，表征为"强国家-弱社会"的关系模式[3]。基于该模式，国家为乡村教师队伍建设规划的是一条外生型发展道路，未能完全将乡村教师作为乡村社会的主体来对待，不利于乡村教师、乡村教育乃至乡村社会的长远发展。

---

[1] 陈旭峰.乡村社会转型对教育转型影响的机制与路径研究[M].杭州:浙江大学出版社,2016:24.
[2] 沈晓燕.城镇化背景下乡村教师知识分子身份的式微与重构[J].教育发展研究,2018(20):34-42.
[3] 张济洲.国家与社会关系视野下的乡村教师社会功能的弱化[J].菏泽学院学报,2009(1):118-122.

近年来,党和政府颁布的乡村教师相关政策,逐渐将国家与乡村社会的关系从"强国家-弱社会"模式转向"强国家-强社会"模式,以实现乡村社会高度自治,在乡村教育发展和乡村教师队伍建设等公共管理事务上,国家与乡村社会各司其职、分工协作[①]。这是一种较为理想的国家与社会关系,有助于提升乡村教师职业吸引力,为乡村师资发展提供了法治导向。一方面,国家针对乡村教师队伍建设专门出台了相关政策。比如,中共中央、国务院颁布第一个直接关注"乡村教师"并以其命名的国家教育类文件——《乡村教师支持计划(2015—2020年)》,以及《关于落实2013年中央1号文件要求对在连片特困地区工作的乡村教师给予生活补助的通知》《关于全面深化新时代教师队伍建设改革的意见》《教师教育振兴行动计划(2018—2020年)》《关于实施卓越教师培养计划2.0的意见》和《新时代基础教育强师计划》等一系列政策,从生活保障、福利待遇、教师编制、职称评聘、培训进修等方面明确了提升乡村教师职业吸引力的具体措施,规定了乡村教师任职标准和要求,赋予乡村教师、乡村学校和乡村社会更多的自主性。另一方面,国家在政策中多次强调了乡村教师在乡村教育发展中的重要作用。自实施乡村振兴战略以来,《关于实施乡村振兴战略的意见》《乡村振兴战略规划(2018—2022年)》《中国教育现代化2035》《关于深化教育教学改革全面提高义务教育质量的意见》以及《关于加快推进乡村人才振兴的意见》等政策文件,都强调要优先发展乡村教育事业,并且将乡村教师队伍的发展提升到战略高度。在"强国家-强社会"的关系模式下厘清新时代乡村教师的角色及职责,是提升乡村教师职业吸引力的重要前提。

二、社会角色理论

社会角色既是社会文化长期积淀下来的、与个体所处社会地位和身份对应的规范制度与行为模式,也是社会大众对具有特定身份的人的行为期望,体现了人的社会群体基础和社会属性[②]。身份一般分为两类,第一类是自我身

---

① 燕继荣.协同治理:社会管理创新之道——基于国家与社会关系的理论思考[J].中国行政管理,2013(2):58-61.

② 高燕,孙其昂.社会学概论[M].南京:河海大学出版社,2004:58.

份,作为个体区别于他人的特征;第二类是社会身份,具有群体属性的基本特征,是个体基于情感和价值意义的标准将自己划分为某个社会群体的一员或隶属于某个群体的认知,在这个群体中,个体与他人分享共同的身份,同属一个社会类别[①]。个体所属的群体决定自身的身份和角色,个体通过社会分类产生内群体偏好和外群体偏见[②]。

处于特定地位的人按照其社会角色模式行事,努力成为社会所期望的理想角色。然而受到诸多因素的制约,每一种角色的扮演总是存在各种各样的问题,使得社会角色的扮演产生矛盾、遇到障碍甚至遭遇失败,通常表现为不同角色的冲突模糊和角色扮演过程的中断、失败,即角色失调。角色冲突的根源在于角色扮演者承担了过多的职责和工作,或由于角色规范与期望相互矛盾。角色不清的形成往往是由于社会的急剧变化,角色扮演者不清楚角色的行为规范,不明白该做什么、不该做什么以及怎样做。角色中断主要在角色转换的过程中发生,是因个体在承担前一个角色时未能很好地为后一个阶段所要承担的角色做好准备,进而导致前后相继的两种角色之间脱节。角色失败,又称为社会角色崩溃,是指角色扮演者因无法成功扮演相应社会角色,而不得不中途退出或放弃原角色[③]。

社会角色理论奠定了乡村教师职业吸引力提升的民生导向。随着政府和社会对乡村教师队伍建设的重视,理想的乡村教师角色形象通常被认为是富有耐心、尊重学生、待人友善、兴趣广泛、为人师表、有幽默感、宽容坦诚、品行良好的好老师[④]。受多样化的文化习俗和新型城镇化建设对乡村社会冲击等因素的影响,乡村教师角色呈现出复杂多样的形态,面临着角色失调。首先,乡村学校大多为寄宿制学校,许多学校因为经费短缺没有安排专门的生活教师,乡村教师需要兼任生活教师等角色,引发乡村教师在各类角色之间的冲

---

① 佟新.社会变迁与工人社会身份的重构——"失业危机"对工人的意义[J].社会学研究,2002(6):1-12.
② 袁周敏.基于商业咨询顾问话语实践的身份建构研究[M].广州:暨南大学出版社,2015:15.
③ 高燕,孙其昂.社会学概论[M].南京:河海大学出版社,2004:72.
④ 蔺海沣,赵敏,杨柳.新生代乡村教师角色认同危机及其消解路径[J].中国教育学刊,2019(2):70-75.

突。其次,部分乡村教师对乡村文化的了解不充分,无法全身心融入乡村生活,游离在城市和乡村之间,导致角色定位不清。此外,由于工作生活环境艰苦、教学任务繁重、社会交往境遇以及职业发展前景不乐观等现实问题,容易导致乡村教师的角色中断甚至角色失败。

提升乡村教师职业吸引力可以在社会角色理论的指导下构建"外部集群形塑"和"内部自我统整"的认同感。其中,外部集群形塑主要围绕物质和精神两个层面,比如,乡村教师会将自身的福利、待遇与当地公务员进行比较,表现出对于群体间物质和精神的诉求;内部自我统整则以自律为基础,从个体到集群形成并确立一种能够确保乡村教师在教育实践中操持并坚守的,自重、自立、自洽的教师文化①。有效缓解乡村教师群外、群内认知的心理失衡,需要多管齐下,化解乡村教师追求价值感和幸福感过程中可能遭遇的角色冲突,重塑乡村教师角色形象。进而强化乡村教师的身份认同感,提升其对乡村教育事业的适应性和归属感,增强乡村教师职业对职前教师和在职教师的吸引力,提高乡村教师队伍稳定性,保障乡村教育教学质量,更好地推动乡村教育现代化发展。

三、教师专业发展理论

教师专业发展内涵丰富,在学术界有多重意义的解读。国内学者的观点大致可以归纳为两类:一类从宏观视角考察,着眼于教师职业历史发展脉络从无到有、从非专业到专业的过程;另一类从微观视角出发,聚焦于教师个人职业水平从新手教师成长为专家型教师的过程②。基于乡村教师所处时代背景与建设目标,本书从微观视角出发,将教师专业发展界定为教师个体内在专业结构上不断发展、更新和丰富的专业成长过程,强调教师个体的可塑性、专业性、角色多元性与发展自主性③。

教师专业发展内容包括专业理念、专业知识、专业技能、专业态度与动机。

---

① 容中逵.新时代乡村教师发展的逻辑起点[J].教育发展研究,2019(20):3.
② 杨天平,申屠江平.教师专业发展概论:做人民满意的教师[M].重庆:重庆大学出版社,2012:18.
③ 饶从满,杨秀玉,邓涛.教师专业发展[M].长春:东北师范大学出版社,2005:40-44.

教师的专业理念反映了教师对自己所从事的职业所持有的基本态度、理想和信念,既影响教师的教育行为,也对其学习和成长有重大影响,指导着教师的职业行为,对教师专业发展内容的各个方面有统摄作用。教师专业知识既包括本体性知识、条件性知识,也包括实践性知识[1]。其中,本体性知识是指教师所需掌握的学科基本知识,目的是达成教育的文化功能,教师除了需要具备所教学科的知识功底,还需要掌握广博的文化知识;条件性知识是指教师具有的教育教学理论知识,包括教与学的知识、学生身心发展的知识、学生学业成就评价等知识;实践性知识是经过多年教育教学实践的教师基于实践尝试而确证的、能够有效解决实际教学问题的知识,是教师教育教学实践经验的积累[2]。教师的专业技能是指教师从事专业性教育活动所必须具备的基本技术和能力,包括教学设计技能、教育语言技能、教育交往技能、组织和调控课堂的技能、信息素养能力、教育研究能力、教育创新能力、终身学习能力等[3]。教师的专业态度与动机具体表现为教师的职业精神和职业理想,涉及对教育职业的热爱程度(态度),工作的积极性能否维持(专业动机)以及一定程度的专业动机能否继续(职业满意度)等方面[4]。这些因素会直接影响乡村教师职业幸福感,以及留任乡村教育岗位的意愿。

教师专业发展理论明确了乡村教师的专业发展阶段和方向,有助于以专业发展为导向,探寻乡村教师职业吸引力提升的规律。教师专业发展一般要经历预备、适应、迅速发展和稳定、停滞和退缩、持续发展等五个阶段[5],乡村教师的职业生涯也会经历上述阶段。作为教师专业发展预备阶段的师范教育环节,对教师的职业生涯具有重要意义。处于预备阶段的准教师富有理想和抱负,并且掌握了一定的理论和教学技能。当代乡村教师大多在师范院校接受了系统的师范生教育,也有部分青年教师是毕业于高校非师范专业,但通过了教师资格证书考试等专业测试的考核,许多年长的教师则毕业于中等师范学

---

[1] 杨天平,申屠江平.教师专业发展概论:做人民满意的教师[M].重庆:重庆大学出版社,2012:20.
[2] 赵鑫,谢小蓉.优秀教师实践性知识的构成逻辑与显化路径[J].教师发展研究,2018(3):59-65.
[3] 杨天平,申屠江平.教师专业发展概论:做人民满意的教师[M].重庆:重庆大学出版社,2012:23.
[4] 饶从满,杨秀玉,邓涛.教师专业发展[M].长春:东北师范大学出版社,2005:54.
[5] 赵昌木.教师成长论[M].兰州:甘肃教育出版社,2004:前言.

校,并通过自考或函授的方式完成了高等师范院校专业课程的学习。在职前教育中,他们逐渐树立从教理念,习得专业知识和学科知识,并通过教育实习积累实践经验、掌握专业技能,为步入乡村教师岗位奠定专业基础。

在适应阶段,准教师正式走上教育岗位,向新任教师转变,这一阶段是教师所学教育理论与学校教育实践的磨合期。该时期真实的教学实践活动能够加深新任教师对教育教学理论与实践及其关系之间的认识,并促使其通过行动不断调整自身教育知识、态度、信念及行为,以弱化并消除初入真实学校场域而产生的不适应感。乡村教师在这一阶段开始将师范院校所学的教育理论知识付诸教育实践,一方面难免会遇到所学知识与技能同现实教学状况的冲突,另一方面需要结合乡村学生的身心发展、地域、文化和教育等特点,在教学信念、教学态度、教学知识、教学技能和教学行为等方面进行调整与适应。此外,由于乡村学校特殊的地理位置和文化习俗,他们还面临着生活环境、工作环境、人际关系等方面的不适应,需要乡村新任教师的持续磨合,而调适与磨合的程度将会直接影响乡村教师的任教意愿。除了必要的福利待遇、硬件设施等保障外,乡村新任教师更需要学校和家人予以情感上的理解与支持,培育乡土情感,融入乡土社会,尽快适应乡村学校教育,步入职业生涯发展的康庄大道[1]。

在迅速发展和稳定阶段,教师的教育经验日趋丰富,发展和成长的路线逐渐表现出多样性与差异性。部分教师在教学技能日臻娴熟后进入专业发展的停滞或退缩阶段,难以实现进一步的提升,其持续时间的长短受教师个人的主观因素及其所处的外部条件影响[2]。乡村教师在这一阶段也会积累丰富的教学经验,更加适应乡村学校的社会环境和教学生活,明确乡村教育的价值所在,能够运用多种教学方法和教学技能灵活地处理各项教学事务,独立开展教育工作。这一阶段后,乡村教师的专业发展因个体差异会出现截然相反的发展路径,大部分教师仍然秉持对乡村学生和乡村教育的热爱,主动把握乡村教育发展的时代机遇,积极争取参与国培、省培以及校本培训等专业发展机会,

---

[1] 赵鑫,谢小蓉.乡村小学新教师情感劳动的质性研究[J].基础教育,2018(5):55-62.
[2] 赵昌木.教师成长论[M].兰州:甘肃教育出版社,2004:120-121.

持续提升综合素养。少数乡村教师的专业发展在工作多年后趋于缓慢,对乡村学校的教学工作和教学生活产生倦怠,面对日复一日的教学任务和偏远的工作地点,其教学动力和教学热情日渐弱化,或得过且过,勉强维持教学;或另谋出路,离开乡村学校。乡村教师职业吸引力研究应当基于教师专业发展的内涵与阶段,有针对性和差异化地分析现状及问题,从而有效构建乡村教师职业吸引力提升机制。

第三章 乡村教师职业吸引力的逻辑架构

通过对已有研究文献的梳理分析可知,提升职业吸引力是加强乡村教师队伍建设的关键性举措。深入解读乡村教师职业吸引力的内涵意蕴,剖析其逻辑框架,有助于厘清乡村教师职业吸引力的内在机理,进一步探寻乡村教师职业吸引力提升之道。

第一节 乡村教师职业吸引力的内涵意蕴

"吸引力"是一个较为抽象的概念,主要包括自然科学与社会科学两个维度的含义。自然科学领域中,以物理学中的"万有引力"为代表,"吸引力"是有质量的物体之间由于存在磁场而产生的相互吸引。社会科学领域中,"吸引力"指某种能够引导人们沿着一定方向前进的力量,即当人们对可能得到的目标具有相当的兴趣和爱好时,这些东西就会形成对人们的吸引力。心理学中"吸引力"体现为外貌、体态和能力等人际吸引因子,管理学中"吸引力"指管理过程中设置的目标以及表扬、荣誉、奖励、津贴、职务晋升等激励因素对相关人员产生的吸引[1]。

"职业吸引力"作为"吸引力"的衍生概念,是职业所提供的薪资福利、发展前景、荣誉成就与社会影响等因素能够刺激择业者和从业者产生兴趣、意向和动机,即表示该职业具有职业吸引力。职业吸引力发挥着三种作用:一是吸引人员,从职业选择视角出发,职业吸引力是职业发出的讯息是否契合在职人员和求职人员的生存性或发展性择业需求,进而引发其去留意愿或应聘意向。二是留住人员,职业吸引力也体现了职业所具备和提供的条件使在职人员认同的程度。三是激励人员,职业吸引力越大意味着该职业拥有优秀的引领者或者能够发挥员工潜力的平台,从而满足在职人员需求和实现期望的可能性越大。

---

[1] 邬志辉,秦玉友.中国农村教育发展报告2013—2014[M].北京:北京师范大学出版社,2015:262.

乡村教师作为一种职业,必定有其吸引力,即吸引、留住并激励教师在乡村学校任教。有学者认为乡村教师职业吸引力由职业感受和人才吸引可能性两大指标衡量[1];也有学者提出乡村教师职业吸引力由社会认可、职业提供、个人偏好和空间社会特质四个维度构成[2];还有学者主张将教师职业吸引力划分为职业认同、社会认可、工资福利、工作环境和专业发展五个维度[3]。概言之,乡村教师职业吸引力的重点在于国家机构、乡村社会和乡村学校提供的利益组合对于职前教师和在职教师的吸引。

鉴于此,本书将乡村教师职业吸引力的内涵意蕴界定为"乡村教师"这一职业所具备和提供的条件对潜在和在职乡村教师的个体价值与社会责任的实现予以满足,吸引并保障其就业、维持其安业并促进其乐业的力量。一方面,着力吸引高校优秀毕业生和在城市工作的优秀教师到乡村学校任教;另一方面,确保乡村教师安心工作并积极谋求师生和学校的发展。具体而言,乡村教师职业吸引力可以分为职业保障力、职业维持力和职业发展力[4]。

一、乡村教师职业保障力

乡村教师职业保障力是政府、社会和学校能够提供给乡村教师工作和生活的实际条件,同乡村教师是否愿意到当地工作和生活有直接关系。乡村教师职业保障力体现为乡村学校及其所在乡村社会的各项条件能否满足乡村教师的基本需要,进而吸引高校优秀毕业生和在城市工作的优秀教师到乡村学校任教,为乡村教育提供稳定的、优质的专业人才储备,满足乡村师资队伍建设的需要。鉴于乡村社会的经济发展和教育特点,乡村教师职业保障力具体涉及乡村教师的工资待遇、福利补贴、生活环境和职业动机等要素。

---

[1] 高英哲,高龙刚,高洪民.关于中小学教师职业吸引力的社会调查[J].中国成人教育,2011(10):83-86.
[2] 邬志辉.如何提高农村教师职业吸引力[J].基础教育改革动态,2014(22):18-21.
[3] 焦岩岩.西部地区城乡教师职业吸引力现状及提升策略研究——以宁夏为例[J].宁夏大学学报(人文社会科学版),2017(4):176-181.
[4] 赵鑫.民族地区乡村教师职业吸引力提升的理念与路径[J].教育研究,2019(1):131-140.

工资待遇、福利补贴和生活环境是乡村教师工作与生活的物质前提。乡村教师的工资待遇指教师职业应具备的基本薪资、绩效和"五险一金"（养老保险、医疗保险、失业保险、工伤保险、生育保险和住房公积金）等，要求乡村教师工资不低于当地公务员的平均工资水平。福利补贴是乡村教师工资待遇之外的津贴、补贴等，如乡镇工作补贴、艰苦边远地区津贴、高寒补贴等。尤其是在道路崎岖、位置偏远的乡村学校，乡村教师对住宿（当地政府或乡村学校提供的住房或住房补贴，或专门针对乡村教师的购房优惠政策）、医疗（乡村学校或当地政府专门针对乡村教师的医疗政策）和交通（乡村学校提供班车或提供车补）等具有生活保障和补助性质的福利补贴需求更为迫切。生活环境主要包括乡村社会的经济环境（物价水平和生活便利程度）、交通环境（乡村学校所处地理位置及出行的便利程度）、住宿环境（是否配有乡村教师宿舍或周转房，以及家居用品配置是否齐全）和医疗条件（医院与乡村学校的距离，以及医院设备、医疗水平和费用等情况）。此外，职业动机作为乡村教师从事该职业的动力基点，是指个体选择乡村教师职业的原因，既可能源于个体内在的兴趣与热爱，也可能是个体迫于择业压力或工作稳定性等外部诱因选择该职业。

职业保障力是提升乡村教师职业吸引力的基础条件。工资待遇和福利补贴是吸引人才到乡村学校就业的重要保障，当地经济水平、交通出行、气候环境、医疗水平等因素则直接影响乡村教师的生活水平。同时，乡村社会多元文化习俗所构成的复杂的生活和工作环境，是择业者重点考虑的因素，直接影响着高校毕业生和社会人才的职业选择，对已经在此任教的非本地教师也是一项挑战。提升职业保障力能够让乡村教师劳有所得、住有所居、病有所医，是夯实职业稳定性、促进乡村教师稳定就业的基本要求。

二、乡村教师职业维持力

乡村教师职业维持力是政府、社会和学校在为乡村教师构建基本保障的基础上，从职业维持性角度出发营造的工作环境与氛围，以及所分配的工作内容和工作量等，决定着乡村教师是否愿意留在当地长期任教。乡村教师职业维持力重在"安业"，即稳定乡村教师队伍，主要影响因素包括乡村教师的工作环境、工作强度、人际关系、子女教育和留任意愿等。

工作环境既包括乡村教师开展教学工作所需的硬件设施，如乡村学校的教具、图书、多媒体、艺体设施等硬件条件，也涉及办学理念、校风、校训、教风与学风等软件氛围。工作强度包含教学任务、工作时间和工作压力等内容。例如乡村教师任教学科、教学内容、工作量等分配的合理性和民主性，以及工作时长的稳定性。除了常规教学工作之外，乡村教师还肩负着其他工作任务，诸如学生管理、家长沟通、行政任务等。尤其是在民族地区的乡村社会，因民族语言的差异所产生的沟通压力，也会对乡村教师的教学与生活产生较大影响。良好的人际关系和子女教育是乡村教师社会交往与家庭幸福的需求。人际关系包括乡村教师与学校领导、同事、学生及其家长之间的关系，由于乡村文化习俗具有多样性，还需要重点关注文化习俗差异对人际交往的影响。子女教育指乡村教师子女能否在本地接受高质量的基础教育，特别是义务教育。留任意愿即在上述四种因素和职业保障力等的综合作用下，乡村教师主观上继续留在乡村学校任教的想法和愿望。

职业维持力是提升乡村教师职业吸引力的支撑条件。良好的工作环境是维持教师留乡任教的必要前提，合理的工作强度是促进乡村教师长期任教的重要因素，和谐的人际关系以及子女教育问题的妥善解决是加强乡村教师职业维持力的关键因素。提升职业维持力是增强乡村教师职业归属感，确保乡村教师"舒心从教、安心从业"的有效方式。

三、乡村教师职业发展力

乡村教师职业发展力作为关乎乡村教师专业发展和职业前景的要素合力，不仅影响乡村教师职业生涯中成就感的获得，还会影响其自我价值和人生理想的实现。乡村教师职业发展力重在"乐业"，注重乡村教育的发展空间与未来趋向，及其对乡村教师的激励和引导作用，旨在打造高素质、专业化和创新型的乡村教师队伍。职业地位、职称评审、岗位编制、培训进修与职业成就感等因素,决定着乡村教师职业吸引力的强度及韧性。职业地位是指乡村教师在经济收入、社会地位和社会声望等方面的整体情况。职称评审包括乡村教师申报和评审高一级职称的条件、名额、方式等。岗位编制主要指乡村教师的岗位设置与人员安排在数量和质量上的合理性。培训进修是指乡村教师参加各级各类培训和研修的机会,以及培训的形式、内容和质量是否有助于专业发展。职业成就感包括乡村教师完成各项教学任务、收获教师职业的意义以及实现自身的人生价值等。

职业发展力是提升乡村教师职业吸引力的动力条件。崇高的职业地位、规范的职称评审、充足的岗位编制、优质的培训进修能够拓展乡村教师及后备人才在乡村学校的发展空间。其中职业地位和职称评审作为乡村教师高度关注的主题,是乡村教师职业发展的重要表征,提升职业发展力是激励乡村教师专心从教的强大动力。

综上,职业保障力、职业维持力与职业发展力分别是乡村教师职业吸引力的基础条件、支撑条件和动力条件,均属于矢量性的作用力,在各自发挥作用的基础之上,通过彼此之间的相互作用,形成合力,共同影响着乡村教师职业吸引力。比如,职业发展力的增强会直接提升职业吸引力,并能在一定程度上巩固职业保障力和职业维持力,从而进一步强化职业吸引力。

第二节
乡村教师职业吸引力提升的逻辑框架

人们习惯于把乡村学校教育落后、乡村教师职业吸引力不强的原因归结为体制或文化等客观方面,实际上,思维决定思路、思路决定出路,问题的根源是落后的思维模式[1]。乡村教师职业吸引力同国家政策制度、乡村社会文化、

---

[1] 赵鑫.统筹城乡教育发展中的思维误区及其对策[J].教育发展研究,2015(7):5-10.

教师专业发展等领域及其学说有着密切关系,因此提升乡村教师职业吸引力需要基于学理基础,从制度、经济、社会、文化与教育等多领域入手,包括国家制度合理规划、政府加大经费投入、社会多方力量支持、乡村教师自身不懈努力等。为此,乡村教师职业吸引力的提升要遵循相应的制度逻辑、社会逻辑、经济逻辑、文化逻辑、教育逻辑以及融合逻辑,并厘清其中涉及的各要素及关系。

一、乡村教师职业吸引力提升的制度逻辑

制度逻辑为乡村教师职业吸引力的提升提供顶层规划。乡村教师的政策制度作为乡村教师队伍发展的"指挥棒",其历史发展呈现出与时俱进的特点。中华人民共和国成立之初,国家相关政策着重关注乡村教师人员数量和乡村教师待遇等问题。进入新时代,乡村教师制度的现实针对性与时代感日益突出,乡村教师专业发展、乡村教师归属感等议题成为教师政策中的重要内容[①]。虽然每个时期政策、制度的表述有所不同,关注的乡村教师问题也各有侧重,但始终围绕着乡村教师职业吸引力提升的相关问题,持续进行全方位和宽领域的调整。乡村教师队伍通过政策及制度的引导,能够助力于有目的、有成效地发展乡村教育。同时,只有以国家和地方有关乡村及其教育的政策制度为导向,尊重乡村社会发展的多元复杂性和乡村教育发展的相对滞后性等实际情况,不断探索与乡村教师需求相吻合的发展路径,才能真正为乡村教师职业吸引力提供切实的制度保障和价值引导。具体而言,政策制度能够从聘用与流动、薪资与福利、素养与要求、培养与培训等多个方面为乡村教师发展给予全面支持,为打造符合乡村教育现代化要求的教师队伍指明道路和方向。

调节教师聘用与流动制度,吸纳优秀人才加入乡村教师队伍。乡村教师的聘用及流动直接影响着乡村教师队伍的结构。一方面,制定支持计划、更新招聘制度、实行教师交流等方式可以吸纳更多优秀人才到乡村学校任教。其

---

① 赵垣可,刘善槐.新中国70年农村教师政策的演变与审思——基于1949—2019年农村教师政策文本的分析[J].西南大学学报(社会科学版),2019(5):14-23.

一,推进"特岗计划""银龄计划",吸引更多优秀教师进入乡村学校授课讲学。其二,招聘制度应结合实际情况进行变革,确保"人岗相适"。比如,重庆市鼓励各区、县结合乡村教师岗位特点,放宽招聘条件、优化招聘方式。云南省、贵州省和四川省则实行"以县为主、县管校聘"体制。针对英语、科学和音体美等学科教师缺乏等问题,云南省鼓励民族地区乡村学校联合聘用或单独招聘符合条件的社会人士担任兼职教师。其三,积极推进教师流动,特别是城乡教师的流动。比如,四川省《乡村教师支持计划实施办法(2015—2020年)》明确提出落实中小学校长教师交流轮岗制度,通过定期交流、跨校竞聘、学区一体化管理、集团化办学、学校联盟、名校办分校、对口支援、名优教师送教、乡镇中心学校教师走教等多种途径和方式,引导优秀校长和骨干教师向乡村学校流动,通过系列措施和优惠条件,吸引人才进入乡村学校任教。另一方面,教师职称评聘制度适度向乡村学校倾斜,各地都差别化制定了城乡中小学教师职称评审条件和办法。例如,在乡村教师评聘职称时注重一线教学经历和工作实绩,不作外语成绩(外语教师除外)、发表论文的刚性要求,中、高级岗位设置向乡村学校倾斜,以减轻乡村教师教学之外的工作压力,确保更多优秀教师留任乡村学校。

制定教师薪资与福利制度,保障乡村教师的收入底线。薪资及福利是乡村教师职业吸引力的关键要素之一,相关政策制度应具体规定乡村教师的工资津贴"如何发放、发放多少"。早在1951年,《巩固和发展新中国的初等教育和师范教育——在第一次全国初等教育与师范教育会议上的报告》就对乡村教师的工资津贴和福利待遇有过明确阐述,"规定现时乡村小学教师每月工资的最低标准,应以相当于大灶供给制,不低于180斤至200斤粮食为原则"。1980年《中共中央、国务院关于普及小学教育若干问题的决定》提出,"必须切实改革中小学教师工资制度,适当提高他们的工资待遇"。2010年《国家中长期教育改革和发展规划纲要(2010—2020年)》强调,"依法保证教师平均工资水平不低于或者高于国家公务员的平均工资水平,并逐步提高",同时规定边远贫困地区,尤其是民族地区的乡村教师享有补助津贴。上述政策旨在通过规定乡村教师最低工资标准、增强福利供给等方式构建乡村教师职业吸引力的制度保障。各级政府按照规定建立了"越往基层、越是艰苦,地位待遇越高"的差别化激励机制,以弥补乡村教师因环境带来的生活和工作不适,保障乡村教师合理的薪资收入。

规定教师素养及要求的政策制度,引领乡村教师素养的提升。教师素养及要求是教师队伍建设的重要内容,良好的品德素养和专业能力既是乡村教师职业的内在要求,也是乡村教师职业的魅力所在。一方面,关于乡村教师素养及要求的制度规定保障了乡村师资的质量水平。回顾历史,乡村教师政策制度都明确表达了对乡村教师素养的要求,1961年《教育部关于保证中小学师资质量问题的两项通知》强调"注意保证师资的政治质量和文化业务水平,是当前最迫切的任务之一"。1980年《中共中央、国务院关于普及小学教育若干问题的决定》指出,"招聘的教师要经过考核,取得合格证书才能任教"。21世纪以来,乡村教师制度不断完善和细化,在教师专业标准中对专业理念与师德、专业知识与能力提出了基本要求,规定了教师从事教育工作的基本规范,通过严格执行这些要求和规范,乡村师资的基本质量水平得以保证。另一方面,制度规定引领着乡村教师素养的发展。《乡村教师支持计划(2015—2020年)》提出"全面提高乡村教师思想政治素质和师德水平",各地也根据该文件的指示和内容,结合本地实际情况,制定了乡村教师素养的发展要求。比如,重庆市以"增强乡村教师责任感和荣誉感"为主要内容;贵州省以"完善师德师风建设长效机制"为重要举措;四川省提出"将师德师风摆在重要位置,全面提高乡村教师思想政治素质和师德水平";云南省"坚持立德树人,开展多种形式的师德教育",关注乡村教师的生活和工作状态,对提升乡村教师的综合素养进行了整体规划。

完善教师培养与培训制度,为乡村教师专业发展奠定基础。教师培养及培训制度从乡村教育发展的角度,统合乡村教师的职前培养与职后培训,提高乡村教师队伍的专业化水平。在乡村教师培养方面,通过中央政府和地方政府协同各级各类师范院校采取多元方式进行联合培养。尤其是加大省属公费师范生的定向培养力度,增加培养计划、扩大实施范围、改革培养模式,有规划、有预见地培养"一专多能"的乡村教师,完善以师范院校为主体、综合大学参与、开放灵活的乡村教师培养体系。在乡村教师培训方面,以"国培计划"等为引领,开展乡村教师专业培训,将乡村教师培训纳入基本公共服务体系。推动乡村教师区域研修与校本研修常态化,按照乡村教师的实际需求改进培训方式,采取顶岗置换、送教下乡、网络研修、短期集中、专家指导、校本研修等多种形式,增强培训的针对性和实效性。多地还针对民族地区乡村社会的实际情况,大力支持乡村"双语"教师全员培训,全面提升乡村"双语"教师的专业水平。通过扎实有效的专业培训,切实推动乡村教师的专业发展,促进乡村教师"善教"和"乐教",提高职业成就感与职业幸福感。

二、乡村教师职业吸引力提升的社会逻辑

社会逻辑为乡村教师职业吸引力的提升增强从业动力。随着时代的变迁与社会的发展,尽管乡村教师不再是古代和近代的乡村塾师或乡贤,但作为新时代乡村社会的建设者和乡村人才的培育者,乡村教师能够通过教授新知识、传递新观念,成为提升乡村社会人口的整体素质、推进乡村教育现代化和落实乡村振兴战略的重要力量。通过提高乡村教师社会地位、保障社会权益和明确社会职责等具体措施增强乡村教师的执教动力[1],乡村教师才能以高度的社会责任感和使命感担负起振兴乡村教育的时代重任,为乡村振兴、社会发展和中华民族伟大复兴培养源源不断的高素质人才。

其一,提高乡村教师社会地位。从社会学的角度而言,社会地位反映了个体与社会的关系以及在社会互动中的身份角色。崇高的社会地位能够增强乡村教师的职业认同感和归属感,树立正确的职业价值观,激发进取动力,缓解职业倦怠。在20世纪初我国新式教育兴起之前,作为乡贤的乡村塾师可以满足乡村社会对于知识的渴求,向乡村社会提供知识类服务,如代写书信、帖子、祭文等,塾师因此顺理成章地成为乡村社会的重要角色,并融入乡村社会生

---

[1] 朱永新.切实提高地位待遇 增强教师职业吸引力[J].中国教育学刊,2018(4):1-4.

活。新式教育兴起之后,现代学校制度以政府行政权力嵌入的方式植入乡村教育,打破了乡村教育长期以来由非政府组织或私人投资兴办的常态,传统乡绅阶层的"常规继替"被打破,乡村教师的任命、考核、工资等被纳入了政府统一管理和规划,乡村教师与乡村社会生活逐渐割离[1]。同时,国家和社会对乡村教师的专业性要求日趋提高,包括学历水平、职业道德和专业技能等方面,也在一定程度上促使乡村教师进一步脱离乡土性、疏离乡村生活。大部分乡村教师处于"走教"状态,即只在上班时间进入乡村学校,下班之后便回到城镇的居所。这使得乡村教师融入乡村社会的难度加大,除了少数本地乡村教师之外,其他乡村教师与当地居民的沟通交流较少,且基本不会参与乡村生活,不熟悉乡村社会活动和民俗习惯。导致村民尤其是乡村学生家长对乡村教师的认可度不高,从而加剧了乡村教师的职业倦怠,更有甚者表现出对乡村教师的轻视和排斥。由此,乡村教师社会地位的滑落成为职业吸引力提升的一大难题。习近平总书记在致全国广大教师的慰问信中指出,全社会要大力弘扬尊师重教的良好风尚,使教师成为最受社会尊重的职业。《关于加强新时代乡村教师队伍建设的意见》也重点强调要大力完善乡村教师荣誉制度,着力提高乡村教师的社会地位。

其二,保障乡村教师社会权益。乡村教师社会权益包括物质和精神两个方面。从物质方面的权益保障而言,最为重要的是强化教师薪资保障机制,加大教师权益保障力度,对长期在乡村学校尤其是艰苦边远地区乡村学校工作的教师实行工资倾斜政策,落实原连片特困地区乡村教师生活补助,实施乡村教师收入倍增计划,大幅提高乡村教师的实际收入[2]。同时,只有切实解决乡村教师的交通问题、住房问题,稳步改善乡村教师工作、生活条件,才能解除他们的后顾之忧,使其安心从教。从精神方面的权益保障而言,主要涉及前述的乡村教师社会地位,通过媒体舆论大力宣传优秀乡村教师的育人兴教事迹,让社会深入理解乡村教师工作的艰巨性、重要性和特殊性,在全社会,尤其是在

---

[1] 姚荣.从"嵌入"到"悬浮":国家与社会视角下我国乡村教育变迁研究[J].清华大学教育研究,2014(4):27-39.
[2] 刘延东.保障合法权益 进一步提高教师职业地位和吸引力[J].中国农村教育,2014(10):1.

乡村社会形成尊师重教的氛围,摒弃对乡村教师的偏见,增强乡村教师对自身职业和乡村教育的认同感,进而激发乡村教师的责任感。同时,培育师范生对乡村教师的职业期待,广泛吸引优秀人才赴乡村任教。

其三,明确乡村教师社会职责。社会职责是乡村教师在乡村教育和乡村社会发展中承担的责任。2015年习近平总书记在给"国培计划"北京师范大学贵州研修班参训教师的回信中说:"希望你们牢记使命、不忘初衷、扎根西部、服务学生,努力做教育改革的奋进者、教育扶贫的先行者、学生成长的引导者,为贫困地区教育事业发展、为祖国下一代健康成长继续作出自己的贡献。"从中可以明确新时代乡村教师的社会职责:一是教育改革的奋进者,乡村社会有其独特的乡土性和传统性,乡村教育改革不能等同于城市教育改革。乡村教师作为教育改革的主体,首先要打破乡村教师与乡村社会之间的疏离现状,实现乡村教育、乡村社会和乡村文化之间的良性互动,为乡村优秀文化习俗进课堂提供更多可能性[1]。二是教育阻贫的先行者,乡村教师在教育阻贫过程中也扮演着特殊的角色,发挥着重要的作用。许多乡村教师身处已脱贫或刚脱贫区域,与乡村学生及其家长的接触非常频繁。一方面,乡村教师能够深入了解学生及其家庭的情况,从扶志与扶智两个层面实现乡村教育阻贫。部分乡村学生由于受家庭、文化或语言等因素的影响,存在着厌学情绪突出与学业困难等问题。尽管学生能够有机会获得政府和学校"奖、助、贷、勤、减、补"等多种形式的资助,但乡村教师可以在与学生日常的频繁交往中有效发挥自身重要而独特的作用,深入洞察并引导学生调整在学习、升学等方面迷茫和复杂的心态。另外,乡村教师在"控辍保学"工作中,对学生及家长一直发挥着重要的心理支持和情感调节作用,以乡村教师为主导的家访活动较之其他相关的教育调查活动,更容易得到学生及家长的接纳、认同与配合[2]。另一方面,乡村教师可以发挥专业优势,将乡村校园和课堂作为智力阻贫的"主战场",为乡村学生及其家长传递科学知识与文化精神,通过"智志双扶"的方式阻断贫困代际传递,实现彻底脱贫,凸显乡村教师在新时代教育阻贫中的主体角色。三是学生

---

[1] 于影丽.社会转型期乡村教育与乡村社会隔离问题研究[J].当代教育科学,2009(15):3-6.
[2] 何志魁,毛亚庆.教育精准扶贫中乡村教师角色价值探析[J].当代教育与文化,2019(4):93-97.

成长的引导者,乡村教师除传授知识外,最根本的任务在于"育人"。乡村教育具有独特的内涵价值、文化使命和表现形式,乡村教师应以培养出攻克"三农"问题的人才、培育乡村社会发展的中坚力量作为乡村学校教育的重要目标,并贴合乡村学生的生活经验,增强学生的综合素养,引导学生在乡村学校场域和生活场域之间实现自洽,为其乡村生活以及未来的升学就业奠定基础。

三、乡村教师职业吸引力提升的经济逻辑

经济逻辑为乡村教师职业吸引力的提升夯实物质基础。在乡村教师职业吸引力的各个"分力"当中,职业保障力作为基础条件,是吸引优秀人才到乡村学校任教的重要前提。其中,乡村学校及其所处乡村社会的交通设施、住宿环境、医疗条件等关键性的民生要素都同经济发展水平直接挂钩,影响乡村教师的职业选择和职业意愿。相关研究也证明,乡村教师获得的薪资越低,流动意向越强烈[1]。乡村社会经济发展相对滞后,部分乡村学校所在地曾是贫困县(乡),地理条件本就处于劣势,加之经济发展滞后,导致乡村教师工资津贴、福利待遇的提升难以为继。多项研究显示,乡村学校"交通不便,太过偏远""工作的环境太差"等成为教师"逃离"的主要原因[2];教师薪资相对偏低、分配不够合理,没有充分体现乡村教师任教的地域性、艰苦性和均衡性,难以激发乡村教师任教的积极性与长期性,致使部分乡村教师产生"离农脱教"、消极无为的思想和行为[3]。乡村学校及其所在乡村社会的经济发展水平已经成为制约乡村教师职业吸引力提升的重要因素。

通过提高经济待遇和物质投入强化职业吸引力,为乡村教师提供补偿性津贴,是各级政府相关政策制定和制度设计的主要落脚点。一般来说,经济发达地区会获得更优质的资源,吸引优秀师资;经济欠发达地区主要通过差额补

---

[1] 赵忠平,秦玉友.农村教师更想流动吗?——工作匹配对城乡义务教育教师流动意向影响的实证研究[C].第四届中国乡村教育高端论坛暨第二届现代田园教育论坛文集,2016(7):32-38.
[2] 蒲大勇,王丽君,任兴灵.农村特岗教师"去职"原因及其影响因素的实证研究——以四川省N市为例[J].教育测量与评价,2016(2):35-42.
[3] 容中逵.农村教师薪酬问题研究——来自浙江、河北、四川三省的调研报告[J].教育研究,2014(3):144-150.

助或特殊津贴等经济手段吸引教师流入。推进乡村教师队伍建设需要充足而持续的经济投入,确保乡村教师稳定的工资收入、改善乡村教师的工作条件和生活环境,才能切实提升乡村教师职业吸引力。

第一,保证乡村教师稳定的工资收入。从乡村教育财政投入的宏观角度来看,在2006年义务教育财政体制改革以前,乡村教育投入并非中央财政教育投入的重点。从当年中央教育财政预算内的经费支出结构看,大约96%用于高等学校,1%用于中等技术学校,3%用于其他(主要是中央级基础教育学校),乡村义务教育则没有专门纳入财政预算范围[①]。2006年以后,实行教育支出中央与地方共担,加大了乡村教育财政投入,但主要财政责任还是在地方政府。省级政府主要发挥省级统筹作用,制定切实可行的实施方案和省级以下各级政府间的经费分担办法,完善省级以下转移支付制度,加大对本行政区域内困难地区的支持,乡村教育的经费投入则主要来源于县级政府。但许多中西部乡村所属县位于原贫困地区,部分甚至属于原深度贫困地区。当地县级政府财力薄弱,财政状况根本无法满足乡村教育发展的基本需求,而县级以上财政支持有限,造成乡村教育经费缺口难以缩小,乡村教师队伍建设经费缺乏,长此以往,乡村教师工作的积极性和稳定性都受到影响。"以县为主"经费投入体制使得城乡教师收入差距逐渐加大,乡村学校对新任教师的吸引力愈加不足。乡村教师职业吸引力提升的经济逻辑特别强调保证乡村教师队伍建设的经费投入,将乡村师资作为教育投入的重点予以优先保障,完善教育经费支出机制,优化教育经费投入结构,严格按照国家规定落实乡村教师待遇,进而优化乡村教师专业素养和完善教师教育培养体系,提升乡村教师职业吸引力。

第二,改善乡村教师的工作条件。工作条件既包括教师教学活动正常开展所需的校舍、桌椅等硬件条件,也包括教学管理、教学氛围等软件条件。经济逻辑着力改善乡村教师教学工作的硬件设施,优化教师工作环境。根据《国家中长期教育改革和发展规划纲要(2010—2020年)》的部署,国家启动实施了义务教育学校标准化建设项目,制定了乡村校舍建设标准,为师生提供安全的

---

① 王元京.我国城乡义务教育差别的制度障碍分析[J].财经问题研究,2009(9):3-10.

校舍和齐全的设备。在各级政府部门专项经费支持下,除了对乡村学校校舍、图书室、食堂、宿舍和运动场进行翻修或重建以外,还实现了乡村学校中网络的全覆盖,"班班通"等软件设备成为教师教学的有力助手。乡村教师通过互联网可以获得丰富的教学资源,工作条件获得较大改善,为提高教育教学能力、增强职业发展力提供了更强大的外部支持。

第三,优化乡村教师的生活环境。尽管近年来国家加大了对乡村教育发展的投入力度,但仍然需要从经济投入层面改善乡村教师的生活环境,主要包括交通环境、住宿环境和医疗条件等。许多乡村学校所在区域地形地貌复杂,尤其是山区道路崎岖,乡村教师在上班路途中不仅会花费很多时间,而且存在较大的安全隐患[①]。同时,住宿环境也不够理想,部分乡村学校没有提供教师宿舍等住宿保障。此外,乡村医院或卫生站的医疗条件只能够治疗感冒等日常疾病,乡村教师的医疗卫生需求难以得到保障。生活环境的好坏直接关系着乡村教师的工作状态和工作意向,如果乡村教师能够享有良好的生活环境及保障,便可以减少他们对于生活的忧虑和担心,确保乡村教师能够将更多精力投入学校教育。此外,生活环境作为择业所考量的条件之一,也影响着择业者对乡村教师职业的选择。经济逻辑强调政府通过经费支持和财政投入改善乡村教师的生活条件,着力改善学校周边环境的建设,改善乡村的医疗条件和交通道路,为乡村教师提供上下班车或交通补助、教师宿舍、周转房住宿补贴、医疗保险等福利待遇,全面提升乡村教师的生活保障水平。

四、乡村教师职业吸引力提升的文化逻辑

文化逻辑为乡村教师职业吸引力的提升明确精神导向。乡村文化蕴含着丰富的特色文化,既是乡村特定区域环境下所孕育的共性文化,也反映了特定时代的传统文化。要使其与时代精神相契合,推进乡村文化的乡土性和现代性接轨,需要优秀现代文化与优秀传统文化有机融合。乡村教师作为乡村社会的知识精英,承担着传递学科知识、发展乡村教育的基本任务的同时,也扮

---

① 朱永新.切实提高地位待遇增强教师职业吸引力[J].中国教育学刊,2018(4):1-4.

演着乡村优秀传统文化承袭者和传播者的角色,肩负着乡村文化建设与发展的时代使命[①]。而乡村文化所具有的开放性、传承性与创新性,又为乡村教师提升教学质量和振兴乡村文化提供了新的可能性与发展性,能够激发乡村教师的任教热情,提高乡村教师的责任意识,激励乡村教师的奋斗理想,推动乡村教师挖掘、开发乡村文化中的活性因子,并将之酌情融入教学内容,引导乡村学生、村民乃至乡村社会精神的现代性转变[②]。

以乡村文化的开放性激发教师的从教热情。乡村文化的开放性是指乡村文化在历史变迁中持续与外界互动,吸收并融入各个时代的文化精髓。作为新时代乡村文化的传播者,乡村教师身处乡村社会之中,对当地文化耳濡目染,成为乡村文化与现代文化的重要连接点,能够进一步传播并利用好乡村文化资源,唤醒乡村学生的乡土生命活力,确保学生的成长得到优秀乡村文化的滋养。人在本质上是一个创造者和一个道德人,其人性的完善是视其和土地的联系而定的,人只有在和周围的地理空间(土地)和社区的联系中才能完善其人性[③]。同时,乡村教师在传播优秀乡村文化的过程中,也在不断优化自身的道德力量、专业能力与公共情怀。在教学过程中,乡村教师可以对乡村文化资源进行"二次开发",选择优秀的文化传统融入教学内容之中,以鲜活、有趣的方式传递给学生。通过带动优秀乡村文化的传播与发展,彰显自身的影响力和号召力,强化乡村教师的从教热情。

以乡村文化的传承性提高教师的责任意识。教育是文化传承的重要机制与路径,通过乡村教育可以实现代际文化潜移默化地传递。乡村教师作为乡村文化传承的使者[④],通过显性或隐性的方式进行文化传承,防止本土文化代际传承断层,实现文化传承效能最大化[⑤]。比如,西南民族地区的乡村学校大都地处民族州(县),民族文化氛围浓厚,诸如民族习俗、传统节日、民间故事传说以及民间手工技艺等,其中蕴含着丰富的优秀文化要素,是构建新时代乡

---

① 黄晓茜,程良宏.教师学习力:乡村教师专业发展的重要驱力[J].全球教育展望,2020(7):62-71.
② 季中扬.乡村文化与现代性[J].江苏社会科学,2012(3):202-206.
③ 徐湘荷,谭春芳.温德尔·拜瑞的乡村教育哲学[J].比较教育研究,2009(1):13-16.
④ 滕星.教育人类学通论[M].北京:商务印书馆,2017:76.
⑤ 吴惠青,郭文杰.新农村建设中农村教师的文化责任[J].浙江社会科学,2016(2):150-154.

文化生活以及文化秩序的宝贵资源。由于当地许多成年人进城务工，乡村社会以老年人、幼童和留守妇女居多，空心化现象突出，乡土文化和民族文化传承的自然主体规模日渐缩小，面临传承断裂的危险。乡村教师作为乡村儿童智识的启蒙者、乡村少年成长的"引路人"、乡村文明风尚的诠释者，是传承伦理、习俗、价值观的重要力量。同时，作为乡村社会重要的文化主体，乡村教师需要具有文化学习的自主性和文化传承的自觉性，能够促进当地特有的民风民俗、手工技艺、民族歌舞等传统文化与现代文化接轨。

以乡村文化的创新性激励教师的奋斗理想。乡村教师作为乡村文化的创新者，一方面身处乡村社会之中，一定程度上受到乡村文化的浸染，在与乡村学生及其家长的人际交往中能够直接或间接地感受当地的风土人情；另一方面，新生代乡村教师多数来自或居住在城镇，拥有城镇生活和学习经历，对现代文化资源较为了解，熟悉新时代的先进精神和智慧。从乡村教师作为乡村社会"知识分子"的公共性角度而言，他们不仅是乡村社会先进文化的传播者，更是建设者与创新者，应该将乡村教育促进乡村文化建设视为奋斗理想。作为乡村社会中文化程度最高的"知识人"，乡村教师具有较强的文化凝聚力，能够将时代的新精神、新风尚等文明要素融入乡村文化。乡村教师根据新时代的价值导向，对落后于时代的乡村习俗与风俗等传统文化改造优化，不仅可以增强传统文化与现代文明的契合性，推动乡村文化和现代文化的良性互动，更能够为乡村传统文化源源不断地注入新的"血液"，使其焕发新的活力，并通过学生群体的传承实现创新性发展，为乡村振兴奠定兼具乡土性与现代性的文化基础。

五、乡村教师职业吸引力提升的教育逻辑

教育逻辑为乡村教师职业吸引力的提升加强专业支撑。教育逻辑从专业角度为乡村教师提供有力支持，通过优化乡村教师职前培养体系、完善乡村教师职后培训体系、提高乡村教师职业成就感等方面提升乡村教师职业吸引力，努力建设一支高素质、专业化、创新型的乡村教师队伍，有力推动乡村教育的

高质量发展,为乡村振兴奠定教育基石和人才基础。

优化乡村教师职前培养体系,培养乡村教育人才。中华人民共和国成立后,国家陆续在各个村建设小学或教学点,几乎每个乡镇都设有中学,为满足乡村教育对师资的大量需求,几乎每个县都设立了一所中等师范学校来专门培养乡村教师[①]。改革开放之后,高等教育改革推动师范教育实行"开放式"培养体系,专门培养乡村教师的院校多被撤销,师范专科升为本科,但本科毕业的学生却不愿到乡村就业。2006年,部属师范院校招收公费师范生,乡村教师流失情况开始出现好转。同时,定向师范生的招收也在一定程度上缓解了乡村师资缺乏的状况。例如,云南省实行各类企事业单位联合推进公费师范生培养模式改革,并根据各地需求、岗位空缺情况和乡村学校的实际需要,采取"定向培养、定向就业"的方式,专门培养小学全科、"民汉双语"、初中"一专多能"、特殊教育"双证书"、乡村职业教育"双师型"等教师,精准培养乡村学校短缺的各类教师。不仅为发展乡村教育储备了具有地域性、乡土性和实践性的师资人才,同时也为师范毕业生提供了对口的就业选择。

完善乡村教师职后培训体系,提升教师队伍专业素养。多年来,乡村教师发展面临着专业培训针对性不强、整体学历偏低、"双语"教学人才较少等问题。面对上述问题,各地根据教育部相关文件,并针对各个地区的不同情况,积极实施增强乡村教师职业吸引力的举措。例如,贵州省提出"创新乡村教师专业提升机制,构建省内外优质教师培训基地——区域性乡村教师发展中心——乡村校本研修示范学校——乡村名师工作室一体化的贵州乡村校长教师专业发展服务支持体系,探索以'互联网+'为标志的教师网络研修社区、网络工作坊等新型培训方式";四川省提出"大力支持民族地区'双语'教师全员培训,全面提升'双语'教师的专业水平,切实培养一批'双语'骨干教师。"2017年,四川省凉山州参加培训的教师达1万余人次,云南省怒江州中小学和幼儿园参加培训的教师近9000人次,教师专业培训得以有序推进,教师素质得到大幅提升[②]。此外,乡村教师学历提升计划和相应措施逐步推行,通过函授学习或脱产学习

---

① 田恒平.乡村教师培养与补充的现实路径思考[J].教师教育研究,2016(3):30-35.
② 李廷洲,邬庭瑾.大力加强"三区三州"教师队伍建设(调查研究)[N].人民日报,2018-11-04(5).

的方式促进乡村教师队伍的整体学历层次逐年提高。截至2018年9月,培养了约3万名具有硕士学位的教育工作者在乡村工作,对于提升乡村教师队伍的总体素质发挥了良好作用[①]。

提高乡村教师职业成就感,留住乡村学校优秀师资。教师职业成就感是指教师在完成既定教育任务的过程中,通过发挥自身工作能力、展示个人教育工作潜能,实现教育目的并达到了预设标准后,体验到的自我价值与社会价值实现的积极感受,以及由此而获得的一种内在满足[②]。乡村教师的职业成就感也是如此,乡村教师留任的动力首先是来自教师个人的专业发展,其次来自乡村学生的成长以及社会的认可。换言之,专业能力是提高乡村教师职业成就感、实现自我价值和社会价值的前提。乡村教师队伍虽然在政府和社会的大力支持下获得持续发展,但相对于全国教师队伍整体水平而言,教学水平提升并不显著,专业能力亟待提高。教育逻辑下的专业化培养和针对性培训能够为乡村教师专业素养的发展提供更多机会与条件,为增强乡村教师职业成就感夯实专业基础,从而进一步提升乡村教师职业吸引力。

六、乡村教师职业吸引力提升的融合逻辑

基于对职业吸引力内涵意蕴的解析、理论基础的阐述和提升逻辑的剖析,可以发现,乡村教师职业吸引力的提升是全方位、多角度的,如图3-1所示。一方面,在国家与社会关系理论、社会身份理论和教师专业发展理论中挖掘出职业吸引力的提升具有法治、民生与专业导向;另一方面,乡村教师职业吸引力提升的制度逻辑、社会逻辑、经济逻辑、文化逻辑和教育逻辑等多重逻辑为切实增强职业保障力、职业维持力和职业发展力提供了顶层规划、从业动力、物质基础、精神导向和专业支持,形成融合逻辑,支撑职业吸引力的全面提高。

---

① 刘建同.乡村教师支持计划成效显著[N].人民政协报,2018-09-19(10).
② 邓睿.教师职业成就感:内涵、来源及影响因素[J].教师教育研究,2016(5):91-97.

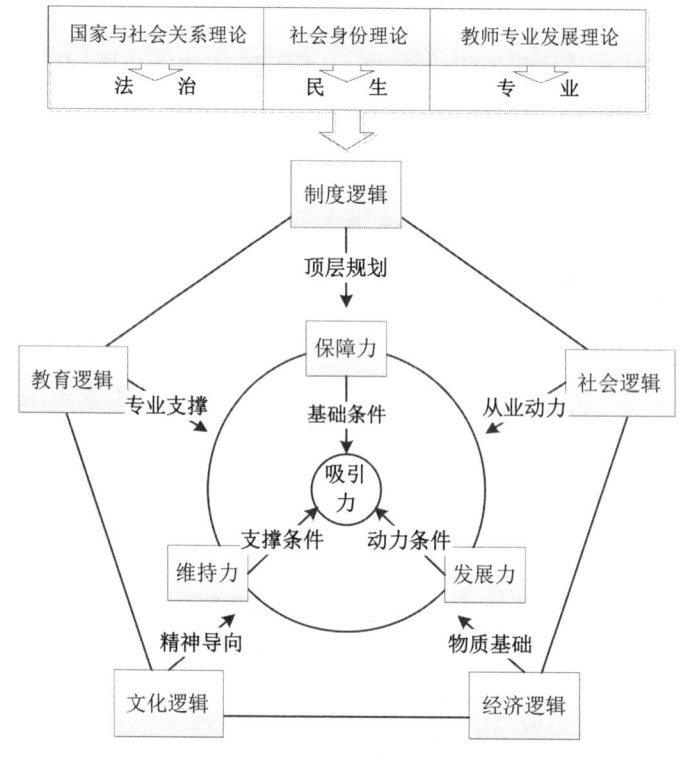

图 3-1　乡村教师职业吸引力提升的融合逻辑

具体而言,国家与社会关系理论反映了国家对乡村教师职业吸引力发展的关注。国家针对乡村教师所制定的相关制度走向法治化,主要从制度逻辑和经济逻辑层面为职业吸引力的提升提供顶层规划与物质基础,依据相关政策及其程序和手段引导并推动乡村教师吸引力的提升,促进乡村教师的薪资待遇、职称晋升、招聘任用、培养培训以及相关经费投入在教师制度保障下的扎实落地,具有法治导向。社会身份理论关注乡村教师的内在精神和情感生活,从社会逻辑所内含的社会地位、社会职责和社会权益等方面关切乡村教师的认同需要,并通过文化逻辑明确乡村教师身份的特殊性,促进乡村教师以专业素养反哺乡村文化、经济与社会的发展,具有民生导向。教师专业发展理论从教育逻辑的角度,为提高乡村教师的专业意识、专业能力,以及剖析乡村教师专业发展的影响因素和提升机制提供理论支持,具有专业导向。综合上述三个理论和提升逻辑,进一步系统地形成乡村教师吸引力提升的融合逻辑,为构建乡村教师吸引力提升机制明确逻辑框架。

　　党的十九大报告将"建设教育强国"定位为"中华民族伟大复兴的基础工程",党的二十大报告强调"加快建设高质量教育体系",揭示了教育对于中华民族伟大复兴的决定性意义,教育现代化则是其中的必要指标和关键途径。乡村教育现代化作为教育现代化的组成部分,关系着国家教育事业的发展,触动着中国教育的"神经末梢"。乡村教师职业吸引力的提升能够推进乡村教师队伍建设,提高乡村学校办学质量,进而促进乡村教育的现代化,补齐国家教育现代化的"短板"。虽然近年来乡村教师职业吸引力在中央政府的扶持和地方政府的努力下已有所提升,但由于"先天不足,后天失养"影响的延续性,本书在对乡村教师职业吸引力的现状调研中发现其职业保障力、职业维持力和职业发展力等方面仍然存在诸多问题有待解决。

第四章 乡村教师职业吸引力的现实样态

《关于加强新时代乡村教师队伍建设的意见》强调,"面对新形势新任务新要求,乡村教师队伍还存在结构性缺员较为突出、素质能力有待提升、发展通道相对偏窄、职业吸引力不强等问题,必须把乡村教师队伍建设摆在优先发展的战略地位"。为深入、系统地掌握乡村教师职业吸引力的现实样态,本书选取西南民族地区为调研区域,缘于该区域集刚脱贫地区和革命老区为一体,乡村社会经济发展相对滞后、脱贫人口众多,属于典型的"老少边穷"地区。同时,西南民族地区有30多个民族居住,是我国民族种类最多的区域。当地教育的一个重要特征在于教育主体大都身处乡村,受历史、地理和文化等多重因素的影响,乡村教育成为社会经济发展的瓶颈。而无论是乡村振兴,还是教育阻贫,都需教育先行。西南民族地区乡村教师职业吸引力的状态既能够反映全国乡村教师职业吸引力的普遍性与共通性,也能够体现乡村教师职业吸引力的地域性及个别性。

第一节
乡村教师职业吸引力的整体性情状

根据乡村教师职业吸引力的内涵意蕴和逻辑框架,本书研究团队从职业保障力、职业维持力和职业发展力三个维度着手,编制了《西南民族地区乡村教师职业吸引力调查问卷》,共78道题,其中基本信息题项13道、职业吸引力题项65道。问卷采用李克特(Likert)5点计分,分为"非常符合""比较符合""一般""比较不符合"和"非常不符合"五个选项,对应赋值分别为5、4、3、2、1,分值越高表示乡村教师职业吸引力越强。共发放问卷3000份,回收有效问卷2838份,有效率为94.6%。经检验,问卷的克隆巴赫α(Cronbach's alpha)系数为0.930,表明问卷具有良好的内在一致性,信度较好;问卷的KMO值为0.933,巴特利特(Bartlett)球形检验的卡方值为66618.044,自由度为2080,达到显著程度

(Sig=0.000),证明问卷效度良好,如表4-1所示。

表4-1 乡村教师职业吸引力调查问卷的信效度分析

Cronbach's alpha		.930
KMO取样适切性量数		.933
Bartlett的球形度检验	上次读取的卡方	66618.044
	自由度	2080
	显著性	.000

问卷数据采用SPSS 23.0进行统计分析。同时,为深入了解乡村教师的真实需求,编制了《西南民族地区乡村教师职业吸引力访谈提纲》(包含乡村教师版和乡村校长版),共访谈教师122位,其中校长(或副校长)26位。报告中教师的访谈结果均采用"省(自治区、直辖市)-市(自治州、区、县)-学校名称(前三个字)-教师姓氏(若姓氏首字母相同,则后加数字予以区分)-教师/校长/书记/主任"的拼音首字母缩写方式编码,例如受访对象为"四川省凉山州某学校王老师"时,访谈编号即SC-LS-DPZ-W-JS。调研的地名和学校也用拼音字母缩写方式编码。

本书研究团队深入川、渝、黔、滇四省(市)民族地区的乡村学校进行问卷调研,深入了解乡村教师职业吸引力的现实情状。问卷调研结果的人口学信息如表4-2所示。

表4-2 调研对象的人口学信息分布表

变量	水平	百分比	变量	水平	百分比
性别	男	45.9%	任教学段	幼儿园	9.3%
	女	54.1%		小学	61.5%
民族	汉族	61.8%		初中	26.6%
	少数民族	38.2%		高中	1.6%
婚姻状况	未婚	17.3%	任教学段	多学段	1.0%
	已婚	82.7%	任教学科	语文	25.3%

续表

变量	水平	百分比	变量	水平	百分比
户籍	城镇	60.4%		数学	21.7%
	农村	39.6%		英语	7.1%
年龄	30岁及以下	25.3%		多学科	29.7%
	31~40岁	37.8%		其他单一学科	16.2%
	41~50岁	30.3%		中小学高级	18.3%
	51岁及以上	6.6%		中小学一级	38.0%
师范毕业	是	86.3%	职称	中小学二级	26.9%
	否	13.7%		中小学三级	2.2%
学历	中专及以下	2.3%		未评级	14.6%
	大专	33.8%		2年及以下	17.5%
	本科	63.4%	任教年限	2~5年（包括5年）	12.0%
	硕士研究生	0.5%		5~10年（包括10年）	6.6%
	博士研究生	0.0%		10年以上	63.9%

如表4-3所示，西南民族地区乡村教师职业吸引力的总体均值为2.611，略低于平均值3，处于中等偏下水平。职业发展力、职业维持力和职业保障力的均值分别为2.483，2.497，2.831，表明乡村教师对职业发展力的满意度最低，亟待提升。对人口学变量进行独立样本t检验和单因素方差分析，结果显示，乡村教师职业吸引力在性别、婚姻状况、民族、户籍、年龄、学历、任教学段、职称上均不存在显著差异。

表4-3 西南民族地区乡村教师职业吸引力的整体性现状

	职业保障力	职业维持力	职业发展力	职业吸引力
题数	23	24	18	65
M	2.831	2.497	2.483	2.611
SD	0.577	0.473	0.523	0.474

注：M为平均值，SD为标准差。

一、乡村教师职业保障力现状

乡村教师职业保障力涉及4个影响因素，分别为工资待遇、福利补贴、生活环境和职业动机，各项因素的均值和标准差如表4-4所示。

表4-4　西南民族地区乡村教师职业保障力现状

	工资待遇	福利补贴	生活环境	职业动机	职业保障力
题数	4	7	9	3	23
M	2.760	2.937	2.815	2.727	2.831
SD	0.716	0.720	0.675	0.744	0.577

1. 工资待遇

工资待遇因素内设置4道题目，包括工资收入满意度、工资水平等方面，均值为2.760，低于职业保障力均值2.831。调查结果显示，仅有23.1%的乡村教师在"我目前的工资不低于本地公务员的平均工资"中选择了"非常符合"或"比较符合"选项；28.8%的乡村教师对目前工资收入感到满意；83.5%的乡村教师认为自身的工资应与当地公务员的工资水平一致；57%的教师认为工资收入的高低影响其职业选择。

2. 福利补贴

福利补贴因素内设置7道题目，包含住房补贴、购房优惠政策、医疗保障等方面，以及福利补贴满意度和期望度两方面，均值为2.937，略高于职业保障力均值2.831。34.8%的乡村教师在"为保障乡村教师生活质量，当地政府或学校提供了住房或住房补贴"中选择了"非常符合"或"比较符合"的选项；19.6%的乡村教师在"当地政府或所在学校颁布了专门针对乡村教师的购房优惠政策"中选择了"非常符合"或"比较符合"的选项；32.2%的乡村教师在"我所在学校或当地政府有专门针对乡村教师的医疗保障政策"中选择了"非常符合"或"比较符合"的选项。综合上述条件，43.2%的乡村教师认为医疗保障健全，是他们选择乡村教师职业的标准之一。33.8%的乡村教师对自身的福利待遇（除工资收入之外的津贴、补贴和补助等）感到满意；70.7%的乡村教师认为目前的福利补贴不够完善,需要进一步提高;60.3%的乡村教师在"乡村教师福利待遇好,是我选择该职业的标准之一"中选择了"非常符合"或"比较符合"选项,说明福利待遇对乡村教师是否愿意在乡村学校任教的影响较大。

3. 生活环境

生活环境因素内设置9道题目,涵盖学校地理位置、生活条件、交通环境、住宿环境、医疗环境等方面,均值为2.815,低于职业保障力均值2.831。调查结果显示,43.2%的乡村教师认为学校的地理位置较为偏僻;仅有34.3%的乡村教师认为乡村学校所在地区的经济发展较好,生活条件便利;57.2%的乡村教师认为乡村学校所在地区的交通便利;44.4%的乡村教师认为目前的住宿条件良好,家居用品配置齐全;32%的乡村教师认为乡村学校所在地区的医疗条件较好;42.4%的乡村教师在"学校所处的地理位置好,是我选择乡村教师职业的标准之一"中选择了"非常符合"或"比较符合"的选项;39.7%的乡村教师在"学校所在地区经济发达,是我选择乡村教师职业的标准之一"中选择了"非常符合"或"比较符合"的选项;51.3%的乡村教师在"学校所在地区交通便利,是我选择乡村教师职业的标准之一"中选择了"非常符合"或"比较符合"的选项;39.3%的乡村教师在"住宿条件好,是我选择乡村教师职业的标准之一"中选择了"非常符合"或"比较符合"的选项。由此可见,地理位置和交通环境是乡村教师在生活环境中相对较为关注的问题。

4. 职业动机

职业动机因素内设置3道题目,包括教师热爱乡村教育、工作稳定、外部压力等方面,均值为2.727,低于职业保障力均值2.831。调查结果显示,有43.6%的乡村教师表示选择该职业是发自内心热爱乡村教育工作,不在乎其待遇或从业条件;55.9%的乡村教师选择该职业主要是因为这一工作较为稳定;36.5%的乡村教师选择该职业主要是迫于外部压力。基于以上调查结果,可见在职业动机因素中大部分教师选择乡村教师职业的内在动机相对较为欠缺。

二、乡村教师职业维持力现状

乡村教师职业维持力涉及5个影响因素,分别为工作环境、工作强度、人际关系、子女教育和留任意愿,各项因素的均值和标准差如表4-5所示。

表4-5 西南民族地区乡村教师职业维持力现状

	工作环境	工作强度	人际关系	子女教育	留任意愿	职业维持力
题数	4	8	8	2	2	24
M	2.170	2.579	2.493	2.583	2.750	2.497
SD	0.754	0.603	0.551	0.957	1.089	0.473

1. 工作环境

工作环境因素内设置4道题目,涉及学校设施配备、校园文化氛围、教风和学风情况等方面,均值为2.170,低于职业维持力均值2.497。调查结果显示,65.3%的乡村教师认为乡村学校教学设施配备良好,满足了教学要求;66.7%的乡村教师认为所在乡村学校校园文化氛围浓厚;73.6%的乡村教师表示所在乡村学校教风和学风良好;60.2%的乡村教师认为"学校的工作环境好,是我选择乡村教师职业的标准之一"。综合上述条件,乡村学校基础设施通过标准化建设之后更为先进和齐备,乡村教师对乡村学校的教学设施和工作氛围总体较为满意。

2. 工作强度

工作强度因素内设置8道题目,涵盖教学任务、工作时间和工作压力等,均值为2.579,高于职业维持力均值2.497。在教学任务方面,60.3%的乡村教师认为乡村学校安排的教学任务合理;51.4%的乡村教师认为每学期教学任务的安排体现出较大的民主性;45%的乡村教师在"学生的民族及语言差异会对我完成教学任务造成一定的困难"中选择了"非常符合"或"比较符合"的选项,表明乡村教师有必要全面了解乡村学生的民族特性及所在地区民族文化等信息。在工作时间方面,仅38.4%的乡村教师认为其工作时间较为稳定,通常不需要加班;56.9%的乡村教师在"因学生来自不同民族,存在语言各异、整体素质参差不齐等情况,我需要花费较多的工作时间来管理教导学生"中选择了"非常符合"或"比较符合"的选项,说明乡村教师在工作中除了完成日常教学任务之外,还需要花费较多时间和精力对乡村学生语言交流、行为规范、生活作息等多项事务进行管理。在工作压力方面,56.7%的乡村教师认为目前的工作压力适当,不会对教学和生活产生负面影响;72.8%的乡村教师在"除了常规的教学工作之外,我还承担着其他的工作(例如学生管理、与家长沟通等)"中选择了"非常符合"或"比较符合"的选项;46.1%的乡村教师认为学校工作压力较小,是其选择乡村教师职业的标准之一。综合以上结果可知,乡村教师尚能承受工作压力,但大多数乡村教师除了承担教学任务以外,还承担着其他工作。

3. 人际关系

人际关系因素内设置9道题目,包括学校人际关系,尤其是师生关系等方面,均值为2.493,稍低于职业维持力均值2.497。57.2%的乡村教师认为所在乡村学校的领导实施民主化管理,重视师生利益;69.9%的乡村教师认为自己与乡村学校领导关系融洽,能够有效沟通交流;35.7%的乡村教师认为自己与同事们沟通良好、相处融洽;48.9%的乡村教师认为乡村学校人际关系易于处理,是其选择乡村教师职业的标准之一。65.6%的乡村教师认为自己与学生家长之间的关系融洽,但30.3%的乡村教师认为由于民族文化和语言差异,与乡村学生家长沟通存在问题;78.2%的乡村教师认为与乡村学生关系良好,但也有24.9%的乡村教师指出因民族语言和文化差异,与乡村学生存在沟通不畅等问题。

4. 子女教育

子女教育因素内设置2道题目,主要是关于教师子女接受本地教育的情况,均值为2.583,高于职业维持力均值2.497。54.2%的乡村教师在"子女能在本地接受良好教育,是我选择该职业的标准之一"中选择了"非常符合"或"比较符合"的选项。虽然近半数乡村教师对于子女在本地上学持乐观态度,调查中49.9%的乡村教师认为自己(未来)的子女能够在本地接受良好的义务教育,但在访谈中多数乡村教师表示如果有机会,还是会把子女送去城镇学校就读。

5. 留任意愿

留任意愿因素内设置 2 道题目,了解乡村教师是否愿意留在乡村学校以及是否愿意继续从事教育职业,均值为 2.750,高于职业维持力均值 2.497。结果显示,51.1% 的乡村教师在"如有机会,我会离开现在的乡村学校,到条件更好的城镇学校任职"中选择了"非常符合"或"比较符合"的选项;38.7% 的乡村教师认为如有机会,则会放弃乡村教师职业,转向前景或待遇更好的行业就职,乡村教师的留任意愿总体不高。

三、乡村教师职业发展力现状

乡村教师职业发展力涉及 5 个影响因素,分别为职业地位、职称评审、岗位编制、培训进修和职业成就感,各项因素的均值和标准差如表 4-6 所示。

表 4-6　西南民族地区乡村教师职业发展力现状

	职业地位	职称评审	岗位编制	培训进修	职业成就感	职业发展力
题数	3	5	2	4	4	18
M	2.349	2.711	2.743	2.360	2.290	2.483
SD	0.736	0.648	0.887	0.741	0.773	0.523

1. 职业地位

职业地位因素内设置 3 道题目,包括乡村教师职业地位的提高、乡村教师职业地位等级和职业选择标准等方面,均值为 2.349,低于职业发展力均值 2.483。52.4% 的乡村教师在"职业地位是影响我选择乡村教师职业的标准之一"这一题中选择"非常符合"或"比较符合"的选项;仅有 19.2% 的教师认为乡村教师在各类社会职业中处于上等或中上等位置;81.1% 的乡村教师认为有必要进一步提高乡村教师的职业地位。

2. 职称评审

职称评审因素内设置 5 道题目,涉及乡村教师职称评审条件、评审名额、职称晋升制度和晋升空间等方面,均值为 2.711,高于职业发展力均值 2.483。有

44.1%的乡村教师在"职称晋升空间较大,是我选择乡村教师职业的标准之一"中选择了"非常符合"或"比较符合"的选项;但58.5%的乡村教师认为职称晋升制度不够合理,需要进一步完善;有58.7%的乡村教师认为所在地区乡村教师的职称评审条件太高,多数乡村教师难以达到评审要求;仅有28.5%的乡村教师认为所在地区乡村教师的职称评审名额充足;38.8%的乡村教师认为当前的职称晋升空间较大,表明乡村学校的职称评审制度同乡村教师的需求难以匹配。

3. 岗位编制

岗位编制因素内设置2道题目,包括乡村教师岗位编制的合理性以及是否为正式编制两个方面,均值为2.743,高于职业发展力均值2.483。调查结果显示,有56.2%的乡村教师在"有正式编制,是我选择乡村教师职业的标准之一"题项中选择了"非常符合"或"比较符合";仅有36.1%的乡村教师认为所在乡村学校的教师岗位编制合理,所在乡村学校的教师数量与教学工作量相匹配。

4. 培训进修

培训进修因素内设置4道题目,涉及乡村教师每年的进修培训机会、乡村教师之间的交流学习、进修培训的满意度等方面,均值为2.360,低于职业发展力均值2.483。调查结果显示,59.6%的乡村教师每年都有参加进修或培训(包括校本培训)的机会;63%的乡村教师有与本校或其他学校优秀教师交流学习的机会;有63.4%的乡村教师认为参加过的进修或培训对自身的教学工作有帮助;43.5%的乡村教师将能参加优质培训作为选择乡村教师职业的标准之一。

5. 职业成就感

职业成就感因素内设置4道题目,包含乡村教师从事教育工作的满意度、教学任务完成度等方面,均值为2.290,低于职业发展力均值2.483。56.7%的乡村教师在"职业成就感高,是我选择乡村教师职业的标准之一"中选择了"非常符合"或"比较符合";但只有71.6%的乡村教师在保质保量完成各项教学任务后能够体会到成就感;58.2%的乡村教师认为自身从事的乡村教育工作很有意义;63.6%的教师认为乡村教师职业能够实现自己的人生价值,在乡村学校中乐教和乐学。

四、乡村教师职业吸引力的影响路径分析

以乡村教师职业吸引力逻辑框架为基本架构,根据回归分析的标准偏回归系数β(路径系数)构建西南民族地区乡村教师职业吸引力的路径分析模型,如图4-1所示。从图中可以看出,影响西南民族地区乡村教师职业吸引力较为显著的路径有六条。

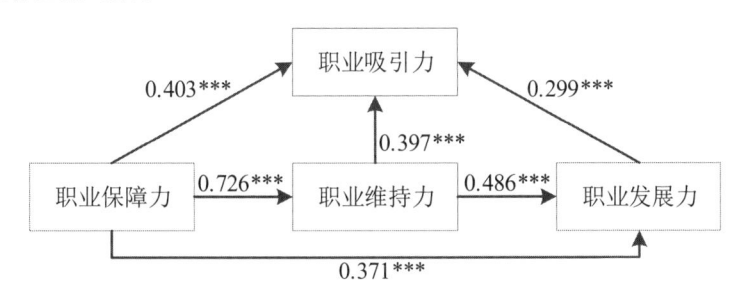

图4-1 西南民族地区乡村教师职业吸引力的影响路径分析

西南民族地区乡村教师职业保障力对职业吸引力的影响路径分析:职业保障力→职业吸引力,直接效应显著,路径系数为0.403($p<0.001$);职业保障力→职业维持力→职业吸引力,间接效应显著,路径系数为0.288($p<0.001$);职业保障力→职业发展力→职业吸引力,间接效应显著,路径系数为0.111($p<0.001$)。职业保障力对职业吸引力影响的总效应等于0.802。当前,职业保障力是西南民族地区乡村教师职业吸引力的"主引力",不仅能够直接提升职业吸引力,还能通过促进职业维持力和职业发展力间接增强职业吸引力。工资待遇、福利补贴、生活条件和职业动机等基本因素的满足,是提升西南民族地区乡村教师职业吸引力的重要前提,也为职业维持力和职业发展力奠定了基础。

西南民族地区乡村教师职业维持力对职业吸引力的影响路径分析:职业维持力→职业吸引力,直接效应显著,路径系数为0.397($p<0.001$);职业维持力→职业发展力→职业吸引力,间接效应显著,路径系数为0.145($p<0.001$)。职

业维持力对职业吸引力影响的总效应等于0.542。作为西南民族地区乡村教师职业吸引力的"次引力",职业维持力既可以直接作用于职业吸引力,也能借助职业发展力间接提升职业吸引力。在满足职业保障力的前提下,西南民族地区乡村教师工作环境、工作强度、人际关系、子女教育和留任意愿等因素的持续改善,能够为职业发展力开辟道路,有效增强职业吸引力。

西南民族地区乡村教师职业发展力对职业吸引力的影响路径分析:职业发展力→职业吸引力,直接效应显著,路径系数为0.299($p<0.001$)。职业发展力是西南民族地区乡村教师职业吸引力的"助引力",不仅能够直接提升职业吸引力,也是职业保障力和职业维持力增强职业吸引力的"催化剂"。只有立足于职业保障力和职业维持力的提高,职称晋升、培训进修和职业成就感等因素对乡村教师职业吸引力的提升才能事半功倍;而职业发展力的增强,又会巩固职业保障力和职业维持力的效果,三力最终形成实现乡村教师职业吸引力持续提升的合力。

第二节
乡村教师职业吸引力的区域性情状

本部分以研究团队深入走访调查的四川省凉山州、云南省楚雄州,以及贵州省贵阳市郊区的乡村教师为代表,阐述西南民族地区乡村教师职业吸引力的区域性情状。其中,四川省凉山州是原深度贫困地区"三区三州"的代表,乡村学校大都位于高寒山区,彝族人口占比很高;云南省楚雄州则是典型的多民族地区,现居住有汉族、彝族、白族、傣族、回族、苗族、傈僳族、哈尼族等多个民族,乡村学校大都位于山地坝区;贵州省贵阳市郊区属于多民族聚居的城市近郊乡村区域。这三处民族地区的乡村教师职业吸引力具备较强的代表性。

一、高寒山区乡村教师职业吸引力的现实情状

四川省凉山州以波洛梁子为界,界北海拔多在2100米以上,界南一般为1500~2000米,整个地貌以海拔1000~4000米的山地地貌为主,是典型的高寒山区。本次调研采取分层随机抽样,根据乡村学校所处海拔的高低,分别选择了在海拔2000米以上、海拔1200~1800米和海拔500~800米地区常年工作的乡村教师作为调查对象。在进行走访调研的学校中,YDX和BDX属于海拔2000米以上地区,TDB、TPX、WKX和MYZ属于海拔1200~1800米地区,DPZ、DPX、LGZ和CJX属于海拔500~800米地区。现场发放问卷300份,有效问卷299份,有效率为99.7%。调查对象的详细分布情况见表4-7。

表4-7 四川省凉山州调研对象的人口学信息分布表

变量	水平	百分比	变量	水平	百分比
性别	男	53.0%	任教学段	幼儿园	0.0%
	女	47.0%		小学	81.0%
民族	汉族	50.5%		初中	18.7%
	少数民族	49.5%		高中	0.0%
婚姻状况	未婚	21.4%		多学段	0.3%
	已婚	78.6%	任教学科	语文	21.4%
户籍	城镇	61.9%		数学	13.1%
	农村	38.1%		英语	3.1%
年龄	30岁及以下	33.2%	任教学科	多学科	57.6%
	31~40岁	44.0%		其他单一学科	4.8%
	41~50岁	19.8%	职称	中小学高级	7.5%
	51岁及以上	3.0%		中小学一级	35.4%
师范毕业	是	87.9%		中小学二级	26.9%
	否	12.1%		中小学三级	2.4%

续表

变量	水平	百分比	变量	水平	百分比
学历	中专及以下	0.7%	任教年限	未评级	27.8%
	大专	64.5%		2年及以下	22.7%
	本科	34.8%		2~5年（包括5年）	11.0%
	硕士研究生	0.0%		5~10年（包括10年）	8.7%
	博士研究生	0.0%		10年以上	57.6%

高寒山区乡村教师职业吸引力均值为2.751。我们对各项影响因素进行了分析，分析结果显示：影响高寒山区乡村教师职业吸引力的因素中有7项均值等于或小于职业吸引力的均值。同时，对高寒山区乡村教师职业吸引力与影响因素进行分析，结果显示各项影响因素均与职业吸引力呈显著正相关。

1. 高寒山区乡村教师职业保障力影响因素分析

对高寒山区乡村教师职业保障力的各项影响因素进行逐步多元回归分析，进入回归方程的显著变量一共4个，决定系数R^2=1，显著性均小于0.001，4个变量均可以列入方程，从而联合预测高寒山区乡村教师职业吸引力100%的变异量，如表4-8所示。高寒山区乡村教师职业保障力的标准化回归方程可以表示为：职业保障力=0.469×生活环境+0.402×福利补贴+0.220×工资待遇+0.191×职业动机。

表4-8 高寒山区乡村教师职业保障力影响因素分析

	影响因素	M	SD	决定系数 R^2	标准化回归系数	P	VIF
职业保障力（M=3.088）	生活环境	3.102	0.572	1	0.469	0.000***	1.593
	福利补贴	3.126	0.630		0.402	0.000***	2.157
	工资待遇	3.062	0.604		0.220	0.000***	1.564
	职业动机	2.994	0.698		0.191	0.000***	1.184

注：*$p<0.05$，**$p<0.01$，***$p<0.001$。

由表4-8可知,生活环境是乡村教师职业保障力的主要影响因素。四川省凉山州各县域海拔落差大,导致工作和生活于此的乡村教师的生活条件差异也较大。由于地处高寒山区,冬季寒冷而漫长,气温较低,乡村学校的基础供暖设备较差,暂无集体供暖的设施设备,教室中也缺少取暖设施。受地理位置影响,生活环境成为影响职业保障力的主要因素。影响强度次于生活环境的因素是福利补贴,且福利补贴均值较高,这与当地较为恶劣的自然环境有密切关系。国家相关政策规定,对越偏远越恶劣地区的乡村教师所给予的补贴越多,高海拔地区的乡村教师相较于中、低海拔地区的乡村教师而言,可以获得较高等级的补助。这笔补助对于原本生活不富裕的乡村教师家庭是一笔重要的收入,甚至部分考调到城区学校的乡村教师也会因为每月的生活补助申请回到乡村学校。由此可见,乡村教师对福利补贴有较大需求,侧面反映出特定的福利补贴对于乡村教师具有较强吸引力。同时,工资待遇会直接影响乡村教师的工作热情,随着近年来国家有关乡村教师系列政策的实施,高寒山区乡村教师的工资收入有所提高。然而,对于该地区的乡村教师而言,工资待遇并非职业保障力的首要影响因素,生活环境的改善才是亟待满足的需求。总之,在高寒山区,只有在满足基本的生活环境、工作待遇和福利补贴的基础上,职业动机才会进一步成为乡村教师选择该职业并长期坚守的内在动力。

2. 高寒山区乡村教师职业维持力影响因素分析

对高寒山区乡村教师职业维持力的各项影响因素进行逐步多元回归分析,进入回归方程的显著变量一共5个,决定系数$R^2=1$,显著性均小于0.001,5个变量均可以列入方程,从而联合预测高寒山区乡村教师职业维持力100%的变异量,如表4-9所示。高寒山区乡村教师职业维持力的标准化回归方程可以表示为:职业维持力=0.469×工作强度+0.431×人际关系+0.255×工作环境+0.224×留任意愿+0.206×子女教育。

表4-9　高寒山区乡村教师职业维持力影响因素分析

影响因素		M	SD	决定系数 R^2	标准化回归系数	P	VIF
职业维持力 (M=2.513)	工作强度	2.494	0.562	1	0.469	0.000***	1.362
	人际关系	2.434	0.517		0.431	0.000***	1.392
	工作环境	2.412	0.612		0.255	0.000***	1.162
	留任意愿	2.562	1.074		0.224	0.000***	1.004
	子女教育	3.059	0.989		0.206	0.000***	1.043

注：*p<0.05，** p<0.01，*** p<0.001。

首先，在对乡村教师职业维持力影响因素分析中，工作强度的影响最大。工作强度反映了乡村教师每天的工作量与工作时间。高寒山区乡村学校的教师数量较少，导致每位乡村教师的工作量都偏大，并且由于乡村学生的民族语言和文化差异，在一定程度上加大了教学管理的难度，增加了乡村教师的工作强度。鉴于此，高寒山区乡村教师的工作强度成为影响其是否继续留任乡村学校的重要因素。其次，人际关系需求的满足，尤其是得到学生的理解和家长的认同是提升乡村教师职业维持力的重要因素。凉山州乡村学校的多数学生为少数民族，汉语基础薄弱，乡村教师与民族学生的交流存在阻碍。同时，部分学生家长的教育意识淡薄，在生活中溺爱孩子，将学生学习问题或行为问题的责任过度推给学校，致使乡村教师与学生家长沟通不畅。再次，受地理环境和经济发展水平的限制，高寒山区乡村学校提供的物质环境未能给乡村教师的教学工作带来足够的支持，加之乡村教师在教学中会受到来自学校、学生、家长、社会以及自身家庭等各个方面的压力，导致乡村教师对工作环境的满意度不高。子女教育条件无法满足乡村教师需求也是影响职业维持力的重要原因。对于高寒山区乡村学校的许多教师而言，任教学校离家较远，大多数乡村教师不愿意将子女带到自身所任教学校，一方面是担心给自己和同事的工作带来麻烦，另一方面是对高寒山区乡村学校教育质量的担心。此外，高寒山区乡村教师工作强度较大，每周陪伴和教育子女的时间较少，一旦他们的子女沦为缺少陪伴的"留守儿童",将会影响乡村教师的教学情感和留任意愿。最后,留任意愿是各种因素相互作用的综合感受,当乡村教师感受到所处学校工作生活环境较差、工作强度高、人际关系难以处理、子女无法接受优质教育时,留任意愿就会受到较大影响。

3. 高寒山区乡村教师职业发展力影响因素分析

对高寒山区乡村教师职业发展力的各项影响因素进行逐步多元回归分析,进入回归方程的显著变量一共5个,决定系数 $R^2=1$,显著性均小于0.001,5个变量均可以列入方程,从而联合预测高寒山区乡村教师职业发展力100%的变异量,如表4-10所示。高寒山区乡村教师职业发展力的标准化回归方程可以表示为:职业发展力=0.371×职称评审+0.355×职业成就感+0.320×培训进修+0.276×职业地位+0.196×岗位编制。

表4-10 高寒山区乡村教师职业发展力影响因素分析

	影响因素	M	SD	决定系数 R^2	标准化回归系数	P	VIF
职业发展力 (M=2.638)	职称评审	2.853	0.620	1	0.371	0.000***	1.377
	职业成就感	2.394	0.740		0.355	0.000***	1.280
	培训进修	2.737	0.670		0.320	0.000***	1.190
	职业地位	2.293	0.768		0.276	0.000***	1.271
	岗位编制	2.905	0.818		0.196	0.000***	1.365

注:*$p<0.05$,** $p<0.01$,*** $p<0.001$。

职称评审是影响高寒山区乡村教师职业发展力的主要因素。职称是教师专业水平的体现,决定着教师工资待遇水平,能够为教师提供持续的职业发展动力,是教师在职业发展力维度中最为关切的问题。职业成就感虽然对职业发展力影响较大,但其均值较低。通过数据分析发现,仅有13.7%的乡村教师认为目前从事的乡村教育工作非常有价值;22.1%的教师认为乡村教师这一职业能够实现自身的人生价值,表明高寒山区大部分乡村教师的职业成就感低,亟待提高。培训进修是加强乡村教师培训和提升乡村教育质量、促进城乡义务教育师资均衡发展的关键举措。对于高寒山区的乡村教师而言,在教学资源和信息设备不完善的现实情况下,培训进修是实现知识交流与更新,提高自身专业素养的重要方式。职业地位是乡村教师积极投身教育工作的重要支持力量,乡村教师作为乡村社会的知识分子,渴望能够充分发挥自身在乡村建设中的"知识人"作用,渴望自身的教育工作能够得到学生、家长和乡村社会的认可,从而自然而然地建立并巩固职业地位,更好地服务于乡村振兴和区域发展。最后,岗位编制是教师资格和权益的重要保障,当地岗位编制的标准化回归系数为0.196,成为高寒山区乡村教师职业发展力的一大影响因素。

二、山地坝区乡村教师职业吸引力的现实情状

云南省楚雄州地势西北高、东南低。楚雄州乡村地形主要为山地坝区,是拥有一定的经济和人口集聚能力,且发展条件独特的高原盆地区域。其经济发展条件相对较好,人流、物流疏散快,容易形成人口稠密区,从而确保山地坝区乡村学校数目、在校生人数和专业教师人数相对较多。山地坝区之间存在差异,其中离城镇距离较近的坝区乡村学校生源较好,师资力量也较为雄厚;而距离城镇较远的坝区乡村学校交通不便,人流、物流来往不畅,导致乡村教育的发展受到制约。本次调研采取分层随机抽样,根据地域特色,在离城镇不同距离的山地坝区分别选取了9所学校:SYS、MCC、QLC、GPC、GPZ、XQZ、PMZ、FTZ和QLZ。现场发放问卷350份,回收有效问卷331份,有效率为94.6%,调查对象详细分布情况见表4-11。

表4-11 云南省楚雄州调研对象的人口学信息分布表

变量	水平	百分比	变量	水平	百分比
性别	男	70.3%	任教学段	幼儿园	1.2%
	女	29.7%		小学	32.8%
民族	汉族	73.9%		初中	65.4%
	少数民族	26.1%		高中	0.0%

续表

变量	水平	百分比	变量	水平	百分比
婚姻状况	未婚	2.8%	任教学科	多学段	0.6%
	已婚	97.2%		语文	12.5%
户籍	城镇	52.5%		数学	14.7%
	农村	47.5%		英语	9.2%
年龄	30岁及以下	1.8%		多学科	40.4%
	31~40岁	23.6%		其他单一学科	23.2%
	41~50岁	61.6%	职称	中小学高级	34.7%
	51岁及以上	13.0%		中小学一级	25.2%
师范毕业	是	95.2%		中小学二级	38.3%
	否	4.8%		中小学三级	0.6%
学历	中专及以下	1.5%		未评级	1.2%
	大专	24.9%	任教年限	2年及以下	0.6%
	本科	73.6%		2~5年（包括5年）	0.6%
	硕士研究生	0.0%		5~10年（包括10年）	4.8%
	博士研究生	0.0%		10年以上	94.0%

山地坝区乡村教师职业吸引力均值为2.822，对各项影响因素进行分析，结果显示影响山地坝区乡村教师职业吸引力的因素中有8项均值等于或小于职业吸引力的均值。对山地坝区乡村教师职业吸引力与影响因素进行分析，结果表明各项影响因素均与职业吸引力呈显著正相关。

1. 山地坝区乡村教师职业保障力影响因素分析

对山地坝区乡村教师职业保障力的各项影响因素进行逐步多元回归分析，进入回归方程的显著变量一共4个，决定系数$R^2=1$，显著性均小于0.001，4个影响因素均可以列入方程，从而联合预测山地坝区乡村教师职业保障力

100%的变异量,如表4-12所示。山地坝区乡村教师职业保障力的标准化回归方程可以表示为:职业保障力=0.465×生活环境+0.392×福利补贴+0.244×工资待遇+0.208×职业动机。

表4-12 山地坝区乡村教师职业保障力影响因素分析

	影响因素	M	SD	决定系数 R^2	标准化回归系数	P	VIF
职业保障力 (M=3.103)	生活环境	2.927	0.529	1	0.465	0.000***	1.465
	福利补贴	3.478	0.574		0.392	0.000***	1.655
	工资待遇	3.019	0.626		0.244	0.000***	1.379
	职业动机	2.865	0.711		0.208	0.000***	1.393

注:*p<0.05,** p<0.01,*** p<0.001。

由上表可见,生活环境对山地坝区乡村教师职业保障力的影响最大。当地乡村教师生活环境较好,基本配备教师宿舍,甚至有些乡村学校会给教师分配公租房。排在第二的是福利补贴对山地坝区乡村教师职业保障力的影响。乡村教师相比同等职称的城镇教师具有额外的福利补贴,比如,乡村教师往往比城镇教师多出一千余元的乡镇津贴和生活补贴。排在第三的是工资待遇对山地坝区乡村教师职业保障力的影响。云南省楚雄州乡村教师月收入高于当地商品房每平方米的价格,新任教师月收入为五千元左右,职称高的教师月收入为八千元左右,教师对工资待遇较为满意。排在最后的是职业动机对山地坝区乡村教师职业保障力的影响。职业动机是择业者选择乡村教师职业的重要动力,许多乡村教师是源于自身对乡村教育的热爱而从事该职业,部分教师是迫于生活压力而选择,少数教师则是因为乡村教师的稳定性而选择。

2. 山地坝区乡村教师职业维持力影响因素分析

对山地坝区乡村教师职业维持力的各项影响因素进行逐步多元回归分析,进入回归方程的显著变量一共5个,决定系数R^2=1,显著性均小于0.001,5个影响因素均可以列入方程,从而可以联合预测山地坝区乡村教师职业吸引力100%的变异量,如表4-13所示。山地坝区乡村教师职业维持力的标准化回归方程可以表示为:职业维持力=0.432×工作强度+0.417×人际关系+0.266×工作环境+0.167×子女教育+0.184×留任意愿。

表4-13 山地坝区乡村教师职业维持力影响因素分析

	影响因素	M	SD	决定系数 R^2	标准化回归系数	P	VIF
职业维持力 (M=2.657)	工作强度	2.760	0.553	1	0.432	0.000***	1.414
	人际关系	2.770	0.534		0.417	0.000***	1.339
	工作环境	2.145	0.680		0.266	0.000***	1.404
	子女教育	2.687	0.854		0.167	0.000***	1.311
	留任意愿	2.787	0.795		0.184	0.000***	1.162

注:*$p<0.05$,** $p<0.01$,*** $p<0.001$。

对山地坝区乡村教师职业维持力影响最大的因素为工作强度,主要原因在于乡村学校的日常教学任务繁重。有教师表示,一周平均工作量为18节课,因为音乐、体育、美术教师较少,许多教师需要承担相关学科的教学工作。并且除课堂教学工作之外,还要管理学生食宿,充当生活教师的角色。同时,与教学工作无关的行政检查较多,教师需要时间去准备、填写或整理相关材料,加重了乡村教师的工作量。其次是人际关系因素的影响。云南省楚雄州多民族聚居,语言沟通是乡村学校师生交往的一大挑战。尤其是低年级学生的汉语基础较弱,致使部分乡村学校需要安排熟悉当地民族语言的教师对低年级进行"双语"教学。再次是工作环境因素的影响,乡村教师工作环境整体不错,教学设备、办公设备齐全。乡村教师大都有办公室和电脑,且乡村学校的网络畅通。此外,山地坝区乡村教师职业维持力较高寒山区而言,受教师子女教育因素的影响强度增大。乡村教师大都认为城镇中学的教育水平和教育条件相对更好,他们希望自己的子女可以进入城镇中学接受更为优质的教育。最后是留任意愿因素的影响,大部分乡村教师对自身职业较为满意,清晰自身肩负的责任与义务,愿意继续从事该职业。

3. 山地坝区乡村教师职业发展力影响因素分析

对山地坝区乡村教师职业发展力的各项影响因素进行逐步多元回归分析,如表4-14所示,进入回归方程的显著变量一共4个,决定系数$R^2=0.97$,显著性均小于0.001,4个影响因素均可以列入方程,从而联合预测山地坝区乡村教师职业吸引力97%的变异量。山地坝区乡村教师职业发展力的标准化回归方程可以表示为:职业发展力=0.428×职称评审+0.410×职业成就感+0.398×培训进修+0.311×职业地位。

表4-14 山地坝区乡村教师职业发展力影响因素分析

	影响因素	M	SD	决定系数R^2	标准化回归系数	P	VIF
职业发展力 (M=2.685)	职称评审	2.641	0.737	1	0.428	0.000***	1.236
	职业成就感	2.846	0.560		0.410	0.000***	1.201
	培训进修	2.668	0.701		0.398	0.000***	1.199
	职业地位	2.245	0.747		0.311	0.000***	1.136

注:*$p<0.05$,**$p<0.01$,***$p<0.001$。

由上表可知,一是关于山地坝区乡村教师的职业发展力,职称评审影响最大。乡村教师一级职称评审较为严格,规定了名额,其他级别的职称评审,如高级教师的评审则相对较为宽松,满足申报要求的乡村教师都可以申报职称。二是山地坝区超过半数的乡村教师职业成就感较高。他们认为乡村教师这一职业对推动乡村教育、促进自身发展具有重要意义。三是培训进修对山地坝区乡村教师职业发展力有正面影响。当地乡村教师培训体系较为完善,主要分为国家级、省市(州)级、县级层面的集中培训、校本培训和送教下乡,乡村教师接受培训的机会也较多。四是职业地位对山地坝区乡村教师职业发展力有正面影响。整体而言,乡村学校的学生、家长和社会较尊重教师,但也有少数家长将学生的学习问题归结为乡村教师的教育问题,弱化了乡村教师对自身职业地位及荣誉感的体验与认同。

三、城市郊区乡村教师职业吸引力的现实情状

贵州省贵阳市郊区的乡村教育受城市结构、人口分布等因素的影响较大，其发展具有明显的复杂性。花溪区和清镇市都是贵阳市面积较大的下辖区（市），其中花溪区位于贵阳市南部，属于典型的多民族聚居"城郊型农业区"；清镇市位于黔中腹地，共有少数民族人口16.59万，有汉族、苗族、布依族、彝族、仡佬族等民族。本次调研选取城市近郊的6所乡村学校：YLZ、QYG、QTZ、GPZ、WZX和MGM。发放问卷300份，回收有效问卷284份，有效率为94.7%，调查对象详细分布情况见表4-15。

表4-15 贵州省贵阳市城市郊区调研对象的人口学信息分布表

变量	水平	百分比	变量	水平	百分比
性别	男	49.1%	任教学段	幼儿园	0.4%
	女	50.9%		小学	55.8%
民族	汉族	65.9%		初中	34.6%
	少数民族	34.1%		高中	7.8%
婚姻状况	未婚	3.2%		多学段	1.4%
	已婚	96.8%	任教学科	语文	35.9%
户籍	城镇	70.5%		数学	25.9%
	农村	29.5%		英语	10.7%
年龄	30岁及以下	7.0%	任教学科	多学科	8.1%
	31~40岁	45.4%		其他单一学科	19.4%
	41~50岁	42.5%	职称	中小学高级	30.7%
	51岁及以上	5.1%		中小学一级	49.4%
师范毕业	是	93.3%		中小学二级	19.5%
	否	6.7%		中小学三级	0.4%
学历	中专及以下	1.8%		未评级	0.0%
	大专	14.7%	任教年限	2年及以下	0.4%
	本科	81.0%		2~5年（包括5年）	4.5%
	硕士研究生	2.5%		5~10年（包括10年）	14.6%
	博士研究生	0.0%		10年以上	80.5%

城市郊区乡村教师职业吸引力的均值为2.453,对各项影响因素进行分析,结果显示影响该区域乡村教师职业吸引力的因素中,有5项均值等于或小于职业吸引力。对城市郊区乡村教师职业吸引力与影响因素分析,结果显示各项影响因素均与职业吸引力呈显著正相关。

1. 城市郊区乡村教师职业保障力影响因素分析

对城市郊区乡村教师职业保障力的各项影响因素进行逐步多元回归分析,如表4-16所示,进入回归方程的显著变量一共4个,决定系数R^2=1,显著性均小于0.001,4个影响因素均可以列入方程,从而联合预测城市郊区乡村教师职业吸引力100%的变异量。城市郊区乡村教师职业保障力的标准化回归方程可表示为:职业保障力=0.479×生活环境+0.370×福利补贴+0.213×工资待遇+0.192×职业动机。

表4-16 城市郊区乡村教师职业保障力影响因素分析

	影响因素	M	SD	决定系数R^2	标准化回归系数	P	VIF
职业保障力（M=2.581）	生活环境	2.604	0.656	1	0.479	0.000***	1.719
	福利补贴	2.664	0.652		0.370	0.000***	1.868
	工资待遇	2.373	0.656		0.213	0.000***	1.508
	职业动机	2.596	0.788		0.192	0.000***	1.453

注:*p<0.05,**p<0.01,***p<0.001。

在职业保障力维度下,生活环境对于城市郊区的乡村教师仍然是影响强度最大的因素。根据问卷调查和实地走访,一方面,多所乡村学校虽然离城镇直线距离较近,但实则位于山坡或山谷,需要长时间乘车才能到达,生活条件与城镇相比存在较大差距;另一方面,多数乡村教师在县城安家,每天往返于乡村学校和县城住所之间,长期的"走教"状态致使乡村教师疲于奔波。福利补贴因素的影响强度次于生活环境。城市郊区的乡村教师表示,虽然有乡镇津贴,但较少有与乡村教师切身相关的补贴政策,不少乡村教师因往返于居住地和工作地,产生了数额较大的交通费,希望得到交通补贴。就工资待遇而言,乡村教师的工资随着教龄增加而上涨,并且部分乡村教师认为跟过去相比工资已有大幅提升,工资待遇对乡村教师的吸引力相较于福利补贴稍弱。在职业动机方面,部分教师是在毕业后通过招考或者定向分配而在乡村学校任教,也有许多乡村教师因理想与热爱选择了这份职业,因而职业动机会影响乡村教师职业保障力,但作用有限。

2. 城市郊区乡村教师职业维持力影响因素分析

对城市郊区乡村教师职业维持力的各项影响因素进行逐步多元回归分析,如表4-17所示,进入回归方程的显著变量一共5个,决定系数$R^2=1$,显著性均小于0.001,5个影响因素均可以列入方程,从而联合预测城市郊区乡村教师职业维持力100%的变异量。城市郊区乡村教师职业维持力的标准化回归方程可表示为:职业维持力=0.425×人际关系+0.416×工作强度+0.202×工作环境+0.172×留任意愿+0.147×子女教育。

表4-17 城市郊区乡村教师职业维持力影响因素分析

	影响因素	M	SD	决定系数R^2	标准化回归系数	P	VIF
职业维持力 (M=2.381)	人际关系	2.456	0.591	1	0.425	0.000***	1.850
	工作强度	2.473	0.579		0.416	0.000***	1.530
	工作环境	1.870	0.561		0.202	0.000***	1.253
	留任意愿	2.788	0.958		0.172	0.000***	1.331
	子女教育	2.328	0.818		0.147	0.000***	1.574

注:*p<0.05,**p<0.01,***p<0.001。

人际关系作为乡村教师职业维持力中影响强度最大的因素,表现在乡村教师与学生及其家长的沟通交流方面,有37.4%的城市郊区乡村教师认为民族文化对双方交流造成了较大阻碍,有35.1%的城市郊区乡村教师认为民族语言对双方交流造成了较大阻碍,有乡村教师表示一些民族学生甚至不能听懂普通话。此外,由于许多乡村学生的父母外出务工,学生主要由祖辈隔代照料,而祖辈大多只会说当地民族语言,乡村教师与他们的沟通也不太顺畅。工作强度因素与人际关系因素影响强度接近,主要原因在于乡村教师除了完成每周18~20节课的教学任务之外,还要承担较多其他事务性工作,例如晚自习无偿加班、乡村贫困家庭和留守儿童慰问等。同时,由于基础教育课程改革和教材的更新,乡村教师也遇到了"如何用好新教材"等挑战。在工作环境方面,近年来中央政府和地方政府持续加大乡村学校基础设施建设力度,乡村教师所需的教学设施配备齐全。此外,关于留任意愿与子女教育,部分乡村教师缘于浓厚的教育情怀而选择留任,然而也有部分乡村教师因家庭原因(如照顾父母、子女教育等)而想到城镇另谋工作。

3. 城市郊区乡村教师职业发展力影响因素分析

对城市郊区乡村教师职业发展力的各项影响因素进行逐步多元回归分析,如表4-18所示,进入回归方程的显著变量一共4个,决定系数 $R^2=0.977$,显著性均小于0.001,4个影响因素均可以列入方程,从而联合预测城市郊区乡村教师职业吸引力97.7%的变异量。城市郊区乡村教师职业发展力的标准化回归方程可表示为:职业发展力=0.409×职称评审+0.332×职业成就感+0.313×培训进修+0.274×职业地位。

表4-18 城市郊区乡村教师职业发展力影响因素分析

	影响因素	M	SD	决定系数 R^2	标准化回归系数	P	VIF
职业发展力 (M=2.386)	职称评审	2.595	0.677	0.977	0.409	0.000***	1.454
	职业成就感	2.155	0.725		0.332	0.000***	1.354
	培训进修	2.071	0.688		0.313	0.000***	1.554
	职业地位	2.678	0.788		0.274	0.000***	1.372

注:*$p<0.05$,**$p<0.01$,***$p<0.001$。

职称评审作为乡村教师职业发展力中的关键因素,对城市郊区乡村教师的影响亦是如此。当地多数乡村教师认为评审条件有失公平,比如,有乡村教师表示学校本身位于乡村,但由于离城市较近,乡村教师的讲课、说课比赛等通常会与城市学校教师共同评比，能够获奖的概率较小，而职称评审的条件之一便是必须获得教学奖项，长此以往，也使得乡村教师参与教学比赛的积极性降低。为此，必要的职称评审机制改革能够有效提升乡村教师职业发展力。职业成就感影响教师是否愿意在专业素养领域不断学习和突破。根据调查结果，当地有63.7%的乡村教师将获得职业成就感作为选择乡村教师职业的标准之一，并且多数教师在本职岗位上获得了职业成就感。同时，乡村教师也通过培训进修持续提高专业水平，有84.5%的乡村教师认为培训进修对教学工作有较大帮助。在职业地位方面，超过半数的乡村教师认为应该获得更高的职业地位，但现实情况与乡村教师的预期并不相符，影响了乡村教师职业发展力的提升。

综上，高寒山区、山地坝区和城市郊区乡村教师职业吸引力受各种因素影响，也有特性。影响较大的因素有生活环境、福利补贴、工作强度、人际关系、职称评审和职业成就感等。若要有效提升乡村教师职业吸引力，需要基于上述多个因素，结合调研材料进行更为全面的深度剖析，系统梳理并准确掌握乡村教师职业吸引力存在的主要问题，挖掘背后的深层原因，从而更有针对性地构建相应的提升机制。

第五章 乡村教师职业吸引力的问题表征

党和政府高度重视乡村教育事业,颁布了一系列促进乡村教育发展的政策,并落实了系列举措,乡村教师职业吸引力获得很大提升。自《乡村教师支持计划(2015—2020年)》颁行以来,越来越多的教师积极投身乡村教育事业,日益完善的政策体系和日臻成熟的教师教育体系确保乡村教师队伍规模日益扩大、结构日趋合理、专业素养不断提高以及地位待遇显著提升。但受制于多方面因素,乡村教师职业吸引力仍然存在职业保障力不足,贤才难招;职业维持力薄弱,人才难留;职业发展力欠缺,英才难育等挑战[1]。本章结合调查研究掌握的现实样态,从生活环境、工资待遇、福利补贴、工作强度、人际关系、职业前景、职后培训和职业成就感等方面剖析乡村教师职业吸引力存在的主要问题。

第一节 贤才难招:乡村教师职业保障力不足

调研数据显示,乡村教师职业保障力对职业吸引力影响强度大、路径广,多数乡村教师在访谈中也认为生活环境、工资待遇、福利补贴等方面对人才引进的影响较大。通过调研发现,西南民族地区乡村教师职业保障力存在明显不足,偏远艰苦的乡村生活环境、较低的工资待遇和福利补贴,以及相对落后的住宿与医疗条件既影响现任乡村教师继续从教,也使得乡村学校难以招到优秀教师。

一、偏远艰苦的生活环境

西南民族地区的大部分乡村学校位于条件相对艰苦的"老边穷"区域,虽

---

[1] 赵鑫.民族地区乡村教师职业吸引力提升的理念与路径[J].教育研究,2019(1):131-140.

然在国家精准扶贫政策和乡村振兴战略的大力支持下,这些地区的乡村经济发展速度逐步加快,乡村道路、供水供电等基础设施逐渐改善,乡村教师的生活环境质量得到了显著提升。但与全国其他地区相比,西南民族地区的乡村社会发展仍然较为滞后,由于乡村学校多位于地势崎岖、地形复杂、位置偏僻之处,学校附近的交通较为落后,住宿也较为艰苦,给乡村教师的日常生活带来较大难题,这主要表现在物价、住宿和交通等三个方面。

1. 生活物价水平偏高

物价水平的高低直接影响着乡村教师的衣食住行,关系着乡村教师的生活水平和质量。西南民族地区乡村社会经济发展整体水平偏低,物价水平则较高。许多乡村教师反映工资涨幅跟不上物价上涨速度,经济负担较为沉重。

第一,日常生活成本高于市区。西南民族地区许多乡村的生活物资与城镇相比较为紧缺,多种水果蔬菜、生活用品等都需要外地供给,但因地处偏远,交通不便,导致当地物价水平高于城镇。SC-LS-BDX-S1-JS说:"乡里的物价高,甚至比市里面的物价都要高。猪肉比较贵的时候有20元一斤,白菜2~3元一斤,茄子、番茄5元一斤。因为是山地,蔬菜比较缺,都是从市里运过来。平时我们想吃小米辣的话,有时候会涨到18元一斤,我都觉得挺不可思议的。水果最贵的是葡萄,19元一斤。外地出产的水果就比较贵,即使本地出产的水果,有的也是7~8元一斤。"(注:2020年价格。)除了水果蔬菜外,生活用品、服装等都要比附近的城镇贵不少,甚至要在其原价上翻倍。SC-LS-LGZ-T-JS表示:"日常买一提卫生纸都是38元或者40元,一般在市里卖500元的衣服,在我们这儿都要卖1000元;在市里卖800元,在这儿就要卖1500元。"GZ-GY-YLZ-W-JS通过对比十几年前的物价,说明当地物价飞涨的程度,"物价涨得快,举个例子:2001年、2002年,我们50元要提多少油呢?买五六斤、七八斤油,现在100块钱都买不到这么多东西。原来50元钱可以买一只鸡,现在要100多元钱才能买一只鸡。像大米、猪肉,我们这儿一斤都要比城区贵两元钱左右。从这些方面来看,虽然我们离城区较远,但是消费水平并不比城区低,有时候反而还要高一些。"为了省钱,大多数乡村教师会尽量减少在当地市场上购买生活用品,而选择从家里自带。SC-LS-BDX-S1-JS表示:"我们现在都是教师自己搭伙煮饭,如果都要去买的话,我们这些新老师工资根本不够用,更别说存点钱了。"

第二,家校往返交通成本较高。大多数乡村教师因学校住宿设施不完善或照顾家庭等原因,每天需要多次往返于学校和家庭,不仅耗费大量的时间和精力,而且需要承担额外的交通开销。从访谈中了解到,如果乡村教师自己开车上下班,每个月在交通上的花费大概是400~700元。这对于收入不高的乡村教师而言,是一笔相当大的开销。虽然相比于城市教师,乡村教师有一定的额外补贴,但仍然不足以吸引新任教师到乡村从教,也不利于现任乡村教师留任。YN-MD-PMZ-M-JS说道:"这里到县城大约25千米,来回50千米左右,油费每千米7~8角,来回一趟40块钱左右,回家一趟大概30分钟(单程)。我觉得需要为老师提供车补,每个星期往返学校和家里,加上每个星期临时学校派出去办事一次,但学校里没有公车(只能开自己的车)。我们要求不高,每个月提供车补400元左右比较合理。"

第三,网络购物运输费用偏高。随着信息技术的快速发展,乡村教师可以通过网购平台购买物美价廉的生活用品,但山区复杂的地势为物流配送带来了较大不便,导致运送费相对偏高。在与SC-LS-TPX-J2-JS交流过程中,我们详细了解了这一情况。"有时我也在网上购物,因为品质好点的东西在县城的实体店比较贵。快递只能寄到县城,通常我就请县城里的亲戚朋友代领,等回家的时候再抽空到他们那里去取。而且取快递每次都是需要补快递费的,小件的快递需要补3元运费,大件的补5~10元快递费不等。虽然商家是包邮的,但是运到我们山区里面还是很麻烦,要花费更多的油费、人工等,所以就要加钱。"

2. 教师住宿条件艰苦

由于西南民族地区的许多乡村学校地理位置偏僻,新入职或者未购房的乡村教师只能住在学校宿舍,但乡村学校的教师宿舍条件通常较为艰苦。调查显示,有55.6%的乡村教师认为目前的住宿条件一般或不好。欠佳的住宿条件直接影响了乡村教师工作积极性和生活幸福感。

其一,乡村教师宿舍紧缺。调查发现,部分乡村学校存在多位教师共住一间房的情况。SC-LS-DPZ-W1-JS表示所在乡村学校的教师宿舍数量不足,"一开始教师人数少,大家都能一人一间住下。现在尽管学校也会分宿舍给新老师住,但只能三四个人共住一个宿舍。"GZ-GY-WZX-Y-XZ则表示由于宿舍数量不足,部分乡村教师甚至会住在学校多余的教室里,"教学点的教师没有住房,要么回自己家,要么在附近租房住。以前有多余的教室,教师可以住教室。有些老师家里有了小孩,就只能在外面租房住。学校(宿舍)只有一室一厅,很窄小。"

其二,乡村教师住宿配套设施不齐全。YN-MD-PMZ-Z-JS表示所在的乡村学校"虽然住宿都是两个人一间,但是非常简陋。"YN-MD-GPZ-Z-JS则谈道:"学校宿舍没有厨房和卫生间,非常不方便。"除此之外,乡村地区,特别是高寒山区的教师还面临着非常严重的宿舍缺水、停电等问题。乡村学校的水资源主要借助发电机从一千多米下的河谷地区引抽,一旦停电就会停水,而且抽取的水源只能基本保证学校师生的日常饮水。因水资源短缺,乡村教师不得不降低洗漱和清洁的频率,洗脸、洗头、洗澡等成为"奢侈品"。SC-LS-TPX-J2-JS诉说了所在乡村学校的缺水窘境,"我们学校存在一个很大的问题就是缺水。最近已经停了好几天水了,平时只供应做饭的水,想洗澡洗脸非常不方便。而像我们这些年轻的女孩子,对个人卫生方面还是比较在意的。洗澡的话,这里气温不高,可以坚持一下,周末回家洗澡。买一些湿巾纸备着,如果停水就用湿巾纸擦一下脸,也能够勉强应付过去。但是洗头真的是让我很苦恼的一件事。你既不能等上一周再洗,也不能用湿巾纸擦。刷牙也是一样,真的太难受了。我现在真的是觉得水太重要了,一滴水都不能浪费。没有水,生活一点都不方便。"SC-LS-CJX-Z2-JS也指出乡村学校住宿用水用电的条件欠佳,"学校提供宿舍,但是老师多了,房子不够住。而且也特别缺水,最近已经停了好几天水,只供应做饭的水。电稍微好点,偶尔会停电。"SC-LS-WKX-L5-JS补充道:"目前学校只能保证基本的用水,每一间教师宿舍里面都没有通水。需要用水,只能去一楼提水到宿舍用。"

3. 乡村学校交通不便

在国家的大力扶持下,乡村地区的交通相比以前已有较大改善,但是乡村学校附近的交通仍然不便利。

一是乡村学校的地理位置较偏,交通不便。尤其是高寒山区的乡村学校,冬季气候条件恶劣。地处1600米左右海拔地区的乡村学校,冬天十分寒冷且伴有雨雪。而更高海拔地区的乡村学校,冬天更为寒冷和漫长,每年寒冷天气会持续4~5个月,有时气温会降到零下,恶劣的气候条件给该地区乡村教师的交通出行带来了较大困扰。以海拔2000米以上的BDX为例,该校位于通往四川省凉山州西昌市区的主要交通干线旁,距离县城不到一个小时的车程,到西昌市区开车也只需三个小时左右。但冬季雨雪天气较多,导致路面长期湿滑甚至结冰,严重影响交通出行安全。正如该校校长SC-LS-BDX-K-XZ所言:"冬天一下了雪,我们学校外路面都会结冰,那个时候路就不好走。"此外,据教师们反映,即使在雨雪天气较少的夏季,受到河谷涨水影响,交通出行也依旧是个难题,因为"夏天,河谷地区会涨水,那些靠近河流的公路可能会被淹、被冲毁,也会带来交通问题。"(SC-LS-BDX-K-XZ)

二是缺少交通工具,导致出行不便。西南民族地区乡村学校的交通条件与之前相比已有较大改善,SC-LS-TDB-L1-JS表示:"以前主要是摩托车,每个老师都有,去年开始已经有公交车了,现在方便得多。"并且部分乡村教师已经购置了私家车。但对于没有私家车的乡村教师来说,出行交通工具仍然较为单一,大部分教师只能乘坐公交车。对此,SC-LS-YDX-L-JS表示:"因为交通原因,我都不常进城,生活日用品等都是从家里带到学校的。"SC-LS-YDX-L-JS谈道:"学校附近的交通不太便利,一般出行坐大巴,每天定时发车。有些老师有车,要买东西的话,他们周末回(家)去,自己带到学校。"YN-MD-MCC-Z-JS工作日通常住在学校,周末回到市区的家中,"回家一般坐汽车,有客车到学校这边,每天定时的,不是很方便,往返车费差不多100块钱。"GZ-GY-YLZ-F-JS家住在贵州省贵阳市花溪区,她表示:"这里有一条到花溪的小中巴公交线路,周末回家勉强可以坐,但肯定不如自己开车方便。"可见,形式单一且班次较少的公交车难以满足乡村教师的出行需求。GZ-GY-QTZ-H2-JS 诉说道:"我们没有校车,只有自己(想办法)来上班,中巴车时间不准,不敢坐,坐了有时候会迟到。"因此,很多乡村教师在周末回家或出行时会选择和同事一起打车,分摊交通费用。YN-MD-FTZ-W2-JS 谈道:"平时回家是跟顺路的同事一起打车,AA 制,因为公交车对我们来说很不方便。"GZ-GY-MGM-X-JS 补充道:"我周末、节假日回家,家在(贵州)清镇,来回都要一个多小时。学校没有校车,平时都是和学校里其他同事一起拼车。"部分乡村教师则表示回家以及去县城经常搭同事的便车,GZ-GY-GPZ-Z-JS 表示:"我不会开车,基本上都蹭同事的车,搭便车。"

二、难尽人意的工资福利

经济收入偏低是乡村教师职业吸引力存在的主要问题之一。为提高乡村教师的经济待遇,中央和地方政府近年来颁行了一系列保障政策,这些政策的实施在一定程度上缩小了乡村教师和城市教师的收入差距。但是,从实际工资收入和福利待遇来看,乡村教师对自身工资待遇和福利补贴的满意度并不高。

1. 工资待遇整体水平不高

工资待遇是影响乡村教师工作动机的最基本因素。由于不同区域之间的发展差异,乡村教师工资待遇的水平差距较大,比如,调研发现,云南省民族地区乡村教师的工资待遇普遍高于四川省和贵州省民族地区的乡村教师。总体而言,乡村教师对工资待遇仍然不满意,主要源于同当地公务员、城市教师以及乡村教师内部之间工资待遇的比对。

一是乡村教师年总收入低于当地公务员。调研数据显示,57.9%的乡村教师表示自己的年总收入低于当地公务员。虽然西南民族地区大部分乡村教师月工资单上的基本工资要比当地公务员高出一两百元,但在工资绩效、年终考核奖励和福利补贴等方面却明显低于当地公务员。在四川省凉山州高寒山区的乡村学校调查发现，在福利补贴方面，当地公务员比乡村教师每月多580元车补和8000元年终考核奖，二者在年总收入上的差距达到14000元左右。SC-LS-YDX-C-XZ表示："学校老师实实在在拿到手上的工资每个月有3500元左右，但是当地公务员在4500元左右。"乡村教师与同等级的公务员在工资待遇的差距较为明显，更有乡村教师表示辛苦工作一年的总收入低于当地公务员的年终考核奖。在山地坝区走访时发现，同级别的公务员每月工资收入会比乡村教师高出两三千元。

二是乡村教师与城镇教师的工资差距较小，难以有效弥补乡村教师更多的付出。在调查中了解到，西南民族地区乡村教师与城镇教师每月的基本工资差不多，收入差距主要体现在乡村教师有生活补贴、乡镇补贴或高寒补贴等，且不同地区的补贴金额各不相同，大概在400元到2000元之间不等。虽然近年来国家政策在规定工资待遇方面向乡村教师倾斜，且乡村教师的工资待遇已不低于城镇教师，但反而由于城乡教师之间的工资待遇差距较小，乡村学校的工作和生活条件更加艰苦，不能有效吸引更多青年教师、优秀教师到乡村学校任教。反之，若有机会，许多现任乡村教师更希望调往城镇学校工作。

三是不同教龄乡村教师的工资差距甚微。由于新老乡村教师的工资梯度差异不大，资历较高的乡村教师基本工资也不高，许多从教多年的年长教师对此不满，难以增强乡村教师长期任教的动力。SC-LS-WKX-L5-JS表示："我（在乡村学校）工作了二十年，现在每个月到手的工资也只有3400元。"YN-MD-GPZ-W-JS表示，除了绩效以外，乡村教师的教龄工资也应该有所提高，"2014年之后，乡村教师工资做了调整，但是跟公务员相比，还是有一定的差距，特别是需要提高教龄工资。我们这些工作了二十多年、三十多年的教师，每年的教龄工资就只有十几块，每增加一年，教龄工资只增加十几块，需要逐年增加。现在的教龄工资梯度不明显，就只有三年、五年、七年、十年有较为明显的梯度，教龄工资太低了。"

2.福利补贴倾斜力度不足

尽管乡村教师的生活补助随着政策变化有一定的增长,但是总体情况依旧不容乐观,调查中有43.6%的乡村教师对自身的福利补贴感到不满意。乡村教师现有的福利补贴只能基本满足日常开销,并没有起到明显的激励作用,现任乡村教师留不住、青年教师和优秀教师不愿意来的现状并未得到有效改善。调研结果显示,西南民族地区乡村教师普遍反映相关政策的倾斜力度小,补助项目少,且金额偏少。

第一,同一区县内学校条件不同的乡村教师在福利补贴梯度上区分不明显。SC-LS-MYZ-E-XZ表示现有的福利补贴只有"乡村教师津贴每月450元,高寒津贴每月400元。"GZ-GY-MGM-C-JS表示:"我们多一点的就是偏远地区补助,其他福利没有。"YN-MD-MCC-H-JS强调,"给人感觉就是没什么福利待遇。前段时间中秋节,其他单位就发了300元,我们学校什么都没有,节假日福利基本没有,2013年到现在基本没有任何额外的福利。"同时,乡村教师福利补贴发放标准的合理性有待完善,有部分海拔相对较高、符合补贴评定标准的乡村学校就未能得到相应的高寒补贴。以四川省凉山州为例,在海拔高于2000米的乡村学校,教师们能够得到600元左右的高寒补贴。而在平均海拔1200~1800米的乡村学校,即使工作条件和生活环境都非常符合高寒地区补贴的条件,也无法获得相应的高寒补贴。SC-LS-TPX-J3-JS表示:"虽然(海拔)已经超过了1500米,属于高寒补贴覆盖海拔范围,但是我们都没有高寒补贴。因为高寒补贴的海拔是按照乡政府所在的位置来衡量的,而我们的乡政府所在地的海拔低于1500米。我觉得这样的测量方式不合理。高寒补贴本来就是针对地处高海拔寒冷地区教师的一种生活补助,其海拔测量应该以学校所处位置为准。"低海拔地区乡村学校的教师也认为高寒补贴应该因地因校设置评定标准。SC-LS-DPZ-W1-JS提出以海拔来定高寒补贴,不符合许多乡村学校的实际情况。"因为有的地方虽然海拔高,但是工作和生活环境很好。有的县城所在地海拔比较高,像我们附近的昭觉县,他们那里的教师都享受了高寒补贴。"

第二,乡村教师福利补贴与公务员相比没有明显优势。在"我认为乡村教师的基本福利待遇不够完备,需要进一步完善"中,有超过70.7%的乡村教师选择了"非常符合"和"比较符合"。大部分乡村教师表示,在福利补贴方面与当地公务员的明显差距在于车补。SC-LS-TDB-L1-JS认为为乡村教师提供交通补贴很有必要,"因为很多地方没有通(公交)车,需要教师自己开车或打车,这方面费用就很高。像我那个同事,还是上的大周(读十天放四天),一个月要来回三次,从乡下到镇上要100块钱,再从镇上回县城,加上路途中吃饭也要100块钱,单边就是200块钱,一个月来回三趟就是1200块钱。交通补贴还是应该按路程来给老师补助。"YN-MD-PMZ-Z-JS表示学校安排出差都是使用教师自己的车,非常需要车补,"对福利待遇还是不怎么满意,应该增加乡村教师的福利待遇。平时出差,都是用自己的车。每个月车补不低于500元比较合适。"YN-MD-MCC-H-JS认为目前乡村教师与当地公务员的差距就在于车补,"工资的话差不多吧,我们现在的收入比公务员低,因为公务员是有车补,我们几乎都没有。现在公务员每个月的收入超过我们800~1000块钱。老师的工作看着是那么几节课,但压力是真的比公务员大。我们有三个读师专的同学改行当公务员了,他们都说公务员比较轻松。"除了车补之外,有教师表示在获得购买住房名额方面与公务员也有差异。YN-MD-PMZ-Z-JS表示想要购买集资房,但名额较少。"现在以老师的工资来说,买房要积攒好多年。县城有修集资房,但没有老师的名额,公务员有资格,城里的高中老师可能有集资房,但我们这些乡村老师根本就不可能享受到这个待遇。"

三、保障偏低的住房医疗

西南民族地区乡村的社会生活环境相对艰苦,稳定的住房和医疗保障是提高乡村教师职业吸引力的关键要素。调查结果显示,多数乡村教师认为目前的住房和医疗保障水平无法完全满足生活需求。住房保障上表现为多数乡村教师无法享受住房补贴或公租房等优惠住房政策;医疗保障上表现为医疗水平较低,缺乏针对性的医疗支持。

1. 缺少优惠性住房政策

调查发现,西南民族地区乡村教师的住房类型可以分为自建房屋、自购房屋、租房、学校分配住房以及学校宿舍等五类。有45.2%的乡村教师表示当地政府和乡村学校没有提供针对乡村教师的购房优惠,乡村教师基本是住在学校宿舍或是住在城镇中的自购房屋。具体而言,大多数乡村教师在工作日住在学校集体宿舍或学校附近的村镇租房,在节假日才回父母家或者是自己在城镇中购买的住房。YN-MD-GPZ-Z-JS说道:"在住宿方面,除了住房公积金,政府没有为我们提供住房福利。"GZ-GY-QTZ-L-JS也提到学校没有住房福利,"我们教学楼对面是寝室,但非常简陋,只能为老师们提供中午休息的地方,晚上还是要回家住。"同校的GZ-GY-QTZ-H1-JS表示没有专门的乡村教师优惠买房政策,"我们没什么福利房、经济适用房,只能自己去买那些商品房。政府没有什么福利待遇,优惠的买房政策都没有。"而SC-LS-WKX-J-JS表示只能租房,"学校无法提供充足的宿舍,教师和学生只能自己在镇上租房居住。教师一般在租房上每月需要花费好几百元,是一笔不小的开销。"各地的房价和租房费用也不相同,SC-LS-DPZ-W1-JS表示因为没有住房补贴等优惠而感到焦虑,"以前我们就是住在学校的教师宿舍里,但是后面通知不能住了,我们就只能在镇上租房子住。住房现状非常困难,到外面去买房子,一个是不方便,另一个是买不起。现在镇上的房价是2000元左右,跟县上一样。学校的周转房基本安排完了,新老师基本住不到周转房,都是到街上去租房子,租房子每个月500~600元都是老师自己承担。有些老师本来想要买房,但是因为贷款压力大等原因,也一直没有购买。我希望(政府)能够提供集资房,或者是提供一些购房优惠。"YN-MD-SYS-J-XZ所在的乡村学校是寄宿制学校,教师在值班时就住在学生宿舍里,"我们教师没有配套的房子,教师要照顾这些(住宿)学生,都是跟学生住在一块。我们没有专门分给教师的房子,是由政府盖了两栋公租房,学校要去跟城建局租,租金是一个月250元。学校现在虽然有了寄宿学生,也有周转房。但我们学校处于县城周边,是县城规划区,费用是跟着县城走。套间有一个厨房、一个卫生间、两个小卧室,只有使用权,没有产权。

所以很多教师(为了省钱)就不去住,住在学生宿舍,因为住在学生宿舍不要钱。"

2. 缺乏针对性医疗保障

医疗保障水平间接影响着乡村教师的工作效率和工作积极性。西南民族地区乡村的医疗水平普遍偏低,仅有32%的乡村教师认为学校所在乡村的医疗条件较好,政府和乡村学校也没有为乡村教师提供针对性的医疗保障。访谈发现,大部分教师反映当地的乡村卫生院医疗条件不好,只能购买一些基础药品,其他情况只能选择去县城或者市里的医院就医。SC-LS-YDX-L-JS说:"乡卫生院的医疗条件很一般,生病的话主要是去(距离较远的)DC县城,并不会去(距离较近的)JY县城。因为这边医疗条件也比较差,治疗效果不好。"SC-LS-DPZ-L-JS也表示当地的医疗设施非常有限,"乡村卫生院的医疗条件不好,就医不方便,只能开一些基本的药。县城的医疗条件也不是很好,一般有大病都是到市里去看病。"SC-LS-BDX-B-JS甚至表示因为医疗条件不好而不敢生病,"不敢生病,因为医疗条件不好。"而SC-LS-BDX-L-JS说道:"小病自己扛,不能扛就去县城。"GZ-GY-YLZ-W-JS的健康状况本就不好,患有高血压、高血脂、高血糖等疾病,在必要时会前往县级或市级医院进行检查,"这附近卫生所的医疗条件比较差,甚至有时候药都无法配齐,根本不能满足需求。所以我一般都在节假日去县里或者市里的医院检查,很少在附近的卫生所看病。去市里检查过后若需要住院就会住,不需要就直接回来。"

在医疗费用方面,通过调查了解到乡村教师的"五险一金"中都包含了医疗保险,但并没有专门针对乡村教师的医疗保障。YN-MD-PMZ-M-JS表示:"门诊一般是不报销的,只有住院才报销,报销比例在65%到75%。城镇和农村的医疗保险都是一样的,但是没有专门针对农村教师的医疗保障。生病的时候,我们小病一般在学校附近的卫生院看,但对乡镇卫生院不放心,因为卫生院的医疗条件不行。医生的医疗水平达不到,器械和药品也不齐全,只能看日常感冒等小病,无非拿点药、输点液。有点严重的疾病都到县医院去看,我们(小病)一般都会去县级医院和私人诊所,大病都是到县级以上医院看,(县级以上医院)条件相对好一些,动手术的话,我相信99%的教师都会选择去州(市)级以上医院。"可见,针对性地加强医疗保障,是有必要纳入乡村教师职业吸引力提升机制的重要举措。

第二节 人才难留:乡村教师职业维持力薄弱

通过影响路径可知,西南民族地区乡村教师职业保障力对职业吸引力的影响效应最大,其次是职业维持力。职业维持力涉及的工作环境、工作强度、人际关系、子女教育和留任意愿等因素,是影响教师留任乡村学校的重要因素。通过调研发现,乡村学校的教学设施在经过义务教育学校标准化建设之后有了较大改善,乡村教师对办公条件较为满意,只有少数偏远地区的乡村学校办公条件还有待进一步改进。工作强度、人际关系和子女教育方面的问题是导致乡村教师流失严重的主要原因,尤其是在教学点工作的乡村教师,直接影响了乡村教师的留任意愿和职业吸引力的有效提升。

一、超负荷的工作时长和任务

因为教书育人是教师的主业,所以教师应当把更多精力放在主业上。但乡村教师的教学任务重、工作时间长,在教学工作之余常被学校行政事务缠身,每天需要处理的行政任务较多,严重影响了其日常教学工作的积极性和有效性。调查显示,超负荷工作是西南民族地区乡村教师的常态,也是导致乡村教师职业吸引力偏低的重要原因。

1. 工作时长远超规定时限

《国务院关于职工工作时间的规定》中明确规定,职工每日工作8小时,每周工作40小时。但是，目前西南民族地区的大多数乡村教师需要跨科目、跨年级任教，每周课时数普遍为18~20节。除了正常的教学工作，乡村教师还要负责记录学生（特别是留守儿童）的学习情况，整理表册等各种资料，以及承担寄宿学生的监护管理工作，节假日需要开展脱贫生家访、控辍保学和教育防贫阻贫等工作，导致乡村教师的工作时间远超规定时间。

一方面，西南民族地区乡村学校多为寄宿制，但是很多学校因为经费所限，并没有聘请专门的生活教师。乡村教师除了要承担教学工作之外，还要花费很多额外的休息时间和精力兼任生活教师，致使工作时间被延长。从GZ-GY-WZX-J-JS所在乡村学校的作息时间表中，我们发现，虽然学校规定7点30分上班，但乡村教师实际上每天到校的时间集中在7点，比学校规定时间提前了半个小时；中午由于当地开展"乐童计划"[①]，乡村教师需要照料任教班级的学生，也没有时间休息；下午正常下班时间为17点。根据乡村学校的这份作息时间表，可以计算出乡村教师除去课间休息时间，每天在校工作时间为10小时左右，已经远超规定的8小时，但这仅仅是作息时间表上的工作时间安排。下班以后，一些教师还要无偿加班，GZ-GY-WZX-J-JS说道："下班以后我们还有晚自习，因为我校是一所寄宿制学校，所以每天备完课、批改完作业差不多要晚上10点以后了。我们学校的老师经常有晚上10点以后还在加班的。平时工作加班是常态，周末节假日如果有什么检查或者要补充资料的话，我们还得随时来学校（加班）。"SC-LS-YDX-L-JS所在的乡村学校也是寄宿制学校，面临着类似问题，"没有代课老师，没有生活老师。老师们都是兼任生活老师，一方面抓管理，一方面抓教学，基本靠班主任。全校360名学生中有320名住校，老师的工作量和工作压力都很大。每个老师每周有18~19节课，有老师反映工作

[①] "乐童计划"是指2017年《教育部办公厅关于做好中小学生课后服务工作的指导意见》出台后，义务教育阶段学校根据文件精神开展的学生课后服务。有托管需要的学生，都可以由家长按学期向学校提出托管申请，并与学校签订双方托管协议，委托学校对学生进行托管。"乐童计划"的托管时间通常包括上午、中午和下午三个时段，以中午和下午为主。中午托管由各区（市）（县）教育行政部门按照下午不早于14:00上课，对城区午间托管时间进行统一；下午托管是从学生课后起，原则上小学17:00—17:30结束，初中17:30—18:00结束。乡镇、村级学校可根据学校服务半径进行适当调整，报教育主管部门批准后实施。托管的内容是以午休、辅导作业、自主阅读、体育锻炼等为主，有条件的学校可以结合学校特色、教师特长、学生兴趣等，开展各类社团活动。

量大,但是没有办法,工作还是要推起走(继续做)。晚上9点打睡觉铃,老师那个时候还要备课、改作业,老师一般休息都在晚上10点以后,我一般休息都是晚上11点以后。"GZ-GY-QTZ-L-ZR对此感到很心疼,"好多老师备课、改作业都是回家去做。中午因为有很多事情要做,大家都只是(在椅子上或桌子上)靠一下(休息),很少有老师会回宿舍休息。"

另一方面,乡村教师的非教学工作占用了较多时间。教师需要花费大量额外的时间来整理学生的学习情况和表册等,特别是脱贫学生和留守儿童的各种资料。GZ-GY-QTZ-L-JS谈道:"学校有住校生,我们每天早上都要安排一部分人来守护(这些学生),工作时间严重增加,尤其是现在(整理)住校生的资料特别恼火。这方面的事情特别多,经常下班回家后整理资料到晚上10点左右才休息。"同时,脱贫生家访、控辍保学、教育防贫阻贫等其他工作都需要乡村教师在非工作日完成。GZ-GY-QTZ-L-ZR在访谈中说道:"老师工作量大,每周20节课左右,这还没有包含'乐童计划'的课时。晚自习、加班没有津贴。老师除了日常工作,贫困生或留守儿童家访、控辍保学等工作都要参与。也不是每个星期都去,比如留守儿童一个学期至少要去两次家访,每个老师都安排有名额,而且中层教师的名额还要多一些。家访一般都是放学之后进行,比如我们前天还去家访了。现在杂事比较多,比如结对扶贫这块,开学到现在才填完很多表册,老师觉得做起很头痛。其实做这个也有意义,可以了解学生的家庭情况,但是老师每天上这么多课,还要做这么多事情,再加上教研活动的话,工作压力还是很大。星期六、星期天经常没有休息,堆着很多事情回家做,要不就是在学校里做。"

乡村教师每天正常的教学工作已经远超8小时,放学后还要进行家访或者整理资料,晚上花费大量时间批改作业和备课,节假日参与脱贫生家访、控辍保学等工作,这些都是西南民族地区乡村教师的工作常态。工作时间过长导致他们身心俱疲,成为乡村教师职业吸引力提升的一大阻碍。

2.学校行政事务繁杂耗时

近年来,由于乡村学校应急检查和社会性事务较多,乡村教师除了要完成正常的日常教学工作之外,还承担着大量的非教学性行政工作。这些事务繁杂耗时,部分任务和活动甚至影响了乡村教师正常的教学秩序。

首先,乡村教师需要花费大量的时间和精力应对上级部门的检查。SC-LS-DPZ-A-XZ 表示:"学校每周要安排 7 位教师全天不休息值周,学生睡觉以后,有紧急事件必须马上去解决。很多非教育部门,比如卫生部门、药监部门、公安部门,统统下到学校检查,很分散老师的精力。禁毒教育、防艾(艾滋病)教育等也都是由学校负责,这些严重影响了老师的教学工作,精力都花在了应付检查上。"SC-LS-LGZ-L-XZ 所在的乡村学校地处交通要道,面临的各种检查更多,"老师要填写各种表格、打扫卫生、准备资料、上课。星期一所有老师要参加相关学习。老师有很多杂事,还要应付检查。有一年,一个半月内我们接受了五次省(州)检查,主要是学校形象、开学工作、食堂安全、食品安全等。虽然每次(检查人员)只来一个多小时,但是学校至少要准备几天,因为上面说的是综合检查。"GZ-GY-YLZ-F-JS 表示乡村教师的额外事务较多,且往往与教育教学工作无关,"好多额外附加在老师身上的(事务),各种资料包括应付不同部门检查的,每学期都有,但也不是经常,反正每学期都有,每个老师都有责任。"GZ-GY-YLZ-W-XZ 强调该校安全工作的检查和要求颇多,"我们也知道学校安全工作很重要,但是一遍又一遍地(检查),太频繁了。再比如禁毒工作,需要老师做很多宣传工作的资料,还要每个月对学生进行检查。还有校舍安全方面的,一旦刮风下雨就要去排查,还要上交资料,要去自查,然后会发给你很多文件,往里面填东西。"GZ-GY-GPZ-L-XZ 则以禁毒工作和防贫阻贫工作为例,"主要是检查太让人头痛了,比如这个禁毒检查,要求学生 100% 熟悉禁毒知识。还有一项扶贫工作,(乡村教师)要下去了解(学生)家庭的情况,(家里)有几个孩子读书,在哪读书,享受国家政策没有。这些事情干扰了我们的正常教学工作。比如今天(计划是)要教哪些内容,要完成哪些教学任务,但其他通知一到,我这个(教学)计划就被打乱。我们每个人的教学工作安排都是很紧凑的,临时增加这些任务,可能导致我的事情(教学安排)就被推到了明天,然后明天的事情(教学安排)又往后推,就有这种问题。"

其次,乡村学校的非教学性事务过于繁重。乡村教师被要求参与学校的各种活动,需要准备许多文字材料。调研时,GZ-GY-GPZ-Y-JS正在办公室整理资料,"你看我这边都是资料,每次准备资料的时间比上课花的时间还要多,还是很影响教学工作的。比如有时候我在上课,上面来电话,为了(应对)检查,又安排准备资料的任务。"GZ-GY-WZX-W-JS谈道:"我感觉教师这个职业本身应该就是以教学为主,但现如今来看,我们做了很多无关的事情,它们占据了我们正常的教学时间。"GZ-GY-YLZ-W-JS认为在互联网时代,乡村教师的非教学性事务大量增加,"好多事情进展特别快啊,以前上面发个通知或发一个文件要很久才能发在我们手头上,现在分分钟发到,所以我们做的工作也要及时完成,每天的工作除了教学以外,其他事情特别多。"这些非教学性事务比教学工作更花费时间,部分乡村教师表示有时候因为白天上班的时间被杂事挤占,只能晚上回家熬夜备课和批改作业。GZ-GY-QTZ-C-JS表示,因为担任乡村学校班主任以及参与其他行政性事务,所以没有时间对教育教学进行深入研究。

最后,社会性事务也占据了乡村教师较多时间。脱贫阻贫工作、建档立卡、禁毒工作、下乡宣传、村民培训等工作大量挤占了乡村教师的教学时间和休息时间,增加了工作负担,影响了乡村教师本职工作的质量和水平。GZ-GY-MGM-C-JS认为,教师职业最主要的工作就是教书育人,"但是进来(入职)以后,除了教学之外,还做了许多其他的杂事,比如禁毒工作,还有下载手机App参与投票,以及各式各样的答题,这些事情是强制性的,我是非常不想干的。"这些额外工作不仅造成乡村教师的责任泛化,也直接影响了乡村教师对教育职业的认同感。GZ-GY-QYG-L-SJ认为现在乡村学校的社会性事务太繁杂,"社会上搞的这样那样的活动,都离不开学校。比如教育扶贫工作,主要是跟边远的学校结对子、围绕教育问题互相交流、派老师去或者对方老师来我们这里交流,提高他们的教学质量。虽然教育扶贫有意义,但是有些乡村学校的实力还达不到,没有这方面的能力,更不用说去帮扶其他学校了。总的来说,想让教师安心从教,就不要安排太多繁杂的事务。不管是县政府还是镇政府都有很多繁杂的事务要求乡村学校参与,我们拒绝了很多,但这些表和检查材料实际上最后都积压在班主任手上。比如,上次的扫黑除恶活动,教师让学生懂得'黑'是什么,扫黑除恶是什么样的、怎么在做,但这种活动要做很多资料、问卷、表格,这些都是班主任在做。"GZ-GY-QTZ-H2-JS表示:"现在我们老师暂时还没有安排扶贫工作,但是学校领导已经去过了,也要让我们去入户调查扶贫情况。控辍保学也要去,还有像脱贫的建档立卡户之类的也是要靠我们去调查。说句老实话,虽然我们的教育对象是学生,但是有时候对每个学生家里的情况了解得也不可能那么清楚,他(上级)把任务压给你,那你没有办法,只能去调查,要不然完不成任务。有时候在平时上班时间做,做不完还不是要放到周末做,有时候(上级)叫你什么时候交,你必须弄出来,不交肯定不行。"

二、被边缘化的社会交际境遇

当前,大部分乡村教师都是在外地读书后通过招考回乡,或者是因为就业压力而选择在乡村学校任教。由于大部分乡村教师缺乏乡村生活经历,不了解乡村文化习俗,往往会面临被边缘化的社会交往境遇。究其原因,一方面,西南民族地区乡村学校中民族学生的比例较高,在校期间学生多用民族语言交流,乡村教师与部分民族学生之间存在语言沟通障碍;另一方面,乡村学生家长受文化水平和思想观念的限制,配合乡村学校和乡村教师的积极性较低。这些都成为乡村教师职业吸引力提升中亟待解决的重要问题。

1. 与民族学生交流存在语言障碍

乡村教师与学生的交流沟通是教育活动中的关键环节,但因为地域和文化的特殊性,西南民族地区乡村学生中的少数民族占大多数,而乡村教师大部分为汉族。比如,YDX所有学生都是彝族;DPX只有7名汉族学生,其余都是少数民族学生,其中80%是彝族学生,这样的情况导致汉族教师和部分少数民族学生沟通较为困难。在对乡村教师的问卷调查中,"学生的民族或语言差异,导致我与学生之间存在沟通不畅等问题"一项,选择"比较符合"或"非常符合"的乡村教师达25%。

访谈中,大多数乡村教师都表示与少数民族学生交流时存在语言障碍。以贵州省贵阳市清镇为例,清镇属于多民族聚居地,民族语言的差异使部分乡村学生在入学后需要用大量的时间学习普通话,从而占用了学科课程的学习时间。日积月累,这些学生未能掌握的学科知识越来越多,学习基础相对薄弱。GZ-GY-QTZ-L-ZR说道:"以前我开始工作的时候教一年级数学,要请懂民族语言的老师来给我当翻译。村里1~2年级的那个教学点,到现在还有几名听不懂普通话的留守儿童。"而四川省凉山州由于彝族学生众多,在该问题上表现得更为突出,SC-LS-YDX-T-JS所在的乡村学校大多是彝族学生,"我不懂当地语言,与学生交流很困难。"SC-LS-TDB-L1-JS表示:"我们的学生都是彝族学生,很多学生不懂普通话,很难交流。班级人数多,老师不能照顾到每一个学生,对于比较重点的知识,老师会用简单的彝语讲解一下,不过一般都是用普通话。"SC-LS-DPZ-A-XZ也表示:"我们学校缺乏懂彝语的老师。学生大部分是彝族,语言障碍一直都是存在的。大部分老师都是汉族,他们不懂彝语,对学生教学还是有很大影响。"同样因语言交流问题感到头疼的还有SC-LS-WKX-L1-JS,"学生学习基础很差,最开始语言交流很困难,特别是低年级班级的教学很困难。有些老师本身就会彝语,有的汉族老师也学了一点彝语,但一般上课不讲彝语,学生在课堂上听不懂,我们只能课下再来翻译讲解。"SC-LS-MYZ-H1-JS认为学生语言基础较差主要源于乡村学前教育的缺失,"因为有的学生上一年级之前是没有上过幼儿园的,到现在(六年级)都还有汉字认不完的学生,特别是语言方面存在交流障碍。"SC-LS-DPX-Y-JS所在的乡村学校中80%的学生都是彝族,"很多时候你跟他说什么,他是听不懂的,有语言障碍,学生基础较差。"SC-LS-DPX-Y-XZ补充道:"少数民族学生还是比较难教,老师都是汉族的,不会彝语,跟低年级学生交流还是有比较大的压力。"除了乡村教师与学生之间存在沟通障碍之外,乡村教师与学生家长之间同样存在沟通问题。除了在语言交流上存在困难,在教育理念等方面也存在一定差异,导致家校合作效果欠佳。

2. 学生家长配合度与积极性偏低

受地域习俗、民族文化、家长受教育水平与村民整体素质等多方面因素的影响,乡村学生家长在配合学校开展教学工作时积极性较低。根据调研结果,可将家长的配合大致归纳为"无心无力型""有力无心型"和"有心无力型"三种类型。第一,"无心无力型"家长,即有的家长既没有想要教育孩子成长成才的意识,更没有配合乡村学校共同教育孩子的能力;第二,"有力无心型"家长,指家长虽然有教导孩子和配合乡村学校开展教学活动的能力,但对此却不重视;第三,"有心无力型"家长,指家长虽然有教导孩子和配合学校开展教学活动的意识,但却不具备相应的能力,难以展开合理有效的家校合作。这三种情况导致乡村家校合作的效率较低,一定程度上也加重了乡村教师的工作负担。

一是乡村学生家长对教育不够重视。部分家长在教育观念上忽视子女教育,认为读不读书无所谓,只要孩子在学校不出事就行了。SC-LS-YDX-L-JS明确表示,家长送子女入学是因为义务教育的强制要求和国家的财政补贴。SC-LS-BDX-K-XZ认为当地家长对学生接受教育的意识淡薄,"家长没有什么文化,认为孩子读不读都无所谓,教育意识很淡薄。他们觉得自己都能这么过(日子)了,孩子也可以这么过。我们这里至少50%的家长都存在这种情况。"SC-LS-TPX-S-JS也表示,"家长不会主动联系老师,对于学生表现什么的都觉得无所谓。"家长中"读书无用论"的观念很严重,GZ-GY-QYG-L-JS对此谈道:"偏远地区的家长,会觉得读书没用,读三年还不如出去打工,可以给家里挣点钱。"

二是乡村社会的家校合作非常欠缺。许多家长认为教育孩子是学校和教师的事,所有责任都应由乡村学校及教师承担。GZ-GY-QTZ-L-ZR说道:"教学质量不易提高,跟家长也有关系。90%的家长不参与学生管理,他们觉得(把孩子)送到学校后,教育就是老师的事情。比如,我们每个班都要建立班级群,有什么情况会在群里反映,或者给家长发短信,但家长根本不看不回。"很多家长在干完一天农活回家后就只想休息,根本没有心思和乡村教师沟通或主动关心孩子功课。"这个地方的家长就不太配合,可能他们很累很忙,也可能不懂,家长会上我们也一再讲不需要家长监督孩子做作业,但要关心孩子的学习情况,即使这样,许多家长还是不怎么配合。"SC-LS-TDB-L1-JS表示,家长认为教育孩子是教师分内的事,而不关自己的事,"家长只关心孩子是否来学校,是否吃饱。在管理孩子的学业方面,不在乎孩子的作业做没做,其他方面基本上也不了解。因为家长自己不识字,也不能辅导孩子做作业,反正都是推给老师。有很多家长都认为把孩子送到学校学习,老师就一定要把学生教好。家长认为孩子学不好都是老师的原因,也不会从自身找原因。"谈到这个问题时,这位老师表现出一丝失望,"来这里工作有落差,当地社会对教育的支持不够,家长对学生不够关心,他们的子女成绩好,他们会认为是孩子聪明,而不是因为老师的辛苦(付出)。"GZ-GY-YLZ-F-JS则对家长监督乡村学生做作业的积极性感到头疼,"家长不配合,压根没有家庭教育的意识,孩子学习习惯不好,比如孩子回家后,无论父亲还是母亲,都不会监督孩子完成作业,就存在一部分孩子不做作业的情况。(学生学习成绩不容易提高)有基础差的原因,还有家庭教育不到位、监管不到位等原因。"

三是乡村社会留守儿童问题突出。相对滞后的经济发展水平导致一些乡村学生的父母背井离乡,到县城去打工挣钱,留下子女和年迈的祖辈在家中。留守儿童主要包括两种,单亲留守儿童(父母中的一方外出务工)和双亲留守儿童(父母双方均外出务工)。这些留守儿童多由年迈的祖辈照顾,但祖辈只能大致照顾其生活,难以在教育方面予以支持,乡村学生的父母因在外工作,也疏于对子女的管理。SC-LS-CJX-Z1-JS认为乡村教师和学生家长的沟通非常少,"很多学生是留守儿童,都是爷爷奶奶、外公外婆在带这些孩子,就导致学校、教师和家长之间的沟通很少,学生父母也很少打电话来关心学生的情况,不太关心教育。"YN-MD-GPZ-L-JS表示有些家长对乡村学校的教育工作不太支持,比如学生在学校参加体育活动受伤了,家长就会找学校的麻烦。多数家长不配合老师工作,因为很多家长都外出打工,农村学校差不多有三分之二的学生都是留守儿童,中心学校要好一些,但教学点基本是留守儿童。家长的配合程度比较低,家里多数是老人,无法管学生的学习,学生不按时完成作业,对学生成绩影响很大。GZ-GY-GPZ-Z-JS举了一个简单的例子,"我曾经上(教)三年级,有一天上课的时候,一个老人走进教室不敲门,直接跟他孩子讲'我的钥匙放在哪里哪里了,一会儿你放学之后和我去吃酒。'直接无视老师和课堂纪律。这边好多都是这种情况。"此外,GZ-GY-MGM-X-JS提到所在班上乡村学生的家长离异情况比较多,留守儿童居多,"基本上就是'三不管'的状态,父母不知道,爷爷奶奶管不了,外公外婆也管不了,孩子的自觉性又很差。"

三、难以抉择的子女教育问题

县城是当地优质教育资源的集中地,区域内最优质的小学、初中和高中大都集中在县城。在到乡村学校从教之前,乡村教师大都在城市受过职前教育,所以更愿意将自己的孩子送至城里接受更为优质的教育。但这也使很多乡村教师陷入两难的境地:不送孩子去城里上学等于让孩子输在了"起跑线"上,而送孩子去城里上学则很难参与养育子女的全过程。

在访谈中,绝大部分乡村教师都希望将子女送往县城或市区的学校就读。为子女争取更好的受教育机会是乡村教师申请调离的首要动因。大部分教师一致表示会尽其所能将子女送到教育水平更高的学校接受教育。为了便于照看,乡村教师在子女的小学阶段基本上都选择在距离较近的县城学校读书,初中之后再送去教育质量更高的城市学校就读。对此,SC-LS-BDX-K-XZ谈道:"我们学校老师的子女一般在县城受教育,条件好的在市区。我们学校附近不能提供优质的教育,迫使老师要把孩子送出去。但这样也会涉及子女的管教等诸多问题,让老师不能安心工作。"YN-MD-GPC-H-JS的子女在自己任教的乡村学校读书,但他表示:"如果条件允许的话,我愿意将孩子送到教学水平更高的学校去,还是想给孩子更好的教育。"GZ-GY-GPZ-Z-JS的女儿也在其任教的小学读书,当谈及孩子未来的教育时,她表示还是会想办法送孩子去市区读书,"因为我只有这么一个女儿,所以希望她受的教育好一点。孩子的教育这块,基本上给孩子报很多培训(班)。你也知道,因为这是没办法的事情,人家都培训,你不培训,不在同一条起跑线,孩子就吃亏。"SC-LS-CJX-Z2-JS家里有两个小孩,大女儿在西昌市读高中,下学期高三,小女儿目前在县城读初中,"把他们送出去读书,确实经济压力会大一些,但是为了她们能够接受好一点的教育,我们也还是愿意。如果我们学校这些地方的教育质量好一点的话,我都很想让小孩子就在我们身边读书,也不用离那么远。"YN-MD-PMZ-M-JS的孩子现在17岁,在县城读高一,"因为中考分数太低迫不得已、没得选择才在县城上高中。当然如果有条件的话,我愿意将孩子送到楚雄州或者其他教学水平更高的地方去上学。还是想给孩子更好的教育。一般教师在牟定县或去市里买房,他们的孩子都不会在当地(乡镇)学校读书,都会送到县里或州里,教育水平会更高。"而YN-MD-FTZ-O-JS作为未婚教师,也表达了对子女问题的忧心,"就我目前的情况来说,未来孩子的中小学都会在县上读,还是得接受这个现实。每学期花费差不多五千块钱,经济压力还不算大。"乡村教育资源的失衡使得乡村教师子女的教育质量得不到保障,多数乡村教师一边要在学校教育乡村学生,另一边还要担忧自己孩子的教育问题,从而导致大多数西南民族地区的乡村教师都有调走或离职的意愿。同时,乡村教师将子女送往城市学校,主要出于对乡村学校教育质量的不信任,这在一定程度上会弱化乡村学生及其家长对乡村学校教育质量的认可,也会影响乡村教师的从教信念和动机。

第三节
英才难育:乡村教师职业发展力欠缺

职业发展力直接关系着乡村教师的专业发展和职业前途,是提升乡村教师职业吸引力的重要动力。调查表明,西南民族地区乡村教师在职业地位、发展前景和教师培训进修等方面存在较大问题,尚未形成高效的乡村教师培训体系,严重阻碍了乡村教师职业发展力的提升。

一、乡村教师的职业地位偏低

乡村教师职业地位的变化与乡村社会对待"知识"与"教育"的态度直接相关。如前所述,西南民族地区部分乡村学生家长的教育意识淡薄,持有"读书无用论""学不好就去打工"等观念。这类轻视教育的观念使得不少村民对教书育人的乡村教师心存轻慢,乡村教师不受学生家长和村民的尊重,社会地位普遍较低。调查显示,超过80.7%的乡村教师认为有必要进一步提高他们的职业地位。

一是村民对乡村教师的社会地位不认可。在访谈中,SC-LS-BDX-K-XZ对此做了详细介绍,从村民的态度来说,"这个村的村民不尊重老师,我是深有感触。比如说,一个村干部到家里面,村民马上就端板凳,请他们坐。村民对领导比较尊重,在村民的心目中,政府的干部领导能给村民带来福利,那些都是直接的、看得见的利益。但如果是老师,就是教学生的,如果你收入低的话,人家就更看不起当老师的人,和你说话的语气都不一样,家长和村民就会对你表现出无所谓的样子。"GZ-GY-QTZ-L-ZR补充道:"村里有一些村民尊师重教,而另一部分村民认为老师社会地位低,不尊重甚至看不起老师。以前提到老师,大家都很尊重,现在说到老师都是不屑一顾的表情,不尊重。"GZ-GY-YLX-C-JS更表示:"村里很多人根本看不起老师,他们在外面打工,收入都比老师高,很多农民都比我们有钱。老师比政府部门(工作人员)、医生等职业的收入低,在村民眼中地位是比较低的。"SC-LS-LGZ-L-XZ谈到乡村教师社会地位低的问题,"像以前我们读书的时候,教师的地位就是最高的,但是现在教师就没有地位。"可见,乡村教师认为自身社会地位不高主要是缘于收入待遇相对偏低。

二是村民不了解乡村教师的工作内容。一些村民认为乡村教师的工作很轻松,教师领政府的钱就应该做更多的事。GZ-GY-GPZ-T-JS谈道:"老百姓普遍认为现在的乡村教师不负责,上完课就走,业务能力差。从本地老百姓口中可以得知,他们对乡村教师基本不抱什么期望,总是(认为)教师就是一天游手好闲,好学校的那些老师多么优秀,乡村学校(的教师)多么差,他们总是这样去理解,从教师身上找问题,乡村教师(开展工作)的困难之处就在这个地方。"GZ-GY-MGM-C-JS举例予以说明,"有一次我坐中巴车回家的时候,在中巴车上听到两个人在聊天。他们说现在哪一行都不好做,干脆去当老师算了,他们的意思就是现在当老师是个很轻松的职业。还有一种说法是觉得老师收入低、没地位。像我教过的很多学生,高考填志愿都不会填师范类。我觉得现在社会对老师的要求很高,比如村民要求老师全方位把他们孩子的各种事包办,无论如何老师要想办法把学生教好。有的家长在浙江或者广东打工,他的孩子生病了你就要照顾。像我们班有个孩子家住得也不远,父母出去打工了。孩子生病,(家长)就要求我带他去看病。如果每个家长都这样要求,我们根本吃不消。"

访谈中,部分乡村教师表示在开家长会的时候,许多学生家长都希望学生以后能够有机会从事公务员等工作。村民尤其是学生家长对乡村教师的不尊重,导致乡村教师直接感受到教师职业在乡村社会的地位低下,很多乡村教师不愿意让自己的子女未来从事教师职业,只有在别无他法的情况下,才同意子女报考师范专业。

二、乡村教师的职业前景受限

乡村教师作为乡村教育的支柱,他们的职业成长关系到乡村教育的发展水平,更关系到乡村学生受教育的质量。在政府和社会的支持下,影响乡村教师职业发展的部分难题已经得到了有效解决,例如放宽乡村教师职称评审的条件,取消外语水平和论文发表等硬性条件,逐渐重视乡村教师的师德师风和教学能力等。同时,职称评审名额相对增多,也给乡村教师带来了更大的职业发展空间。但调研发现,西南民族地区部分乡村学校仍然存在中高级职称评审名额紧张、专职的副科教师人数偏少等问题。

1. 中高级职称评审名额紧张

职称评审的结构性矛盾成为制约西南民族地区乡村教师职业发展的关键因素。通过问卷调查得知,只有28.5%的乡村教师认为所在学校的职称评审名额充足。访谈中,许多乡村教师也表示高级职称评审名额紧张,很多达到评审标准的教师由于名额限制而评不上职称,严重影响了乡村教师的工作积极性。

西南民族地区各地职称评审情况略有不同,如云南省楚雄州乡村教师二级职称升一级职称的名额受限较大,而一级职称升副高职称的名额完全不受限,从而导致高级职称名额较多、中高级职称名额偏少的结构失衡现象。YN-MD-PMZ-Z-JS说:"我们学校现在有20多个老师还没进一级,有的老师50多岁了还没进一级,一级没放开,对我们老师的收入待遇影响很大。评一级卡得很严,主要是上面名额太少,(评审)条件大家都有达到。希望管理部门把一级职称名额全部放开,这样才能满足老师的职称需求。"

四川省凉山州的乡村教师则普遍反映高级职称名额少,SC-LS-TDB-K-XZ表示,学校现在还有工龄20年的老教师没有评职称。很多小二(小教二级)的老师已经达到职称评审条件了,但没有名额。多多少少会影响老师的积极性。SC-LS-DPZ-A-XZ也认为:"评职称的空间不够。我们学校该评职称的有10多个人,然而每年名额只有一个,或者没有。有些老师干到退休了都只有中级职称。对老师的工作积极性影响很大。中级职称名额也减少了,初级评中级就很难,因为名额就只有两到三个。中级评高级更难,今年就只有一个。我觉得评职称虽然要有点竞争,但应该还是要有一定的指标。现在的(名额)太少了。"SC-LS-CJX-A-XZ提到,高级职称名额指标少、竞争大,"职称名额很紧张,学校12名一级教师中有四五个够资格评高级职称了。我们这儿前年才有1个高级职称的名额。初级升中级竞争也很激烈,名额严重不够。之前,在我们这儿有工作了将近20年都没有评到高级职称的老师。有一个去年评中级的老师也工作了将近20年。每次有一个名额都是四五个老师竞争,我们都是打分制,最高的就可以评,还是非常残酷的。"在贵州省访谈乡村教师时,也有乡村学校的校长专门谈及此问题,职称评审相关政策虽然开始向乡村教师倾斜,但学校高级职称的教师仍然很少,GZ-GY-MGM-H-XZ谈道:"我们学校的中级职称是没有名额了。学校40多个老师,只有20多个名额。我们学校基本也没有高级职称名额,学校只有两个副高,这都是因为政策倾斜。"

除了高级职称评审名额较少,乡村教师的职称评审在其他方面也存在较大问题。如SC-LS-DPZ-L-JS表示,一些年长的乡村教师由于普通话水平在职称评审上受到限制,"乡村教师在职称方面,有些条件(如普通话水平要求)掐得过死,有些老教师在评高级职称时,虽然教学工作等各方面都很好,但是由于普通话水平不高,考不过相应的普通话等级。"GZ-GY-QYG-L-SJ认为职称评审中"教学质量"一项的规定让许多乡村教师难以达标,"本身乡村学校的(学生)考试成绩就比较低,有时候一个班有一个或者两个成绩好的(学生)就不错了,和城区学校的(学生学习成绩)没法比,一看成绩就评不上了,评审条件里就有这一条。还有优质课、评先进、发文章的要求,对我们而言都是达不到的。"评高级职称机会太少、难度太大,既削弱了乡村教师的工作动力,也强化了乡村教师"逃离"乡村学校的意愿。

2. 专职的副科教师人数偏少

乡村教师的岗位安排也与他们的职业发展息息相关。仅36.1%的乡村教师认为所在学校的教师岗位编制合理、教师数量与教学工作量相匹配,表明西南民族地区乡村教师岗位编制的合理性仍然有待提高,主要体现在以下几个方面。

乡村学校的师生比例失衡。调查中绝大多数乡村教师都表示所在学校的教师数量不足,师生比例失衡,未能达到国家所规定的最低师生人数比。有乡村学校校长指出,有时小学教师不够,甚至会调用"一村一幼"计划中的学前教师来上小学的课程。

乡村教师结构性缺编。集中反映在乡村学校的许多学科缺乏专职老师,语文和数学两门学科的专任教师占绝大多数,英语、科学、音乐、体育、美术、信息技术等学科的专业教师非常紧缺。比如,DPZ全校的65名乡村教师中,仅有1名音乐老师、1名体育老师和1名美术老师,部分文化类学科的乡村教师必须承担这三门艺体类学科的教学工作,通常语文老师或数学老师都会兼任一到两门其他学科的教学任务,有时还要跨年级、跨学科教学,以满足乡村学校正常的教学需求。为了保障兼任学科的教学质量,乡村教师在自身专业学科的教学基础上,会尽力对兼任的学科进行突击学习和"临阵磨枪"。正如SC-LS-BDX-S1-JS所说:"我们这里的乡村学校老师基本上都要兼任多个学科的教学,虽然并没有学过相关的专业知识,但为了完成学校的教学任务,大家多是根据教材、上网找找相关的资料,自己先学一学、备一备课,就这样勉强教着相关内容。没有相关知识基础,要把这些课教好是很难的。不过,因为这些通常都是所谓的副科,期末考试也不会纳入考试范围,也将就着教了过去。"此外,乡村英语教师也存在较大的师资缺口,以WKX为例,50多名乡村教师中,专业的英语教师只有1名。由于英语教学需要教师具备扎实的专业功底,如何上好英语课成为其他学科教师兼任英语教学的一大难题。SC-LS-TPX-J2-JS阐述了这一困境,"我们学校最缺英语老师,音、体、美老师是由文化课老师兼任的,还勉强能教得走。但是我们大家都不太会教英语,只能选一些稍微懂一点的老师去教,但是教出来效果不好。不仅发音不准确,老师对于很多英语知识,自己都是模棱两可的。"同时,多门学科交叉教学增加了乡村教师的工作量,带来了较大的教学压力,尽管乡村教师有苦难言,但必须克服困难,承担教学任务。

三、乡村教师的培训效果欠佳

职业培训是促进乡村教师专业发展的有效手段,乡村教师参与的培训主要包括校本培训、县(区)级培训、市(州)级培训、省级培训和国家级培训等。调研发现,一些地区,比如云南省楚雄州乡村教师的培训形式主要有跟班培训、"送教下乡"、学校与科研院所或者师范院校之间的"国培计划"、专家讲座以及支教教师与教研员经验分享等,虽然多样化的培训形式在一定程度上开拓了乡村教师的视野,促进了乡村教师专业发展。但总体而言,乡村教师培训的针对性较弱,培训质量亟待提升。

首先,参加培训的乡村教师人选具有随意性。乡村教师参训名额多由上一级教育行政部门分配,但这些名额的分配并未根据乡村教师任职学校的地理位置、教育对象、教师年龄、教龄、职称等进行合理分配,多数是按照乡村教师的任教科目,由教育局或者乡村学校依据学科特点予以分配,而且各所乡村学校每次参训的人数较少,许多乡村教师多年都无法参训。访谈中,许多乡村教师都希望有更多的培训机会。SC-LS-DPZ-L-JS表示在校三年只参加过一次培训,SC-LS-MYZ-M-JS也希望得到更多的培训机会,"我很少参加培训,每年学校就只有1~2个名额,在这儿工作这么多年,外出参加过两次培训。希望能够有更多培训机会。"同时,培训并未针对参训教师对象进行精准分类,也未能充分考虑年长教师和青年教师的培训差异。西南民族地区部分乡村学校的年长教师较多,他们对信息网络技术的掌握不够熟练,但是当前许多优质而丰富的教学资源往往都是通过网络在线传播,这些年长教师亟待加强信息技术和多媒体运用等方面的培训,对于青年教师则应当加强教师专业知识、学生心理教育、班级管理等方面的培训。

其次,乡村教师的培训形式缺乏针对性。对乡村教师进行培训的专家多是在教育领域教研能力突出的专家型学者,而且培训的方式通常以讲座为主,培训的内容理论性较强,实践性和操作性相对较弱,对乡村教师而言"可望而不可即",难以"接地气"。乡村教师在培训结束后,回到乡村学校往往不知道如何将所学的理论知识与方法"因地制宜"地运用和实践。SC-LS-TPX-A-JS表示,自己参与的培训类型单一、多为讲座,"我觉得有些培训活动脱离了我们的教学实际,因为一般都是听讲座,而好多讲座华而不实,希望得到更多关于多媒体教学和专业技能方面的培训。"SC-LS-DPZ-A-XZ认为,虽然乡村教师都期待培训机会,但现在很多培训逐渐形式化。"我外出培训的地方比较多,有一次在西南大学参加'国培'一个月,既有讲座,更有到小学跟岗研修,我觉得这种培训的方式要好得多,我的收获很大。而我们本地的培训质量还有待提高。参加培训后,学校要求必须进行培训汇报,向全校老师传达培训内容。但是老师工作多,往往抽不出时间。我们要是师资充足的话,想让五十岁左右的老师结合自己的经验和培训学到的知识技能,专门研究教育教学这一块,研究各个学科在我们学校怎么更有效地教学。"

再次,乡村教师培训内容未凸显乡土性。乡村教师参与的许多培训,其内容并不符合乡村学校的"校情"、乡村教师的"教情"和乡村学生的"学情"。在调查中"参加过的进修或培训对我的教学工作有很大的帮助"一项,有11.2%的乡村教师表示培训作用不大,认为培训内容太空洞,形式虽多但都大同小异,不符合乡村学校的实际情况。很多乡村教师迫切希望培训者团队中有一些具有乡村学校教学经验的教师,使培训内容更贴合乡村学校教育教学的实际情况,让参训的乡村教师可以习得更多契合自身教育情境与教学问题的培训内容。SC-LS-BDX-K-XZ认为,针对乡村教师的培训内容不仅要从师风师德、教学技能等基本能力展开,还要尽可能契合乡村学校的实际情况和具体问题,"引导他们如何成长为一名优秀的乡村老师,如何把心放在教学上,如何胜任相关工作。比如,我们学校装多媒体(教学设备)有五年了,老师都想用,但是不会用。有好多老师连课件都不会做,都是直接在网上下载。"GZ-GY-QTZ-L-ZR举例进行了详细说明,"举个例子,我可以采取很多先进的理念教学,学生才能被我的课堂吸引,但是教学管理这一块真的很难、很难,我想不出一个适合我们学校的具体教学方案。还有学校的教研活动,我们(教师)现在经常一起学习新课标,因为课标改版了,然后每个老师轮流上公开课,大家听评课,但是我觉得意义不是很大。所以,外出培训这块能不能在内容上把理论和实践相结合。比如说我听几天讲座,能不能到当地的乡村学校跟几天岗,看看是怎么把教育理念贯穿于日常教学和管理之中,我觉得我很需要这方面的培训和指导。"

最后,乡村教师培训效果未达预期。乡村学校教师数量普遍不足,外出培训的工学矛盾突出。调研发现,西南民族地区约有25%的乡村教师通常多年才有机会参加进修或培训,部分乡村学校由于师资水平和教育质量所限,甚至连校本培训都没有开展。而有机会参加培训的乡村教师普遍反映参与的各类培训主题及内容脱离乡村学校教学实际,难以实现"培"有所获、"训"有所用,效果欠佳。GZ-GY-QYG-L-SJ强调参加的培训难有实效,"(培训)不接地气,区情和校情差距实在太大。培训还是要培训最基本的东西,(培训主题)不要太大。不管在北京培训还是上海培训,有很多教授或者校长讲的理念过大,培训需要看学校是来自哪里,比如,给上海、江浙地区老师讲的(内容)和给我们这些地区老师讲的(内容)就应该不一样。要结合各地区的教育情况,要调查这些地区的师资,再一点一点地拔高,不要一下拔太高,听城里的老师讲课时,(乡村教师)就像'刘姥姥进大观园'。比如去一所学校参观,他们会讲他们学校(城市学校)每年投入多少,文体活动、设施投入多少钱,这个(和我们学校的实际情况)差别实在太大了。"

四、乡村教师的职业成就不高

西南民族地区乡村学校较城市学校各方面条件均更为艰苦,选择到此从教的教师很多都怀揣热爱教育事业的理想初心和情怀。然而,随着时间推移和多方面因素的影响,许多乡村教师出现了较为强烈的心理落差,导致乡村教师职业倦怠现象和离职现象严重,职业成就感降低。

1. 乡村教师理想初心亟待坚定

访谈中,大多数青年教师表示到乡村任教源于对教师职业的热爱,立志为乡村建设做出一点贡献。SC-LS-BDX-S1-JS和SC-LS-TPX-A-JS都表示热爱乡村教师这个职业。SC-LS-CJX-Z1-JS已经在乡村学校工作了23年,他表示:"我想当老师,想成为一名教师是我的理想。"GZ-GY-GPZ-Z-JS表示:"虽然工作中、生活上总有一些不如人意的事情,但我觉得这一生干了自己最喜欢的事情,最主要的是,我觉得我还是热爱自己的职业。"SC-LS-LGZ-Z-JS选择乡村教师职业的初心也如此,"当时师范专业好就业,自己也喜欢当老师,到本校任教的原因是希望能够为家乡教育事业做点贡献。"GZ-GY-YLZ-F-JS谈到这份初心时,更是充满了光荣感与自豪感,"当初觉得这个职业是太阳底下最光辉的职业,觉得挺光荣的。就是觉得能把自己的知识、做人道理传授给自己的学生。桃李满天下的时候,自己还是蛮光荣的。"SC-LS-MYZ-J-JS的初心也是"为了建设家乡,为了农村孩子。"GZ-GY-QTZ-L-ZR介绍了所在乡村学校里一名非常有情怀的优秀教师,"我们学校有一个从广东毕业回来的女老师,前年过来的。之前是在另一所小学实习,我们问她为什么没留在那所条件更好的学校,她说她家乡在这里,虽然家里在那所学校附近买了房子,但她是从这里读书再考出去的,不相信乡镇学校培养不出好学生。她觉得不服气,为什么城里就培养得出好学生,而乡镇不能?她有这个情怀,所以她回来带一年级,那个班的平均成绩达到了90多分。"GZ-GY-MGM-C-JS直言选择乡村教师职业就是因为想助力乡村教育的发展,"本来就喜欢当老师。我觉得我们国家最需要发展的就是乡村教育,我还是要回到乡下去,我们乡村是最需要我去的地方。当初我选择当老师就是想来乡下教书。"

可见,许多乡村教师怀揣着浓厚的教育情怀从事教学工作,但是受到工资待遇、社会地位等多方面现实条件的影响和冲击,乡村教师强烈的心理落差逐渐削弱了理想初心。SC-LS-YDX-L-JS表示:"刚当老师的时候满怀激情,希望把学生教好,让他们学好,但日常琐碎的工作消磨了最初的激情,面对学生的时候开始变得很烦躁,没有耐心。"YN-MD-FTZ-W2-JS也有同样的感受,"原先选择读师范时,怀着一颗改变家乡的热心,但是实际工作却没有多大改变,跟自己最初的想法落差有点大。"而YN-MD-GPC-H-JS因为成家的原因也有所改变,"一开始刚参加工作,都充满豪情壮志,但随着自己成家之后,各种杂事琐事缠身,慢慢就看淡了。"热爱教育的初心情怀支撑着乡村教师继续从事这份职业,但日常琐碎的教学工作与生活压力导致乡村教师心理落差逐渐增大,进而影响了乡村教师职业吸引力的提升。

2. 乡村教师职业倦怠逐年增强

调查发现,一些职称已评、年龄稍大的乡村教师缺少奋斗热情,并产生了较为严重的职业倦怠。多所乡村学校的校长介绍了教师工作积极性的具体情况。SC-LS-DPZ-A-XZ表示,职业倦怠较为严重的乡村教师大多是年龄较大、教龄较长的教师,"学校里年龄大的教师几乎就是拖着走,他们无法选择其他工作,只有做这个工作。"SC-LS-CJX-A-XZ所在乡村学校的教师大都很敬业,但还是存在职业倦怠问题,"主要表现对工作没有创新,大部分(乡村教师)在四十岁以上,基本工作能推着走,其他就没有干劲。年轻老师刚开始还有干劲,职称一评,就没有干劲了。"GZ-GY-GPZ-L-XZ认为职业倦怠产生的原因在于乡村教师个人的态度与想法,"主要是老师个人思想上的问题,每个人的价值观不一样,可能还是存在不同的想法。我觉得不完全是待遇的问题,是个人的想法,有些老师觉得反正家庭条件可以,学校里可以不好好干了;有些老师觉得就应该只搞教学,不应该搞其他的事务,因此会产生一种厌倦心理。"YN-MD-SYS-J-XZ则表示对于职业倦怠问题,在本校已评高级职称的乡村教师身上表现得更为突出,"比如40多岁的教师,平常工作中表现出对很多东西都不是特别在意,包括培训也不放在心上。有时安排他去参加一项活动,他好像不是很愿意参加,但迫于要求,他最终还是会参加。还有部分教师以身体健康为由拒绝学校安排的工作。所以我认为'(职称)一评定终身'也会导致各种倦怠的问题出现,评上副高职称的教师已经没有教学激情,因为职称上升的机会不多,工资变化也不大了。"YN-MD-PMZ-G-XZ也认为评上高级职称的乡村教师的职业倦怠问题越来越明显,"表现为失去教学热情,工作效率低下。副高职称是小学教师的最高职称,达到副高职称的教师,已经再无奋斗激情。又由于我们县职称评定政策中二级升一级的有名额限制,即使教师表现优秀,也不一定能够晋升职称,长此以往,工作热情被打击。同时,已经评上的教师工作积极性也被削弱。"

除了乡村校长,许多接受访谈的乡村教师也认同自己工作久了,或职称评上后产生了一定程度的职业倦怠。SC-LS-TPX-J1-JS在聊天时表达出对工作的倦怠,"在这个地方待了13年,待久了还是有点厌烦。"GZ-GY-QTZ-L-JS更是直接表示:"(对发展前景)一片茫然,感觉有时候有点像混日子一样,混一天算一天。"YN-MD-MCC-Z-JS认为多数乡村教师评上高级职称后开始得过且过,"有一些教师职称晋升以后,比如说上了高级职称,已经不能再往上评职称了,也没有什么目标了,就会开始产生职业倦怠。教学积极性也会降低,一些高级职称的教师可能不想上自己的科目了,就转岗去上其他的一些责任小的科目。比如原来有的教师上两个班,现在他只上一个班了,其他的时间就做教学辅助的工作。"

3. 各类压力强化教师离职意愿

受前述各类因素的综合影响,部分乡村教师仍然希望通过考公务员、考研等形式脱离乡村教师职业。有的青年教师已通过其他方式调往城市及周边的单位,导致边远地区乡村学校的青年师资越来越短缺,逐渐形成乡村学校的教师平均年龄越来越大、城市及周边学校师资富余且多为青年教师的怪圈。乡村学校教师队伍得不到巩固与加强,乡村教师反而在不断流失与减少。

部分青年教师选择乡村教师职业主要迫于就业压力或家庭需要,若有机会在城市获得更好的发展机会,则会立即离职。根据问卷调查结果,36.5%的乡村教师表示自己选择乡村教师职业,主要是迫于就业压力、家人要求等外部压力。SC-LS-TDB-L1-JS 和 YN-MD-MCC-Z-JS 等是因为生活压力而选择了比较容易考取的乡村教师这一职业。SC-LS-DPZ-C2-JS 谈道:"因为自己考公务员没考上,所以考了乡村教师。"GZ-GY-QTZ-L-JS 也因为就业压力选择了乡村教师职业,"说实话,当时选择乡村老师这一工作最重要的原因是竞争压力小。因为我不是本地人,在这儿上大学,人生地不熟。考公招的时候,师兄师姐也说不要考那些区属学校(不容易考上),所以就报了偏远一点、竞争比较小的乡村学校。"还有部分教师表示从事乡村教师职业是由于家庭逼迫其找一个稳定的工作,SC-LS-BDX-L-JS 表示:"如果父母同意,我会马上辞职,很想去县城工作,因为可以兼顾家庭,自身的社会地位也会提升。"

问卷调查结果显示,51.1%的乡村教师表示如有机会愿意换到城镇工作,38.8%的乡村教师有转行的强烈意愿,说明其他行业或其从业环境对乡村教师的吸引力较强,动摇着乡村教师的任教意愿,也在一定程度上影响乡村教师群体的从教信念。访谈发现,乡村男教师的离职意愿明显高于乡村女教师,而家在本地的乡村教师以及年龄偏大的乡村教师离职意愿较低。乡村教师离职后的去向主要是城镇学校和政府部门,其中想要去城镇学校的教师多是为了方便照顾子女。SC-LS-DPX-Y-JS 表示:"愿意调到县城,因为县城可以给子女更好的环境,主要是为了子女的发展。"YN-MD-XQZ-Y-JS 也是因为子女教育问题想调到县城,"去年开始想调到县城,因为子女也大了,想有更多的时间和精力关注子女教育。去年孩子开始读初中,在县城读书,县城的教育水平还勉强满意。"而想转行的乡村教师大多数认为转行后从事何种行业不重要,只要工资高于乡村教师就行。SC-LS-MYZ-C-JS表示:"愿意转,其他行业都可以,只要收入高于教师就行。"该校SC-LS-MYZ-M-JS也持有同样观点,"换一份工作当然更好。换个工作的话,只要收入可以,换到哪儿去都无所谓。"同时,由收入偏低导致的社会地位较低,也是乡村教师想转行的重要原因。SC-LS-DPX-Z1-JS十分坚定地表达了想换工作的意愿,"其他职业收入肯定比乡村老师高,地位也比老师高。地位低主要体现在我们现在的工资待遇还是比较差。"SC-LS-CJX-A-JS表示:"如果乡村老师工资待遇能更好的话,我也不想换工作。但老师现在的社会地位太低了。"

综上可知,西南民族地区乡村教师职业吸引力在职业保障力、职业维持力和职业发展力上存在较为严重且亟待解决的问题,成为乡村教师职业吸引力提升的主要阻力。为有效解决上述困境,需要对这些问题进行深度的归因分析,进而探索乡村教师职业吸引力的提升之道。

第六章 乡村教师职业吸引力的问题归因

乡村教师职业吸引力及其提升存在的主要问题，不仅受到国家制度、乡村社会以及乡村学校等多方面的影响，也有乡村教师自身的原因。针对调研发现的主要问题，本章从政府、社会、学校和教师等多个层面探寻与剖析导致这些问题的主要原因。

第一节
政府层面：乡村教师政策与制度亟待落实

乡村教师的职业保障力不足、职业维持力薄弱和职业发展力欠缺等问题的形成，宏观层面的原因在于相关政策与制度的落实力和针对性有待进一步加强。提升乡村教师职业吸引力，需要各级政府进一步加强相关政策的针对性、健全乡村教师工作机制，从而确保激励措施的效果。

一、乡村教师政策未能有效落地

国务院颁布的《乡村教师支持计划（2015—2020年）》包含了拓宽补充途径、提升师德素养、保障工资福利、荣誉制度激励、倾斜职称、统一城乡编制标准、提高专业水平以及促进优秀教师到乡村交流等八项举措。随后，各地也相继颁布了乡村教师支持计划，比如本书研究团队重点调研的西南四省（市）分别颁布了四川省《乡村教师支持计划实施办法（2015—2020年）》《贵州省乡村教师支持计划实施办法（2015—2020年）》《云南省乡村教师支持计划（2015—2020年）》和《重庆市人民政府办公厅关于贯彻落实乡村教师支持计划（2015—2020年）的通知》。然而，各地区政策或计划的内容较为宏观，在实施过程中发生了"走样"。以前文多次阐述的"特岗教师"政策为例，尽管缓解了乡村教师的数量问题，但这种应急性、"接力棒"式的补充途径，难以从根本上解决乡村师资队伍建设问题①。许多"特岗教师"专业不对口,与乡村学校课程设置不匹配,缺乏扎实的教研基本功。部分"特岗教师"迫于就业、生计等压力,将"特岗"作为正式就业的过渡,教学责任感不强、教育动机薄弱。他们把主要精力放在城镇的各类招聘考试,逢考必试、频繁请假,甚至擅自终止服务协议,对乡村学校教学秩序造成了恶劣影响,严重制约了乡村教育的质量②。为保障乡村教育和乡村教师的发展,还应当进一步细化政策内容,尤其是针对乡村教育经费投入和乡村教师工资福利等问题。

1. 经费政策尚未满足办学需求

《乡村教师支持计划(2015—2020年)》明确提出加强经费保障,重点支持中西部乡村教师队伍建设。要把资金和投入用在乡村教师队伍建设最薄弱、最迫切需要的领域,切实用好每一笔经费,提高资金使用效益,促进教育资源均衡配置。《关于加强新时代乡村教师队伍建设的意见》也强调"中央财政继续对中西部地区予以重点支持,地方要切实发挥省级统筹作用,强化县级政府管理主体责任,将乡村教师队伍建设作为教育投入重点予以优先保障。"为贯彻落实国家政策的相关精神,《贵州省乡村教师支持计划实施办法(2015—2020年)》等西南地区的文件中也提出增加经费投入,各级财政加大投入,改善乡村学校办学条件,加强乡村教师队伍建设。各地乡村教师支持计划的实施在一定程度上缓解了乡村教育经费不足的压力。但是,调查研究,尤其是访谈结果表明,乡村学校的可支配经费依旧较为紧缺,西南民族地区乡村教师的经费支持力度仍然有待加大,与各地所颁布实行的教师支持计划具体条例的要求有较大出入。

政府投入乡村教育的经费仍然有限。西南民族地区都非常重视增加乡村教育的经费投入,以保障乡村教育的稳步发展。但通过调研发现,地方政府投入乡村学校的经费仍然无法有效满足其办学要求,特别是用于引进优秀师资、建立乡村学校优质教师队伍的资金有限,导致乡村学校教师队伍建设的计划

---

① 蔡文伯,袁雪.留任还是离职:民族地区农村中小学"特岗教师"的艰难抉择[J].教师教育研究,2018(3):66-72.
② 赵鑫.民族地区乡村教师职业吸引力提升的理念与路径[J].教育研究,2019(1):131-140.

方案未能有效落实,在很大程度上制约了乡村教育的整体发展。

乡村学校用于改善教学条件的资金有限。乡村学校教学条件主要包括多媒体设施设备、教师的办公条件等。虽然经过标准化学校建设之后,乡村学校的校园环境和校舍条件都有大幅度改善,但受保障条件所限,乡村学校的多媒体设备在使用过程中仍存在故障和老化问题,日常的断电断网也影响着多媒体设备的正常使用,亟须加强相应的经费投入,保障教学设备的稳定运行。乡村学校资金投入不足还体现在部分乡村学校未能给教师们提供必要的办公场所,甚至连办公桌椅也较为紧缺,许多乡村教师只能在宿舍进行日常的办公、备课等活动。同时,教学条件的欠缺也不利于教师水平的提高、教研文化的塑造和教风学风的建设,阻碍了乡村教师职业吸引力的提升。

2. 未能全面执行工资福利政策

乡村教师工资福利可分为工资待遇和福利补贴。《关于义务教育学校实施绩效工资的指导意见》提到:"义务教育教师规范后的津贴补贴平均水平,由县级以上人民政府人事、财政部门按照教师平均工资水平不低于当地公务员平均工资水平的原则确定。绩效工资总量随基本工资和学校所在县级行政区域公务员规范后津贴补贴的调整相应调整。"各地也颁布了相应的政策,例如,四川省《乡村教师支持计划实施办法(2015—2020年)》提出,各地要依法依规落实乡村教师工资待遇政策。要严格按岗发放,并根据教师工作、生活条件的艰苦程度等因素,合理分设档次和具体标准,重点向村小和教学点倾斜,向条件艰苦地区倾斜。《云南省乡村教师支持计划(2015—2020年)》也强调,提高乡村教师生活待遇。全面落实集中连片特困地区乡村教师生活补助政策;依法依规落实乡村教师工资待遇政策,依法为教师缴纳住房公积金和各项社会保险费。切实保障乡村教师的基本工资待遇,享受必要的福利补贴。各地乡村教师支持计划虽然都强调了要贯彻落实乡村教师工资待遇政策,但针对乡村教师工资待遇的有关政策还未能有效落地。

相较于城市教师的工资福利,西南民族地区乡村学校或地处高寒或位于山区,乡村教师收入构成除了基本工资之外,还包括特优津贴、山区补贴等福利补贴。例如,四川省凉山州高寒地区会为乡村教师提供高寒补贴,云南省楚雄州为乡村教师提供了乡镇津贴和乡村教师补贴。但当地乡村教师对于工资福利仍然存在较多不满,认为乡村教师的工资福利发放落实不力。即使中央政府和地方政府已经出台具体的相关政策,明确要求提高乡村教师的工资待遇及福利补贴,但福利待遇的具体落实还需要经过市(州)、县、镇、村等各级部门的层层下放,结合乡村学校实际情况来确定。

正如前文所述,西南民族地区乡村教师的收入低于当地公务员,与同等级的公务员相比差距较为明显。尽管教师职业被纳入公共服务体系,政策规定享有高于公务员的福利补贴,但在西南民族地区,由于部分乡村教师的工资福利待遇落实不到位,缺少公务员享受的车补、目标考核奖等福利补贴,引发了他们的诸多怨言,乡村教师对自身职业的认可度偏低。正如SC-LS-BDX-K-XZ所言,"我们这个地方的老师和其他行业比,还是没有体现出优越性。公务员有车补,目标考核奖是几万。"支持乡村教师发展的相关政策虽然已经颁行多年,却未能切实从保障乡村教师工资福利方面有效提升职业吸引力。

二、乡村教师工作机制有待健全

西南民族地区乡村教师的工作地点大多位于地理位置偏远的乡村学校,交往的学生群体多为民族学生,故与城市学校教师的工作机制存在较大区别。若乡村教师的工作机制不能适应西南民族地区乡村社会的实际情况,则会引发一系列问题,严重影响乡村教师职业吸引力的提升。

如前所述,西南民族地区许多乡村学校不仅教师数量不足,还存在较为严重的乡村教师结构性缺编问题。导致大部分乡村教师在完成本学科的教学任务外,还要身兼其他学科的教学任务,不仅增大了乡村教师的工作压力,也难以确保各学科的教学质量。"平时工作节奏比较快,感觉时间过得很快、不够用,可能有各方面的原因。跨学科教学,我感觉难度太大,语文作业量有点多,所以批改作业的时间花得多。再加上备课等工作,每天花在写教案上的时间也非常多。我写教案要写两节语文、一节美术、一节音乐和一节劳动技术,主要是跨的科目太多了,这样就明显觉得精力非常有限。"(GZ-GY-MGM-X-JS)同时,乡村教师的课时安排也存在不合理之处。由于乡村学校教师的流动性较大,乡村教师时常更换,为保障教学任务的顺利完成,乡村学校会综合考虑教师的工作经验,将更多的课时任务安排给教学经验较为丰富的乡村教师。"像我们重点的班级和科目,就只有教学经验丰富的老师才可以上,年轻的老师始终都很麻烦。"(SC-LS-DPZ-A-XZ)乡村学校对课时的分配虽然是出于对经验丰富教师的信任,但也确实增加了他们的工作量,加重了工作负担。同时,这也并不意味着乡村学校青年教师,尤其是新任教师的工作会更轻松,他们除了完成自身的教学任务和学校安排的各类事务之外,通常还担任了班主任岗位,负责班级管理、关心学生的生活与学习状态等工作。由于当地乡村学生多为民族学生和留守儿童,乡村教师需要及时给予学生心理上的安抚和思想上的引导。地方政府的教师管理办法并不完全适用于乡村学校对教师的管理,还需要根据乡村教师的具体情况,完善相应的教师工作机制。

  乡村教师肩负着学校工作、学生管理、家校沟通等多方面的责任,还需要克服生活中诸多领域的困难。此外,他们在情感方面的需求也不容忽视。长期以来,乡村教师管理更多关注教师的教学任务和学校事务,忽略了对乡村教师乡土情感的培育。乡土情感是指乡村教师基于自身作为乡村社会成员的身份,在认识、了解乡村的基础上形成的对"乡村""乡村生活""乡村教育"稳定的情感体验与情感认同。乡村教育的振兴和高质量发展,依赖于广大乡村教师的乡土情怀与教育热情,归根结底需要乡村教师具有"热爱乡土、扎根一生"的深厚情感[1]。政府部门和乡村学校应该实时关注教师的乡土情感体验,在安排教学任务时注重培育和强化教师的乡土情感,健全乡村学校对师生的关爱机制,在尽量满足乡村教师物质与发展需求的同时,给予他们更多情感上的支持,在乡村着力营造"尊师重教"的社会风尚,帮助乡村教师走出不平衡、压力大等情感困境,适应乡村学校的工作特点,激发乡村教师的乡土责任感和乡土

---

[1] 赵鑫.新型城镇化进程中乡村教师乡土情感的缺失与重塑[J].西南大学学报(社会科学版),2016(2):90-96.

归属感。这既是完善乡村教师工作机制的重要举措,更是提升乡村教师职业吸引力亟待填补的情感"空白"。

三、乡村教师激励措施效果不明

《乡村教师支持计划(2015—2020年)》要求逐步形成"越往基层、越是艰苦,地位待遇越高"的激励机制。激励措施重视乡村教师待遇与地位的提高,尽量满足教师在乡任职的各类需求,增强乡村教师的留乡意愿。调研发现,部分乡村学校为调动教师的从教积极性,采取了诸如发放奖金、颁发荣誉证书等一系列激励措施。尽管这些措施与乡村教师的切身利益息息相关,但在实施过程中反馈的激励效果却不好,主要原因可以归为两个方面。

1. 激励措施相对单一

由于乡村学校的办学资金有限,所以并未将教师激励措施作为教师管理的重要内容。所采用的激励措施表现较为单一化,主要以发放一定额度的奖金、颁发奖状等形式呈现,但这些激励形式并未达到乡村教师的心理预期,乡村教师对学校采用的激励措施并不满意。"学校制定有奖励制度,一般是奖励点钱。如果老师能得到教育局的教育质量奖,学校对老师会进行奖励,一等奖500元,二等奖300元,三等奖200元。也有年终考核和评优,一等奖1000元,二等奖800元,三等奖500元。"(SC-LS-TDB-L1-JS)

许多乡村学校尚未形成体系化的激励系统,主要由于地方政府投入的教育经费不足,乡村学校可支配的资金有限。为摆脱这一困局,部分乡村学校会通过其他渠道获取资金来缓解学校经费压力。例如,BDX主要是通过乡村校长在外拉赞助的方式为教师争取资金,提供相应的福利。但是,要在乡村学校建立专门化的激励制度,仅仅依靠乡村学校单方面的努力仍不足以有效解决问题,还需要加快完善乡村教育经费保障政策,才能从根本上破解乡村学校欠缺激励措施的困境。

2. 激励内容脱离需求

针对乡村教师的激励内容要根据乡村学校的具体情况，尊重乡村教师的实际需求，兼顾物质激励和精神激励。许多乡村学校存在岗位编制欠缺、乡村教师职称评审较难等问题，难以满足乡村教师的职业晋升和专业发展需求。特别是在乡村学校中工作年限较长的年长教师，由于职称评审难度较大，对教育工作存有一定的倦怠心理。地方政府可以支持乡村学校根据这批教师在工作成效、专业能力等方面的表现，设置校聘高级岗位，在物质激励上予以福利补贴方面的倾斜。同时，在精神激励方面，可以通过联合村委会等政府机构，聘请经验丰富的资深教师或工作绩效突出的青年教师为"乡村发展顾问"，并通过在全村召开隆重的聘任仪式、颁发聘书等方式，做到既提升乡村教师的社会地位，又增强乡村教师的社会责任感和职业荣誉感。此外，不同区域的乡村学校在采取激励措施时需要避免"一刀切"的做法，尽可能关照乡村教师的不同需求，有针对性地采取激励措施，实现激励措施效果的最优化。

第二节 社会层面：乡村教师文化脱节与地位劣势

乡村教师职业吸引力的提升深受乡村社会的影响，西南民族地区乡村社会发展水平相对滞后，村民对教育的重视程度远不及经济发达地区，对乡村学校和乡村教师的认可度也有待提高。同时，许多"新生代"乡村教师作为"外来人"，对乡村社会的文化习俗和生活习惯知之甚少，在适应乡村生活及工作环境上存在不同程度的困难，甚至长期难以融入乡村社会，对教师留任产生了负面影响，也不利于吸引优秀人才到乡村学校任教。这类社会层面的影响因素既是导致前述乡村教师职业吸引力主要问题的成因，也在不同程度上反映了乡村教师职业吸引力提升过程中面临的困境与挑战。

一、家长和村民对学校教育认可度偏低

乡村教师职业吸引力的提升需要村民,尤其是学生家长的支持。但在乡村社会,乡村教师的工作难以得到村民的积极配合,甚至部分村民对乡村学校教育持消极态度。一是源于村民(包括学生家长)的受教育机会有限、文化程度不高、对教育的重视不足,不具备辅导子女的基础知识和基本方法;二是因为许多学生家长沟通意识较弱,缺少与教师进行必要而有效的交流,乡村家校之间的联系不紧密;三是归结于学生家长对乡村学校及教师的态度冷漠,部分学生家长不尊重甚至看不起乡村教师。

1. 家长对乡村教育的重视程度不足

西南民族地区村民长期居住在乡村社会,儿时缺乏接受教育的机会,导致文化水平较低。一方面,当地乡村大都属于原贫困区域甚至国家级贫困区,大部分成年村民在儿时由于家庭条件困难,无法在适龄时期入学,即便有少数村民有上学经历,也大多中途辍学,未能接受完整的义务教育。另一方面,受当地老一辈村民"读书无用""读书致贫"等消极思想的影响,村民对教育的重视程度不高。近年来,随着义务教育的普及和脱贫攻坚任务的完成,乡村学校要求村民,尤其是学生家长协助管理和辅导子女的学习,但许多学生家长认为子女的学习与自身无关,将孩子送入乡村学校以后,乡村教师就要负责孩子的一切,学业成绩的好坏与乡村教师直接相关。由于传统教育观念的根深蒂固,学生家长不愿意配合乡村教师的教育工作,在一定程度上加重了乡村教师的教学负担。同时,由于学生家长自身在教育经历上的欠缺,很难在家庭中为乡村学生树立榜样并予以有效的学习辅导。学生家长在面对子女低效的学习时,也容易心生怨言,提出"为什么我把孩子送到学校了,孩子的学习成绩还是没有提高"等疑惑,并将子女所有的教育问题归结于乡村学校的管理不足和教师的教学水平不高等原因,进而对乡村学校及教师产生不信任感,无形中强化了"读书无用"的观念。

2. 家长与乡村学校的沟通相对较少

家校沟通是乡村学校教育质量的重要保障,乡村教师正是通过与学生家长的交流,掌握学生在家的生活状态、生活习惯和性格特征,才能结合在校表现,尽可能针对不同学生的具体情况因材施教。学生家长应与乡村教师保持良好的沟通,了解学生在校的学习情况及表现,针对存在的问题及时予以关注和引导,并熟悉乡村学校及教师的教育理念及要求,促进学生身心的全面发展。但是,西南民族地区乡村学生家长的配合度较低,与乡村教师的沟通较少。除了前述的原因,还缘于乡村学校中的留守儿童较多,父母常年不在家,只能由家中年迈的祖辈照顾乡村学生生活,但他们往往对学生在校的学习及生活情况知之甚少,也无法通过"家校通"、微信等软件沟通,难以与乡村教师开展深入而频繁的交流。

3. 村民对乡村教师的认可亟待加强

乡村社会对教师的认可与尊重,是提升乡村教师职业吸引力的重要基石。然而调研发现,西南民族地区乡村教师尽管身负教育重任,却得不到村民的尊重和支持。问卷数据显示,有81%的乡村教师认为有必要进一步提高他们在乡村社会中的地位。村民对乡村教师的认可度低,不仅反映出村民对乡村教师的辛苦付出和教育贡献持漠然态度,也在于当地乡村社会逐渐形成的一些消极观念,许多村民认为教书育人是教师的义务与天职,乡村教师理应无私地服务于村民和学生。这种态度和观念导致乡村教师大量的投入和付出得不到村民的认可与尊重,乡村教师对乡村社会和乡村教育逐渐"心灰意冷",动摇了自身的角色认知与职责意识。

二、教师难以融入乡村社会的生活环境

受地理环境的限制,西南民族地区村民大多世世代代生活在此,人口流动相对较小,逐渐形成了当地的文化风俗习惯以及社会关系网络。然而,大部分乡村教师,尤其是新任教师作为"外来人"进入乡村学校和乡村社会,并不了解

当地村民的生活习惯和文化习俗。为提高教育质量,乡村教师不仅需要了解并尊重当地的文化风俗和民族传统,还需克服与村民,尤其是乡村学生及其家长之间沟通的语言和文化障碍。此外,由于乡村学校周边的交通、医疗等都落后于发达地区,且发展速度相对较慢,艰苦的日常生活条件难免会增大乡村教师的心理落差。虽然许多乡村教师选择乡村教育职业是出于浓厚的教育情怀,但无论是"留得住"还是"教得好",都需要乡村社会环境的大力支持。

1. 乡村文化风俗差异明显

乡村社会中,不同民族各有相应的乡土知识和文化特色,既是民族历史和乡土文化相结合的特色文化资源,也是乡村社会特有的教育资源[①]。比如,四川省凉山州乡村学校的学生基本由彝族学生组成,其家长和亲属也是彝族。彝族拥有本族独特的语言、文字、服饰、舞蹈、习俗和传统节日等。彝族的传统节日"火把节"是当地最盛大的节日,男子、妇女都会着专门的民族衣物。而汉族即使在重要的节日,例如春节,也没有专门特制的民族衣物,衣着方面较为随意。彝族的节日风俗和饮食习惯等较之汉族有其明显的独特之处,许多新任教师初到乡村学校任教时,往往难以很快适应当地风俗习惯,从而需要投入较多的时间与精力了解当地的乡土知识与文化,并努力与自身的日常生活、教育工作相融合。

2. 语言差异造成沟通障碍

语言沟通方面的障碍会严重影响乡村教师的人际交往与人际关系,主要表现在乡村教师同学生、村民之间的沟通存在困难。以四川省凉山州为例,村民交流时常用彝语,受乡村社会和家庭环境的影响,乡村学生之间的交流也以彝语为主,更有四年级学生依然难以流畅地用普通话进行交流的情况,加大了乡村教师的教学难度和班级管理压力。SC-LS-BDX-B-JS谈道:"我们班上所有的学生都是彝族,基础差了点,特别是缺少普通话交流环境,除了上课以外他们都是说彝语。"由于乡村学校中的汉族教师较多,没有受过专门的民族语

---

① 赵鑫,周钰洁.西南民族地区乡土知识融入乡村课程的定位、挑战与策略——以彝族乡土知识为例[J].教师教育学报,2017(5):56-64.

言教育,与当地学生的交流困难重重,乡村学生往往跟不上教师的教学节奏,影响了学习成绩。即使乡村教师严格要求学生加强普通话学习、以普通话作为日常交流语言,但由于当地普通话普及率偏低,乡村学生仍然缺乏使用普通话的自觉性。

同时,乡村教师与村民,尤其是学生家长沟通的语言障碍更为严重。当地年纪稍大的村民会说普通话的很少,从外地赴乡的新任教师基本无法与村民沟通,只能借助手势等进行交流。为克服这些困难,部分乡村教师会有意识地学习当地的民族语言,以此拉近与学生、村民之间的距离,但是由于教学任务繁重,学习民族语言的时间较少,乡村教师无法及时解决语言沟通问题,很难有效融入乡村社会。

3. 入职前后心理落差较大

除了西南民族地区文化风俗和语言交流方面的挑战,乡村艰苦的生活环境也导致了乡村教师的心理落差。调查发现,尽管许多新任教师在入职前对乡村学校的工作条件和生活环境已有一定的心理准备,但入职后,他们发现乡村学校及其所在区域的气候、住宿、交通和医疗等,还是不能达到他们的心理预期,甚至部分新任教师到乡村学校赴任后短期内就急于"逃离"。加之现在便利的通信方式,乡村教师经常与在城市学校工作的同行沟通,城乡学校之间生活条件的差距也让乡村教师的心理落差更大。西南民族地区乡村教师的住宿条件并不理想,尤其是高寒山区乡村学校常年面临缺水问题,乡村教师的生活用水都难以得到保障,乡村学校教师宿舍数量与质量都难以满足住宿需求。通过对乡村教师的访谈,我们了解到乡村学校以前的教师宿舍多以毛坯房为主,四面透风,夏天热、冬天冷,室内用品非常简陋。近年来,乡村教师宿舍的整体环境有所改善,但用于修建和修缮教师宿舍的经费有限,住宿环境依然较为艰苦。此外,乡村学校交通不便,所在乡村的医疗水平较低,难以满足乡村教师的日常出行和就医需求,也是加剧乡村教师心理落差的重要原因。

第三节
学校层面:乡村教师培养与发展规划缺失

乡村教师的职业性质决定了提高乡村教师的综合素质的必要性,加大乡村教师培养力度,才能吸引优秀人才加入乡村教师队伍,保障乡村教育和乡村社会的稳步发展。在实际调研中发现,西南民族地区乡村教师在发展上受限较多,教师专业成长空间有待进一步拓展。加之区域教育发展整体水平较低,乡村学校缺少对教师培养的系统规划、培训资源分配不均,导致乡村教师的发展前景模糊。

一、乡村教师发展空间受限制

西南民族地区的大多数乡村学校地理位置偏僻,乡村教师能够获取的教育资源相对有限,在一定程度上限制了乡村教师的专业发展。

1. 乡村学校地理位置对教师发展的影响

学校所在地理位置会限制乡村教师的发展平台及发展空间。调研数据显示,43.5%的乡村教师认为自身所在学校的地理位置偏僻,对乡村学校所处位置不满。同时,47.1%的乡村教师将学校所处的地理位置作为选择乡村教师职业的因素之一。相较于城市学校或社会经济发达地区的乡村学校,西南民族地区乡村教师受外界关注程度较低,在参加教学比赛、申报教研课题、获评教学荣誉等方面的专业发展机会较少,限制了乡村教师的专业发展空间。此外,乡村学校所在地理位置的限制,给乡村教师的日常生活、交通出行等带来了较大不便,增加了乡村教师的工作负荷,挤压了乡村教师专业发展的时间和精力。

2. 乡村学校为教师提供的发展资源欠缺

无论是人力、物力和财力等硬件资源,还是校风学风、人际关系和学校文化等软件资源,西南民族地区乡村学校所提供的条件都无法满足乡村教师职业吸引力提升的需要。在硬件资源方面,由于地方政府投入乡村学校发展和建设的资金有限,乡村教育缺乏充足的办学经费,致使乡村学校能够投入教师成长的专项经费不足。同时,乡村学校的教学条件也无法满足乡村教师的专业发展需求,面临着教学多媒体设备失检或故障、网络不稳定、学校图书馆藏书老旧和不足等问题,乡村教师难以及时、便捷地获取线上或线下的教育资源,不利于他们的专业成长。在软件资源方面,许多乡村学校没有提出明确的办学理念,未能形成自己的校园文化,与当地乡土文化或民族风俗相整合更是无从谈起,无法在软件资源层面有力支持乡村教师的专业发展。

二、乡村教师培训设计不合理

培训是促进乡村教师持续发展的重要活动,由于理念、条件和管理等因素的制约,加之城乡教育之间的差距难以在短期内快速缩小,西南民族地区乡村学校对教师的培训缺乏合理规划与完善设计,难以成为乡村教师专业发展与职业吸引力提升的"助推器"。

1. 乡村教师校本培训缺少合理规划

校本培训是开展教师培训的重要手段,对于培训场地要求不高。此外,校本培训的时机较多,可以充分利用乡村教师课余时间,灵活调整培训方案、布置培训任务。但由于许多乡村学校缺少专业支持,校本培训缺乏合理规划,存在培训方式单一化和培训效果片面化等问题。

一是培训方式较为单调。乡村教师校本培训的方式主要有集体备课、听课、评课以及资深教师与青年教师"传帮带"等活动,许多乡村教师认为这些方式较为随意和零散,难以激发他们的参训热情与动力。调研中也发现,西南民族地区部分乡村学校较少开展甚至基本不开展校本培训,导致这些学校的乡村教师接受培训的专业发展意识淡薄,认为不培训也能正常开展教学工作,不会影响自身的发展。

二是培训效果重教学轻教研。乡村学校由于教师教学水平普遍偏低,且开展教研培训的能力有限,因而将提升教学水平作为教师专业发展的主要目标,片面强调乡村教师教学能力的提高,对教师教研能力的培训较为欠缺。在基础教育课程改革的背景下,乡村教师的教研能力与教学能力并非相互对立或排斥,而是相辅相成的,乡村学校校本培训需要借助各方力量,进一步平衡培训内容中教研和教学的比重。

2. 乡村教师校外培训缺乏针对性

自"国培"计划实施以来,各级各类培训也惠及各地乡村教师,但调研发现,参训的乡村教师普遍反映所参加的校外培训缺乏针对性,脱离了他们的生活和工作实际,与乡村教师的教学生活实际上变成了互相隔离的"两张皮"[1]。乡村教师接受了各种新名词、新理念和新方法,却无法运用于乡村教育实践,培训效果难达预期,未能有效助力乡村教师职业吸引力的提升。

一是校外培训专家不了解乡村学校的教育实情。教育行政部门或师资培训机构会邀请高校、外地教育专家或中小学名师送教下乡,但有些培训专家并不了解乡村教育和乡村教师的具体情况。在参训教师看来,培训专家分享的主题及内容往往过于"高大上",培训过程中给人"天马行空"的感受。培训内容难以贴合乡村学校的教学实践,久而久之,削弱了乡村教师参加校外培训的热情和动力。

二是培训内容脱离乡村学校教育实际。一方面,培训内容不符合乡村教师的教学需求。许多乡村教师表示,参加的培训尽管理论先进、内容新颖,但脱离了他们的现有能力和教学水平,培训专家介绍的前沿教学方式方法,虽然能够开阔乡村教师的眼界,但由于情境内容同乡村教师的教学水平或教学实际不相匹配,难以真正运用到乡村学校的教育实践中。另一方面,培训内容不符合乡村学生的学习需求。相较于城市学生而言,乡村学生的知识基础相对薄弱,理解学习内容所需的时间较长,若不依据乡村学生的实际水平调整教学难度,则容易加重他们的学习负担。此外,乡村学校会组织教师参加在线教学的培训,外地专家通过网络引导乡村教师通过互联网辅助学生学习,以及让学

---

[1] 黄晓茜,程良宏.教师学习力:乡村教师专业发展的重要驱力[J].全球教育展望,2020(7):62-71.

生掌握网络平台学习方式。但乡村学校的整体网络环境较差,能够提供给教师和学生教学所用的网络设备有限,难以在乡村学校有效开展在线教学活动。

第四节
教师层面:乡村教师定位模糊与责任不明

政府、社会和乡村学校等不同层面的因素影响并作用于乡村教师,引发并加剧了乡村教师职业吸引力及其提升过程中的系列问题,主要体现为乡村教师身份认同的迷失、职业动机的弱化以及责任意识的淡薄。

一、乡村教师身份认同的迷失

随着一系列政策的相继出台,越来越多城镇籍、外地籍毕业生奔赴乡村学校任教,乡村教师队伍的构成逐渐多元化,身份认同的重要性日渐显现[1]。乡村教师除了作为学校教育者,还兼具乡村产业人才的培育者、乡风文明的守护者、乡村生态文明的传播者、乡村治理的协助者和村民生活改造的领导者等身份[2]。乡村教师只有深切认同自己所属的身份,才能深入理解和承担自身的职责与义务。

1. 乡村教师角色定位偏差

乡村教师的职业角色随着时代发展也在持续演变。除了完成日常的教学任务以外,乡村教师还要承担照顾学生寄宿生活的责任,并担任着未获法律认可的儿童"监护人"、儿童社会生活中的"重要他人"、传承传统文化和传播现代文化的乡村"文化人"等角色。他们既是乡村学校的教育者,也是乡土社会的

---

[1] 赵鑫,谢小蓉.从"在乡村从教"到"为乡村而教":我国乡村教师身份认同研究的进展及走向[J].当代教育与文化,2020(1):83-89.
[2] 肖正德.论乡村振兴战略中乡村教师的新乡贤角色[J].教育研究,2020(11):135-144.

文化人,更是乡村振兴的参与者,角色相对复杂。尽管这些角色在一定程度上适应了乡村社会和乡村教育的发展趋势,但容易使乡村教师迷失自身的主要角色。

调研发现,由于西南民族地区乡村学校的学生整体素质相对偏低、基础知识薄弱、学习能力较弱,乡村教师为适应当地学生的学习水平,采取以讲授为主的教学方式。虽然在一定程度上缓解了学生在课堂中的学习压力,但不利于乡村学生学习主动性与自觉性的发展。为提高乡村学生学习能力,许多乡村教师都表示要强化自身"教书育人"的角色,根据乡村学生的具体情况,将课堂教学的主动权逐渐还于乡村学生,给予乡村学生自主学习的空间,协助乡村学生紧跟教师的教学节奏。这些都要求乡村教师投入更多的时间和精力改进教学方式、提升教学质量。但是,由于乡村教师还扮演着学生的生活管理者和心理咨询者,以及乡村社会的建设者等多元角色,常感到"分身乏术",难以集中精力扮演好"教书育人"这一主要角色。

2. 乡村教师缺少地域归属

乡村教师只有全身心融入乡村社会和乡村学校(不仅要"身在"乡村,更要达到"心系"乡村),切实增强自身的地域归属感,才能提升教育情怀、全力支持乡村教育的发展。但在调研中发现,西南民族地区部分乡村教师,尤其是新任教师难以融入当地生活,除了语言受限、文化差异、风俗不同之外,还由于乡村社会存在着排外风气。在访谈中,部分乡村教师透露了乡村学校及其所在乡村社会部分村民存在排斥外地教师的现象,致使乡村教师感到自己在工作中的付出得不到认可、在乡村社会中缺少归属感,从而使自己置身于乡村社会之外,逐渐淡化了对乡村教师角色的认同。

乡村教师作为乡村社会中的"知识分子",需要积极主动为乡村社会的发展和建设出谋划策,以融入乡村社会、增强地域归属感。然而,乡村学生和乡村教育的高质量发展又需要乡村教师将更多的时间和精力投入学校的教育教学工作,课余时间也需要持续提升自身的专业素养。部分乡村教师成家后,还需要照顾家庭,难以频繁参与乡村社会发展的其他事务,这也是乡村教师深度融入乡村社会必须面对的挑战。

二、乡村教师职业动机的弱化

职业动机影响着乡村教师在工作中的态度、韧性和努力程度。西南民族地区乡村学校条件较为艰苦,乡村教师心理存在落差,容易出现教学倦怠,职业动机减弱。

乡村教师的年龄、健康状况和家庭情况等是其职业动机减弱的主要因素。乡村学校的教师年龄分化程度较高,除了刚入职的新任教师以外,教龄在十余年以上的教师人数占比最多。"以前还有向前冲的那股劲,但是现在年龄大了,感觉也没有原先的激情了,也没有什么事业可以拼了,就是教好现在的课,带好这些学生就行了。"(SC-LS-TDB-Y-JS)长期积累的教学经验也使乡村教师足以应对日常的教学工作,更加安于现状。SC-LS-BDX-S2-JS表示:"每天的教学工作都是按部就班的,主要是上课、批改作业、备课、辅导学生等。教学过程没什么难度,学生的基础虽然都比较差,但是都比较听老师的话。"

乡村教师除了完成学校安排的教学任务,还肩负着诸多社会责任,随着年龄和教龄的增长,乡村教师的身体健康状况也不容乐观。疾病所带来的痛苦,让许多乡村教师不得不放慢对事业追求的脚步。SC-LS-MYZ-H1-JS说道:"我还是有点想换工作,教师工作太辛苦了,现在我经常犯扁桃体炎。"乡村社会不健全的医疗系统又难以满足乡村教师的就医需求。正如问卷调查的结果显示,西南民族地区超过40%的乡村教师对所在乡村的医疗水平表示不满,超过60%的乡村教师认为乡村的就医需求未能得到基本保障,身体健康问题也削弱了他们的职业动机。

家庭中的子女教育问题也是影响乡村教师职业动机的因素之一。对于成家且育有子女的乡村教师而言,生活重心自然会逐渐偏向于孩子的教育及陪伴。问卷调查显示,有54.3%的乡村教师认为子女能否在本地接受良好教育是影响自己选择该职业的因素之一。随着乡村教师,尤其是女教师对子女教育问题的重视,在选择工作地点时,他们往往会以照顾家庭为主。"让我去县城工作还是愿意的,首先考虑家庭情况,这样既能照顾老人,孩子也能接受到更好的教育。"(SC-LS-WKX-L3-JS)

除了乡村教师自身的原因,学校环境、工资福利、奖励措施和职称晋升等因素同样深刻影响着乡村教师的职业动机。如前文所述,由于西南民族地区乡村学校生活和工作环境较为艰苦,一些原本生长于城市的乡村教师长期以来养成的生活习惯难以在短时间内改变,需要花费较长时间与乡村环境进行磨合,容易减弱甚至丧失对乡村教师职业的热情。此外,乡村教师对工资待遇和福利补贴的满意程度,也难免影响他们的职业动机。加上职称评审的难度和压力,许多乡村教师产生畏难情绪,认为看不到职业发展希望,SC-LS-TDB-Y-JS表示:"职称主要是按照教龄、工龄、教学质量来评定的,上面来划分出名额,然后来评定,但是我们都觉得名额太少,竞争太大了,大家都觉得希望渺茫。"发展空间的窄化进一步削弱了乡村教师的职业动机。

三、乡村教师责任意识的淡薄

乡村社会受地理、经济和文化等因素的制约,教育责任从家庭、家长向乡村学校和乡村教师转移,对乡村教师提出了更高的要求。然而,乡村教师角色的增加及其责任边界的泛化导致他们无所适从,影响甚至淡化了他们的责任意识。

乡村教师的责任基于他们的角色定位,由于乡村教师角色所具有的复杂性与多元性,因而对乡村教师责任的要求也持续增加。例如,乡村教师"教书育人"的角色要求他们要做好本职教学工作、提高乡村学生的学业成绩和乡村学校的教育质量,明确了乡村教师的教学责任;乡村教师"学生生活管理者"的角色要求他们照顾好学生在乡村学校中的生活起居,承担着乡村学生的监护责任;乡村教师"乡村建设者"的角色要求他们主动参与乡村社会的各项活动、为乡村发展献计献策……乡村教师所承担的角色越多,相应的责任也就越多。然而,乡村教师在面对多重责任时,也显得力不从心。仅以乡村教师的教育责任为例,SC-LS-TDB-L1-JS表示:"学生的学习习惯比较差,像我们所教的学生,他们的家长大都没有受过教育,在管理孩子方面,都不会关心孩子的作业做没做,只关心孩子有没有来学校,来学校吃饱饭没有,其他基本上不闻不问。

因为家长自己不识字,也不能辅导孩子做作业,反正都是推给老师。"乡村家长的期望和要求无疑将学生的学习与成长全部纳入乡村教师的责任范围内,忽视了乡村学生家长与家庭教育的重要性,增加了乡村教师的工作压力。乡村教师责任的泛化,也在无止境地消耗着他们的教育热情。部分乡村教师认为既然无法有效胜任各项责任,不如逃避"不必要"的责任,仅完成应尽的乡村学校教学任务,不再关心乡村社会及乡村学校的其他教育问题和学生生活中的问题,以规避责任要求与教育风险。

综上所述,剖析乡村教师职业吸引力问题的主要成因,明确乡村教师职业吸引力问题的主要来源,能够为进一步构建具有针对性和时效性的乡村教师职业吸引力提升机制奠定现实基础。乡村教师职业吸引力的提升并非中国特有的问题,在把握本土实际情况的同时,乡村教师职业吸引力提升路径的构建也要"放眼看世界",积极汲取他国有益的相关经验。

第七章 乡村教师职业吸引力提升的国际经验

如何切实提升乡村教师职业吸引力是全世界各个国家都面临的共同问题，面对这一挑战，各国都积极采取了一系列措施。其中，美国、加拿大、澳大利亚、俄罗斯与印度作为典型的"大乡村"、多文化和多民族国家，高度重视乡村教师的专业发展，所采取的乡村教师职业吸引力提升措施富有特色和成效，对我国制定相应政策、提升乡村教师职业吸引力具有重要的参考价值。

第一节
美国提升乡村教师职业吸引力的经验

美国地域广阔，乡村地区在国土总面积中占据较大比重，且作为一个移民国家，民族众多。从乡村教师职业吸引力的视角审视，如果把美国的城市、城郊、县镇和乡村的教师转校、流失状况加以比较，可以发现城市教师的转校率较乡村教师偏高，与人们对乡村教师高度不稳定的刻板印象不同，乡村教师队伍比城市教师队伍有着更高的稳定性[1]。美国乡村教师职业吸引力提升所面临的困境，也由于地域、民族的不同，呈现出差异化的特征。为了有效突破困境，美国分别从联邦政府与地方政府两个层面出发，采取了一系列措施提升乡村教师职业吸引力。

一、联邦政府对乡村教师职业吸引力的提升举措

美国联邦政府对乡村教师队伍建设的系统支持始于二战后，主要采取立法与拨款的方式。为实现全美教师队伍高质量发展的目标，提高乡村教师职业吸引力，联邦政府主要通过制定、颁布法案与拨款的形式，要求每个州为乡村中小学提供数量充足的优质师资，并鉴于不同乡村学校的特殊情况，为提高

---

[1] 刘丽群.乡村教师如何"下得去"和"留得住"：美国经验与中国启示[J].教师教育研究，2019(1)：120-127.

乡村教师的质量颁行了相应的政策。比如,延长乡村教师达标年限,以此支持乡村学校及其教师的持续发展。

1965年《中小学教育法》(The Elementary and Secondary Education Act)的颁布是美国联邦政府教育发展史上一个重要的里程碑,该法案重点强调了教育公平原则,标志着美国联邦政府首次大规模援助教育发展[1]。虽然没有直接阐述乡村教师发展的条款,但是该法案在对联邦资助款使用的规定中专门强调了提高教师培养质量,有力促进了美国乡村教师的培养。同年,美国联邦政府还制定颁布了《高等教育法》(Higher Education Act),致力于通过增加财政拨款的方式发展美国的高等教育,进而以乡村教师的培养和招聘等方面为切入口,着力解决乡村教师队伍后备力量不足的问题。

2001年,美国国会高票通过了《不让一个孩子掉队法案》(No Child Left Behind Act)。作为《中小学教育法》的修正案,该法案继承和发展了1965年《高等教育法》、1983年《国家处在危险之中:教育改革势在必行》(A Nation at Risk: The Imperative for Educational Reform)、1994年《美国2000年教育目标法》(Goal 2000 Educate America Act)和《教育科学改革法案》(Education Sciences Reform Act)等众多联邦政府法案和报告中关于乡村教师的政策,严格要求乡村学校的每间教室都要有高素质教师,对改善乡村学校难以吸引和留住优秀教师的状况具有重要的促进作用,为美国现行乡村教师政策的制定和实施奠定了基础。除了专门的教育法律法规,联邦政府也会在一些综合性的公共政策法案中关注乡村教师的发展。

2009年颁发的《美国复苏与再投资法案》(American Recovery and Reinvestment Act)在鼓励教师赴乡村学校任教方面作出了新的规定,即在用于解决经济危机的7870亿美元中,拨出1400多亿美元投入教育和培训,其中,用于州财政稳定基金的有486亿美元。要获得这笔稳定基金,各州必须满足规定的要求。例如,为保证在各学区和学校之间更加公平地分配师资,加强贫困地区特别是乡村公立学校的师资力量,采取措施大力支持乡村薄弱学校[2]。奥巴马执

---

[1] 杨帆.1965年美国《中小学教育法》的制定与实施[D].长春:东北师范大学,2010:9-10.
[2] 史静寰,等.当代美国教育(修订版)[M].北京:社会科学文献出版社,2012:109.

政期间,联邦政府尤为重视教师的培养与招募,并签署了《每一个学生成功法案》(Every Student Succeeds Act)来代替《不让一个孩子掉队法案》,确保地方政府在教育管理方面享有更大的自主权,以便地方政府能够依据当地乡村教育发展的实际需求制定更加具体的乡村教师职业吸引力提升措施[1]。美国联邦政府主要立足于宏观视角,通过立法与拨款引导各州解决乡村教师的招聘与留任等问题,进而提升乡村教师的职业吸引力。

二、地方政府对乡村教师职业吸引力的提升举措

在美国教育的发展历程中,地方政府尤其是各学区扮演着举足轻重的角色,很大程度上影响着联邦政府教育措施的有效落实。美国地方政府在联邦宪法的规定下拥有一定的教育管辖权,在乡村教育和乡村教师的发展领域具有更大的主动性,制定的各项政策也着力满足乡村教师的实际需求。

其一,美国地方政府对提高乡村教师的工资待遇作出了重要贡献。1999年美国召开了第三届教育首脑会议,深入探讨了诸多问题,比如,提高乡村教师的培养和专业发展,从而使乡村教师培训与各州标准密切相关;吸引有能力的毕业生和社会人士从事乡村教师职业,将乡村教师的收入同其教学成就和技能水平挂钩等,并在乡村教师收入与其教学成就挂钩这一问题上达成了共识。在会议中,美国经济界领袖同意至少帮助10个州将"奖励-业绩激励计划"(Pay-for-performance Incentive Plans)纳入乡村教师的工资结构;教育界领袖同意在专业发展与标准相联系时,建立能为专业发展提供声望的乡村教师薪金表;州长们则保证只要乡村教师证明自身拥有扎实的课程内容知识,并能够帮助学生达到高标准的学业水平,政府会提高乡村教师的权利和收入[2]。美国各州在提升乡村教师职业吸引力的具体措施中,除了将乡村教师的工资收入与教学成就挂钩,也积极提升乡村教师的各项福利。例如,得克萨斯州在发展乡村学校的相关条例中承诺为乡村教师提供低成本住房,保障乡村教师日常居

---

[1] 杨光富.美国近年来基础教育政策述评[J].全球教育展望,2019(9):12-23.
[2] 赵中建.质量为本——美国基础教育热点问题研究[M].合肥:安徽教育出版社,2009:5-6.

住的需要。密西西比州实行为乡村教师提供住房优惠贷款的计划,以期给优秀教师紧缺的乡村学校和城市薄弱学校提供住房优惠贷款。此外,阿肯色州还通过立法和教师住房发展基金项目(Teacher Housing Development Foundation)的形式,有效保障了乡村教师的住房需求。根据相关法案的规定,乡村学校等高优先区的教师有资格获得住房援助。同时,政策也对获得援助的教师进行了条件上的限制,要求参加者必须是表现优异且在高优先级学区任教三年以上,而且需要三封推荐信。援助形式具有灵活性和多样性,在不超出政策限定范围的情况下,援助可以通过传统的抵押贷款的形式实现,也可以将援助金直接用于租房[①]。美国不同州的地方政府采取提高乡村教师工资与福利待遇的措施各不相同,但大都重视福利待遇的改革与乡村教师的实际需要相结合,确保有效发挥相关措施的激励功能。

其二,美国地方政府根据联邦政府相关政策及举措,利用社会、家庭和现代技术等力量,针对性地制定了乡村教师职业吸引力提升的系列帮扶政策[②]。比如,弗吉尼亚州实施的"乡村数学卓越合作伙伴计划",通过建立家庭、教师和社区之间的联盟来共同支持乡村教师和乡村学生的发展。肯塔基州的欧斯利(Owsley)学校建立了专门的家长资源中心,在该中心,乡村教师发布教育需求,家长志愿者提供相应的服务。据统计,2008年至2009年,家长为学校提供了2100小时的志愿者服务,有效缓解了乡村教育资源不足的问题[③]。此外,为解决大量的乡村流动移民工人子女的教育问题,美国各州和地方学区也在不断完善相关的政策和方案,如建立国家学生数据库来支持和协助乡村学校,减轻乡村教师的教学负担。由于各州的财政经济状况、教育行政部门和乡村学校对外来移民子女教育的承受能力有所不同,地方政府会根据当地的移民政策和乡村外来人口的管理制度,为缺乏师资的乡村学校增加财政资助,改善校园环境,拓宽乡村教师专业发展的渠道,从而吸引和挽留高素质的乡村教师,提高乡村学校的教学质量。

---

① 卢锦珍.美国农村教师补充政策的研究[D].重庆:西南大学,2016:90.
② 任胜洪,赵宇霏.乡村教师职业吸引力提升的国际经验借鉴[J].贵州师范大学学报(社会科学版),2020(6):54-61.
③ 刘丽群,任卓.美国乡村学校的历史跌宕与现实审视[J].教育研究,2018(12):133-141.

其三,美国地方政府也注意到了乡村教师本土化培养和发展的重要性。《不让一个孩子掉队法案》在要求提高教师队伍质量的同时,也提出了乡村学校教学质量评估的风险,强调要重新核算师生流动性较大的乡村学校中教师和学生的确切人数,加强对乡村教师的培养。社区作为美国地方最基层的组织单位,其教育和文化项目对乡村教师的浸润程度也会影响他们的留任意愿。要留住优秀的乡村教师,乡村学校和所在社区之间需要精诚合作,加强对乡村教师的文化熏陶。许多乡村学校和社区采取了不同的策略,例如,将具有乡村背景、教育经验的大学毕业生列为乡村教师招募的重点对象;采取系列措施帮助乡村新任教师尽快适应乡村学校的工作和生活,诸如简化教案、提供在职进修项目等;为乡村教师专业发展和专业素养的提升提供便宜实惠的大学远程教育课程;乡村校长注重人文关怀,精心选择并安排乡村新任教师的第一项任务,帮助乡村新任教师设定明确的目标并积极给予反馈,为乡村新任教师提供与有经验的同事和家长交流的机会,在乡村学校营造一种积极上进的工作氛围。此外,许多乡村社区还邀请乡村新任教师参加当地的各项社会活动,以增强新任教师对乡村社区的了解[①]。美国地方政府还积极建立了乡村教师人才交流中心,以期提高乡村教师的工作兴趣和教学技能,吸引更多的优秀人才以弥补乡村师资的不足。总之,美国地方政府响应联邦政府号召,依据当地具体情况采取补充与完善措施,从而提升乡村教师职业吸引力。

第二节
加拿大提升乡村教师职业吸引力的经验

加拿大是一个典型的"大乡村"和移民国家,在区域划分上,加拿大将人口低于1000人、人口密度每平方公里低于400人的不连续区域视为乡村地区。

---

① 傅松涛,杨彬.美国农村社区基础教育现状与改革方略[J].比较教育研究,2004(9):47-52.

其中,根据都市对乡村地区的影响程度,进一步将乡村地区划分为"强""中""弱""无"等都市辐射型乡村类型[①]。加拿大政府在关注不同地区发展需求的同时,也格外注重乡村社会的发展,而政府对乡村社会发展的重视,也引发了教育界对乡村教育和乡村教师发展的关注。为了提高乡村教师的职业吸引力,加拿大政府以及乡村学校采取了多种灵活有效的措施,在乡村教育实践中积累了丰富的经验。

一、政府层面的乡村教师职业吸引力提升举措

以下一系列政策的制定和实施体现了加拿大政府对乡村教育与乡村教师发展的重视。1971年,加拿大政府实行多元文化主义政策,强调各民族文化是平等共存的关系,没有居于统治或主导地位的文化,每个族裔群体都有权选择自己偏爱的生活方式、选择保留和发展自身的文化。所有加拿大人都要摒弃文化、民族和思想上的歧视,平等地接受不同民族之间的差别,而加拿大政府面对多民族文化时的主要任务则是要协调好各族裔群体与主流社会之间的关系,增强各民族的文化自信心,增强他们对国家和社会的责任感与归属感[②]。2006年,为了培养符合各省及不同区域乡村学校需求的"加拿大教师",加拿大教育学院院长协会(Association of Canadian Deans of Education,简称ACDE)发布了政府层面首个重要的教师专业标准文件,正式提出了职前教师教育的10余条原则,明确了加拿大各大院校培养教师应达到的标准,是各省对合格教师共同认识的集中表达,明确了乡村教师在参与地方、国家及全球对话中,要理解并接纳社会的多元性,完成自己应尽的责任。

加拿大乡村教师职业吸引力的提升除了依靠联邦政府的宏观指导,也有赖于下属的省政府制定的具体举措。根据加拿大《宪法》,加拿大各省对各级各类教育拥有管理权和教育立法权,学校主要依据各省法律法规、教育部门的

[①] 石娟,巫娜,刘义兵.加拿大偏远地区乡村教师队伍建设及其借鉴[J].比较教育研究,2017(2):61-66.
[②] 侯敏.多元文化主义背景下的加拿大少数民族教育研究[D].北京:中央民族大学,2007:17.

规章制度以及学区董事会的相应要求进行布局调整[①]。除了立法之外,加拿大各省大多通过优化培养的方式来推动乡村教师队伍的发展。比如,曼尼托巴省的部分学区设立了乡村教师专业发展的服务机构,以及学校文化督导等职位,主要负责协调各类学校读写课程教师之间的相互学习、共同协作与经验交流,引导他们建立良好的伙伴关系,这一举措既改善了乡村学校师资短缺的现状,又开拓了乡村教师专业发展的平台;还有一种职位是学校课程专家,除兼任文化督导的部分协调工作外,主要工作还包括乡村学校课程的研发以及提高乡村教师的课堂教学能力[②]。不列颠哥伦比亚大学教育学院开设的教师培养项目囊括了法语学校教师、国际学校教师、蒙特梭利儿童教师和艺术双学位教师等培养项目,提供了不列颠哥伦比亚省最为综合与全面的乡村教师发展措施。

二、学校层面的乡村教师职业吸引力提升举措

加强高校、教师教育培养机构与乡村学校的联系是加拿大从学校层面提升乡村教师职业吸引力的重要举措。无论是高校还是教师教育培养机构,都在积极探索如何促进乡村教师的发展,在教育实践中持续改革和创新乡村教师职业吸引力的提升策略。

在乡村教师职前培养方面,虽然加拿大政府没有专门针对乡村学校职前教师的培养计划,但许多高校的(教师)教育学院都非常重视乡村教师的培养与发展。一些高校专门开设了乡村师资培训课程,尤为关注职前教师培养中有关乡村历史、文化及传统价值等课程的学习。此外,职前教师在乡村学校进行教育教学实习也被规定为完成相关课程的必备环节。例如,纽芬兰纪念大学针对乡村学校教学实际开设了有关乡村教育的系列选修课程,主要从理论、方法、策略等方面关注乡村教师如何开展跨年龄与跨年级的复式教学。同时,该校很早就开展乡村师资培训,开设的20门选修课程中有14门需要学生深入

[①] 王建梁,帅晓静.民主与法制下的加拿大中小学布局调整[J].教育理论与实践,2012,32(16):27-30.
[②] 石娟,亚娜,刘义兵.加拿大偏远地区乡村教师队伍建设及其借鉴[J].比较教育研究,2017(2):61-66.

偏远部落的乡村学校，了解当地的地理环境、历史人文等。近年来，该校实施了职前教师实习改革，为参与职前教师培训项目的学生提供为期13周的乡村学校带薪实习机会。学生在实习期间的所有花费均由相关机构负责，确保所有学生都能够全身心投入乡村学校的教学活动，消除对乡村学校的误解与偏见，激发更多学生将乡村学校作为将来职业选择目标的热情。此外，乡村学校还为一些有望成为教师但尚未获得资格证的准教师或准管理者提供实习机会。

在乡村教师在职培训方面，为了让新任教师尽快适应乡村教育，加拿大的许多乡村学校不仅为新任教师提供从教育理念、教学技能到教学方法等方面的入职辅导，还会组织开展经验分享会，让经验丰富的资深教师为新任教师提供针对性指导。比如，阿尔伯塔北部发展委员会通过的"导师计划"，有针对性地指导并促进新任教师专业知识和专业能力方面的发展，帮助新任教师加深对乡村教育多元化需求的认识，使他们在深入了解乡村教育的基础上，形成自我专业认同感和归属感。同时，各省的高校、社区学院在设置正规的教师教育课程之外，还面向乡村教师的实际需求开设了一系列特色化的网络课程与函授课程，助力乡村教师的专业发展。曼尼托巴省北部学区开设的夏季课程吸引了大批乡村教师，加快了乡村教师知识结构的更新、教学能力的提升与专业品质的提高。以不列颠哥伦比亚大学为代表的高校教育学院和乡村之间建立了长期的伙伴关系，是促进乡村教师专业发展的重要基础。该校通过与本省教育部门以及18个乡村学区建立伙伴合作关系，实施了"推动乡村学习的创新项目"，目的在于奖励、资助乡村学校及教师开展具有创新性、实效性、合作性的教学创新项目。2012—2013年度，该创新项目启动了网络研讨会，将通过多渠道获得的财政资助奖励每个乡村学区的最优教学创新项目，获奖者通过网络研讨会与同行及专家探讨分享自己的教学成果与教学经验。奖励的目的在于支持创新项目的持续推进，鼓励与吸引新的乡村学校及其乡村教师加入该项目，在增强乡村教师综合素养的基础上持续提升乡村教师的职业吸引力[1]。

---

[1] 石娟,巫娜,刘义兵.加拿大偏远地区乡村教师队伍建设及其借鉴[J].比较教育研究,2017(2)：61-66.

第三节
澳大利亚提升乡村教师职业吸引力的经验

作为一个多民族的农业大国,澳大利亚的乡村教育与城市教育发展很不平衡,存在着乡村教师数量不足、老龄化凸显、素质不高等问题,致使乡村教师职业吸引力偏低,乡村教育发展面临严峻挑战。为解决乡村教师队伍建设面临的困境,澳大利亚采取了诸多提升乡村教师吸引力的举措,形成了职前储备、入职指导、在职提升的教育全过程和一体化的乡村教师专业发展体系。

一、对乡村职前教师的培养

澳大利亚在培养乡村教师的举措中注重职前教师所处的教育环境、待遇保障等外部因素,以及教师动机、职业成就等内部因素。高校作为教师培养的核心机构,必须为毕业生入职乡村学校做好充分准备,将乡村元素渗透到职前教育阶段,帮助学生储备必要的乡村教育先行性知识,获得一定的实践经验。为了实现提升乡村教师职业吸引力、培养乡村学校专业化人才的目的,高校为学生开设了有关乡村教育的系列课程,在教育实践活动中突出学生的主体作用,设定具有目标性和导向性功能的毕业标准,增强学生就职乡村学校的意愿和动机。同时,政府还会督促高校与乡村学校紧密联系。例如,西澳大利亚州开展了一项名为"乡村教学计划"(Rural Teaching Program,简称RTP)的教学活动,这项活动面向应届或应届前一年的教育硕士,给予他们每周135~265澳元的生活补助并提供住宿,鼓励他们选择到乡村学校进行4~10周的教学实习,该项目的报告探讨了应该如何更好地根据乡村学校特色对新任教师进行在职培养,分析了乡村教育以及传统教师职前培养的问题所在。

此外,澳大利亚还开展了一系列诸如新南威尔士州实施的"超越边界"(Beyond The Line)、昆士兰州的"跨越山谷计划"(Over the Hill Project)等鼓励大学生赴乡村学校实习或吸引优秀教师到乡村学校从教的活动①。澳大利亚在职前教师的培养方面投入了大量资金,通过两种不同类型的"捆绑式"奖学金激励职前教师在毕业后赴乡村学校任教。一种是全程学习奖学金,即学生在职前学习的每年都会得到一定数量的奖学金,比如,新南威尔士州设有教师教育奖学金项目,每年给予奖学金获得者5000澳元的奖励,如果学生毕业到乡村学校就业,还可以额外获得3000澳元的补助;另一种是教育实践奖学金,专门用于资助学生参加乡村学校教育实践。例如,昆士兰州为乡村学校短缺学科专业的大学生提供1500澳元的奖学金,资助他们在乡村学校中的实践活动,以此激励他们深度参与乡村学校的教学实习②。

二、对乡村新任教师的支持

对于乡村新任教师而言,入职初期的境遇以及是否能够获得有效的指导与支持是影响其留任意愿的关键因素。为防止乡村新任教师的流失,澳大利亚实施了多样化的乡村新任教师支持计划,乡村学校通过酌情减轻新任教师的教学负荷、配备专门的指导教师、加强新任教师和乡村社区的合作关系等方式加强新任教师对乡村教育工作的适应性。

在南澳大利亚州和塔斯马尼亚州,新任教师入职的第一年内,乡村学校可以灵活减少其固定工作任务量的10%,以便他们更好地适应乡村学校教学环境。由于乡村学校的师生数量相对较少,乡村教师大多为全科教师,即一名教师负责多个学科的教学工作,乡村教师的教学任务较重,新任教师工作适应的压力较大。鉴于此,塔斯马尼亚州还为乡村教师提供了每周两小时的空闲时间用于教学活动和职业发展的自由规划。除了减轻工作任务,配备合适的指导教师也能帮助乡村新任教师减轻工作适应的压力,比如,昆士兰州的乡村学校通过专业人员辅助和支持来消除新任教师的工作压力。此外,昆士兰州还实施了"偏远地区激励计划",通过为到偏远地区乡村学校从教的新任教师提

---

① 杨樱."为澳大利亚而教"项目教师培养路径研究[D].长春:东北师范大学,2013:3.
② 谢艺泉.澳大利亚乡村教师职前培养改革:动因、策略及启示[J].外国教育研究,2018(9):43-56.

供交通补贴和生活补助的方式强化乡村教师的教育承诺,保障乡村教师的职业稳定性。同时,澳大利亚各州的乡村新任教师还享受了不同形式的住房补助。这一系列举措鼓励了新任教师留任乡村学校的内在意愿和外显行为,有助于乡村教师队伍的稳定和长远发展[①]。2003年,新南威尔士州教育部为每所学校配备50名为期两年的指导教师,通过采取小组帮扶、合作交流以及一对一协同等方式,为乡村新任教师的专业发展提供精准化和针对性的指导服务[②]。

三、对乡村在职教师的提升

经过了适应阶段,乡村教师对当地的学校教育和社区生活等已较为熟悉,但在长时间的工作中可能会产生职业倦怠等系列问题。为了持续提升乡村教师的素质、留住优秀的乡村教师并弱化或防止乡村教师产生职业倦怠,澳大利亚各州也制定了教师专业发展计划、教师交换计划、教师进修学习计划等乡村教师职业吸引力提升计划。

一是教师专业发展计划。乡村学校根据实际情况为教师制定了专业发展计划。南澳大利亚州乡村教师每年需要参与完成37.5小时的专业学习指标,学习的区域不限定于乡村学校,教师可以选择校外或者专业阅读等方式完成学习计划。

二是教师交换计划。乡村教师和其他地区的教师短暂交换教学职位,体验不同情境中的教学感受,从而积累教学经验,提升职业适应能力。该计划已在澳大利亚多个州实行,在乡村教师专业发展领域已经取得良好成效。例如,新南威尔士州实施的"乡村教师交流计划"已在全州多个地区有效实施,并在促进优秀乡村教师留任方面取得了较为显著的成效。

三是教师进修学习计划。在西澳大利亚州和北领地等区域,乡村教师在不影响正常教学的前提下可以通过调整自己的教学周或教学日,参与高校负

---

① 付卫东,刘源.农村教师招募与保留政策的国际比较及启示——以美国、澳大利亚和印度为例[J].教师教育论坛,2019(3):51-58.

② Phil Roberts.Staffing an Empty Schoolhouse: attracting and retaining teachers in rural, remote and isolated communities[R].Sydney:New South Wales Teachers Federation,2005.

责的教师培训项目。同时,乡村教师还享有专门的用于维持家庭关系或社会联系的"离职日"(Leave Day),满足其内在情感需求;在乡村教师考评上,采取"计分制"的方式,根据教师所任教乡村学校的距离、环境、条件以及工作成效计算分值,达到一定分值后,乡村教师可以享受相应的优惠政策[1]。此外,澳大利亚还通过开发网络交流平台、提供在线支持指导、创建多种在职发展模式来持续更新乡村教师知识储备和技能架构,提升乡村教师的教育情怀和综合素养。

第四节 俄罗斯提升乡村教师职业吸引力的经验

俄罗斯是拥有194个民族的多民族国家,许多民族人口居住在乡村,大力发展乡村教育是俄罗斯提高教育质量的关键所在。俄罗斯的乡村教育在提高村民的生活水平、提高乡村社会发展质量等方面发挥了重要作用[2]。建设高质量的乡村教师队伍一直是俄罗斯教育改革长期追求的目标。但作为教育发展的薄弱领域,俄罗斯在乡村教师职业吸引力的提升上也面临着教师数量不足、培养培训体系不完善和教师教学负担过重等挑战。为此,俄罗斯将提高乡村教师职业吸引力作为教育工作的重点,积极寻求解决措施,并取得了较好的效果。

一、苏联时期提升乡村教师职业吸引力的举措

早在20世纪70年代,苏联就将乡村教师发展作为教育政策的重点之一。

---

[1] 杨茂庆,刘玲.21世纪澳大利亚农村学校师资保障:现实困境与应对策略[J].教师教育研究,2018(3):121-128.

[2] Sinagatullin, Ilghiz M. Expectant Times: Rural education in Russia[J]. Educational Review, 2001(1):37-45.

为了提高乡村教师队伍建设的质量,苏联政府一方面加大教师工作培训力度,另一方面着力改善乡村教师的生活环境,保障其基本权益。例如,乡村教师享有住房、照明和暖气等免费使用的权利,并且工资收入呈递增趋势[①]。为了鼓励高校毕业生到乡村学校任教,1973年苏联颁布了《关于进一步改善农村普通中学教师工作环境的措施》,该文件在详细规定乡村新任教师工作环境改善措施的同时,还明确提出毕业分配到乡村的新任教师享受由教育部专项资金提供的每月高于城市教师平均工资一半的薪资标准,并为年满规定工作期限后愿意继续深造的乡村教师提供免费进修的机会。这些条例有效缓解了师范生毕业后前往乡村学校任教的焦虑心理,激励更多师范生投身乡村教育事业,并且稳定了乡村教师队伍,减少了乡村师资流失[②]。

针对乡村教师的发展问题,苏联充分发挥了各地教师进修学院的作用。1969年苏联教育部审定通过的全苏教师进修学院章程,旨在提高教师和国民教育工作者的业务水平;广泛开展教育试验;组织普通学校教育教学工作状况调研和提高教师进修有效性的机制研究;提炼总结先进教育经验,将科学的教育理论成果与实践相结合等。与此同时,帮助各地区教学法研究室组织开展教师自修和教师进修活动,主要包括两种教师进修形式:一是教师每五年进行一次的脱产一年制师资培训班,这是教师进修的主要培训方式。该培训采取每周一次、每次6小时的授课方式,规定每年完成156学时的学习。二是群众性的教师进修活动,主要依托短训班和报告会等形式进行[③]。苏联对提高乡村教师职业吸引力所作出的努力,一定程度上保障了乡村学校的师资力量,提高了乡村教育质量。

二、俄罗斯时期提升乡村教师职业吸引力的举措

苏联解体后,常年低迷的俄罗斯经济发展状况也影响了乡村教育,尤其是

---

① 南南.国外农村教育拾零[J].九江师专学报,1985(4):56-57.
② 周玉梅.俄罗斯教师教育发展研究[D].石河子:石河子大学,2015:14.
③ 北京师范大学外国教育研究所.苏联高等和中等专业教育法令汇编[M].北京:北京师范大学出版社,1984:218.

乡村教师的发展。俄罗斯政府认识到相关问题的严重性后,在推进乡村教育复兴的同时,把提高乡村教师职业吸引力作为重点,积极探寻改进措施。

在乡村教师队伍建设方面,俄罗斯主要采取两种方式保证乡村教师供给:第一,通过建立国家助学金资助体系、完善食宿保障和运动场所等设施条件,吸引城乡学生报考师范院校,提升学生赴乡村学校从教的意愿;第二,依靠国家分配制度的硬性规定,要求大学生毕业后听从国家分配,进行两年义务工作,以补足边远地区乡村学校的教师队伍数量。随着社会经济的转型升级,俄罗斯开始寻求乡村教师队伍建设的新路径,首要任务是扩大师范专业招生数量。近年来,俄罗斯不断扩大师范专业的招生数量以补齐乡村教师流失后的缺位。据统计,俄罗斯师范院校中作为乡村预备教师的乡村生源学生数量不断提高,培养规模超出俄罗斯教育需求总量的70%[1]。

在提高教师工资水平与改善生活条件方面,俄罗斯实施了全国教育提升计划,保障教师工资水平的稳步提高。2008年,俄罗斯《教育和创新经济的发展:2009—2012年推行现代教育模式》国家纲要中提出,教师和教育机构行政管理人员的薪酬待遇评定要兼顾其工作质量和成绩,教师月平均工资高于当地经济部门平均工资的比例数被视作重要衡量指标,并强调到2012年,该比例应由当年的12%提升至27%。同年,《2020年前的俄罗斯教育:服务与知识经济的教育模式报告》将提高教师工作待遇、加强教师队伍建设作为工作重点[2]。虽然无法仅靠提高工资水平来吸纳大批新任教师投身乡村教育事业,但在一定程度上可以保证在岗的乡村教师继续任教[3]。此外,俄罗斯还采取多种措施改善乡村教师的生活条件,比如为乡村教师提供住房保障。

在完善乡村教师评价制度方面,俄罗斯在2005年通过了《2006—2010年联邦教育发展规划》,该文件详细指出了不同教育层次出现的具体问题,并提出了相应的改进举措,同时将改进教育内容和教学方法、提高教育机构的管理效

---

[1] 孟繁红.俄罗斯中小学教师培训过程中存在的问题与策略[J].黑龙江教育学院学报,2006(3):55-57.
[2] 夏辽源,曲铁华.新世纪俄罗斯教师教育现代化面临的机遇、挑战及发展策略[J].现代教育管理,2018(7):62-67.
[3] 伊凡.俄罗斯中小学教师将获加薪[N].中国教育报,2002-01-26(4).

率以及完善教育质量评价体系纳入教育改革范畴[①]。在完善教师评价制度的具体操作中,俄罗斯将教师评价与教师工资相关联,从而激发乡村教师专业发展的积极性和主动性;并将教师评价与学校评价相联系,督促乡村学校开展乡村教师在职培训并完善乡村教师的评价机制,推动乡村教师职业吸引力的提升[②]。

第五节 印度提升乡村教师职业吸引力的经验

印度作为典型的农业国,乡村教育的发展是印度教育关注的重点。在印度乡村教育的普及过程中,教师数量缺乏、教师性别结构失衡、教师专业发展机会缺少和教师缺勤等问题阻碍着乡村教师队伍建设[③]。而印度乡村社会的贫困环境,进一步加大了乡村教师职业吸引力提升的难度,严重制约着乡村教师队伍整体质量的提升。基于乡村教师专业发展所面临的困境,印度一直在积极探索多样化的乡村教师职业吸引力提升路径。

一、合力培养职前乡村教师

印度乡村教师培养模式受政治意识形态影响较深,具有较强的规范性和统一性。印度职前教师的培养目标由政府确定,培养模式遵循目标导向构建。基于乡村教育和教师教育的现实背景、重点问题及发展愿景,印度将乡村教师的培养要求纳入教师教育的总目标中,对乡村教师专业发展提出了以下几个方面的要求:具有习得并宣传印度宪法中所倡导的国家价值与目标的能力;履

---

① 夏辽源.新世纪俄罗斯职前教师教育改革研究[D].长春:东北师范大学,2019:57-58.
② 于海波.俄罗斯提高农村教师职业素质的策略与启示[J].外国教育研究,2008(3):39-43.
③ 李娟,秦玉友.印度农村初等教育教师问题研究[J].外国教育研究,2009(11):65-70.

行作为现代化和社会变革主力的角色要求;始终保持促进社会团结、增进国际理解、维护人权与儿童权利的自觉;成为乐于教育、甘于奉献的专业人才;具有不断学习专业技能的能力,具备成为优秀教师的潜能;掌握教育管理的技能;增强对社会实际问题的批判意识;具有对新兴环境问题、生态问题及社会问题的敏感性;着力培养学生理性思考和科学素养的精神等[①]。在总体目标的指导下,印度形成了自己的乡村教师培养模式。

就印度乡村教师的培养模式及举措而言,具有代表性的为一年制教育硕士培养方案。具体而言,印度在《教师教育课程框架》中强调教育实践的重要性并提出培养任务型教育硕士的必要性;印度全国教师教育委员会提出增加教育硕士在中小学校尤其是乡村学校见习时间的倡议;大学拨款委员会指出教育硕士课程在开设哲学、社会学和心理学的基础上,要强化与专业领域发展以及教育研究、教学方法的结合,具体包括指导和咨询、价值观教育、人权教育、特殊教育与远程教育等。此外,印度政府还计划对教师培养方案进行大幅度的改革。比如,在教师培养方案中提高教育研究的地位,为教师的专业发展奠定扎实基础;为职前教师制订全方位的、持久性的规划及安排;在各地高校和区域性教育机构中设置教育学院,打破小学和中学教师教育相对孤立的状态,并实现更高层次的发展;增强课程设置和教育研究的多样化与专业化,诸如设立数学、语言、社会科学和自然科学等专业,以供学生选择[②]。此外,由于印度存在男女乡村教师比例严重失调的问题,尤其是位于山区和人口稀少区域的乡村学校非常缺女教师,师范院校必须根据乡村地区的实际情况调整招生录取政策,调控男女师范生招收的结构性比例,以订单化的方式确定乡村教师培养的数量和类型。

二、优化在职乡村教师发展

为了合理配置乡村教师专业发展的资源,印度着力建立了囊括乡村学校

---

① 李英.印度教师教育研究[D].重庆:西南大学,2013:81.
② 李英.印度教师教育研究[D].重庆:西南大学,2013:144.

超编和缺编教师数据库、教师岗位空缺数据库、学科教师空缺数据库等多种类型教师数据库在内的区域教育信息数据库,以此作为乡村教师资源配置和调动的重要依据。在配置教师数量的相关措施中,印度政府对乡村学校的师生比做了详细规定,力求解决部分乡村学校存在的一所学校仅有1名教师的问题,确保每所乡村学校至少有2名教师[①]。针对乡村女教师短缺这一乡村教师队伍建设中亟待解决的问题,印度通过积极在乡村学校附近兴建教师住房,并提供各类特殊津贴、奖金或其他激励措施,加大对乡村社会基础设施的投入、改善乡村社会及乡村学校的工作和生活条件,以此吸引女教师前往乡村学校任教。

在完善乡村教师的生活保障与福利待遇方面,印度"普及基础教育计划"规定自2010年起,每年对乡村学校划拨教师学习材料经费、学校发展经费及维修经费三类定向经费,并详细制定了乡村学校基础设施建设标准,主要包括三个方面的具体规定:其一,每所乡村学校需要配备教师办公室、校长室等办公场所;其二,每所乡村学校要建有独立的男女生厕所、运动场,以及涵盖报纸、期刊、故事书和教学用书等类型藏书的图书馆;其三,每所学校要配备围墙或防护栏等防护设施,提供安全且足够的饮水设备。此外,印度还致力于为民族部落和偏远地区的乡村教师提供住房,并发放生活补贴、山区补贴和住房补贴等福利津贴,保障乡村教师的物质和经济需求,以激发教师到乡村学校特别是偏远乡村学校从教的主动性和积极性。

在促进乡村教师发展方面,为完善培训体系、增强教师的专业水平,采取的主要措施包括:其一,统一乡村教师任职资格标准。2010年印度出台的《教师任职最低资格标准》中提出了培训计划,即在五年中通过该计划对所有入职前未接受过专业训练的初等教育教师尤其是乡村教师进行培训,提升他们的专业水平和专业素养,从而促使其达到任职的标准。其二,设置统一灵活的培训内容,以满足乡村教师个性化的需要。印度2009年颁布的《教师教育国家课程框架》规定了教师培训的统一内容,并给予地方培训机构根据培训目标和对

---

① 张乐天.发展中国家农村教育补偿政策实施状况及其比较——中国、印度、马来西亚、尼泊尔四国案例分析[J].比较教育研究,2006(11):50-54.

象制定具有针对性培训内容的自主权,强调乡村教师培训要基于教师的个体需要,每年更新培训内容,尤其注重诸如学生发展、教学方法、学生知识及社区知识等内容的更新。其三,加大对教师培训者的选拔与培训力度。在选择教师培训者时,更加注重候选人的教学背景与教育品质。比如,古吉拉特邦在教师招募过程中放宽招募标准,吸引充满教学热情的青年教师到教育培训学院任教[①]。并通过设置奖学金资助计划、开设进修课程等方式加强对培训者的培训,提升其专业素养。印度乡村教师队伍建设在系列政策支持下得到了较快发展,但仍然存在经费短缺、乡村教师质量难以满足乡村学校教育发展需求等问题。

通过对美国、加拿大、澳大利亚、俄罗斯与印度等国乡村教师职业吸引力提升举措的分析可知,这些国家都充分认识到了提升乡村教师职业吸引力的必要性和重要性,在系列提升举措中不乏积极、有效的政策设计与操作经验。无论是政府的宏观指导,还是学区、学校的具体落实,都对提升乡村教师职业吸引力发挥着必不可少的作用。借鉴乡村教师职业吸引力的国际经验,能够为构建我国乡村教师职业吸引力的提升机制提供富有价值的域外启示。

---

① 于海英,秦玉友.印度农村初等教育教师在职培训政策研究[J].外国中小学教育,2011(12):40-43.

第八章 乡村教师职业吸引力的提升机制

随着乡村振兴战略和教育强国建设的推进,乡村教育已进入"攻坚期"和"深水区"。只有切实提升乡村教师职业吸引力,才能吸引优秀人才源源不断地赴乡村学校就业,保障其安业并促进其乐业,办好人民满意的乡村教育。乡村教师队伍建设陷入优秀乡村教师难招、难留和难育的困境,主要因为生活环境、工作状态、社会境遇和职业发展等方面存在诸多问题。通过剖析问题成因并借鉴国际经验,本书提出乡村教师职业吸引力提升机制,该机制强调合理的顶层设计和精准的系统落实,在国家政策引领下逐步深入、环环相扣、层层落实,包括导向机制、运行机制及联动机制,坚持"一分部署,九分落实",确保乡村教师受惠获益。

第一节 乡村教师职业吸引力提升的导向机制

乡村教师职业吸引力提升作为具有较强技术性的系统工程,需要以清晰的理念为引导。长期以来,乡村教师队伍建设存在诸多思维层面的障碍,集中表现为乡村教师职业吸引力理念的模糊性。如果乡村教师对自身职业的性质、要求和价值认识模糊,必然会阻碍职业发展。乡村教师职业吸引力提升的导向机制是相关实践举措的思想前提与行动先导,也是引导乡村教师队伍建设走特色发展道路的先决条件。导向机制着力解决乡村教师职业吸引力提升的顶层设计问题,即解决"为何吸引"与"吸引为何"的问题,这是乡村教师职业吸引力提升的灵魂。根据国家与社会关系理论,当前无论是乡村教育发展,还是乡村教师队伍建设,都主要处于"强国家-弱社会"的模式,国家权力积极介入乡村学校教育,为乡村教育现代化、乡村教师队伍专业化提供了强有力支撑,但过度介入会致使乡村学校教育及其教师队伍建设失去必要的乡村社会支持,对乡村教师职业吸引力的系统提升有所阻碍[1]。鉴于此,本书将法治导向、专业导向、民生导向和系统导向作为构建乡村教师职业吸引力提升机制的理念导向,清晰认识乡村教师队伍建设的战略价值,引领行动方向并完善实践路径。

一、法治导向

法治导向主张乡村教师职业吸引力的提升必须有法可依,无论是立法还是执法,均要做到有法律保障。鉴于此,需要进一步完善并维护乡村教师职业吸引力的提升秩序,切实保障政府和学校的各项举措能够纵深推进。《中国教育现代化2035》提出要坚持依法治教,即依据国家法律法规,运用法治思维和法治方式深化教育综合改革。然而,乡村教师建设的相关法律基础较为薄弱。为此,树立并强化乡村教师职业吸引力提升的法治导向,全面推进乡村教师队伍发展的法律理论与实践建设,对于维护乡村教师的合法权益、落实乡村教师职业吸引力提升的各项举措具有重要意义。

第一,法治导向强调完备立法的重要性,主张完善的法律制度是提升乡村教师职业吸引力的法规保障[2]。法治保障机制在利益协调和分配中的权威性及在保障教育发展权利中的强制性,彰显出其在实现乡村教育优先发展目标上所具有的独特优势,因而健全法律保障机制是推进乡村教师队伍建设的首要任务和根本出路[3]。当前,乡村教师职业吸引力的法律保障仍然不足,相关主体在法律上的职责和权益不明。立法内容体系较为宏观抽象,存在针对性较弱、操作性不强等现实问题,制约了乡村教师职业吸引力提升的实质性进展。乡村教师职业吸引力的提升机制首先应着眼于立法层面,加强相关法律体系的完备性和法律主体的精准性。一方面,从乡村教师的工资待遇、福利补贴、生活环境、工作环境以及工作内容等方面着手,构建健全的法律保障体系。

---

[1] 赵鑫,涂梦雪.乡村教育现代化进程中国家能力的历史演进与优化路径[J].当代教育与文化,2021(1):91-98.
[2] 赵鑫.民族地区乡村教师职业吸引力提升的理念与路径[J].教育研究,2019(1):131-140.
[3] 李祥.论民族地区教育优先发展的基本内涵及其法律保障[J].民族教育研究,2016(3):5-11.

健全的法律体系是有效落实乡村教师队伍建设相关政策的前提,只有在乡村教育行政规章和相关法律的协同观照下,才能满足乡村教师队伍建设的需要,确保乡村教师职业吸引力的提升走上法治化轨道。另一方面,在法治体系中增强乡村教师的主体地位。从法律高度明确乡村教师的法律角色、职责、权利和待遇,变抽象为具体,在政策落实中确保乡村教师享有和依法行使自身合法权益。

第二,基于完备的法律保障体系,在规划和启动乡村教师职业吸引力提升的整体机制时要依法、循法。在谋划和推进乡村教师职业吸引力的各项举措时,要坚持法律至上、依法办事的原则,在既定的法治要求和法律框架中做决策、办事情。应当明确的是,依法行事的有效性关键在于各级政府、乡村学校及其乡村教师的法律意识,只有各级各类教育主体均明晰法律的重要性,尊崇法律,了解法律,才能信法、亲法、学法和用法。通过开展普法教育,促使乡村教师及相关主体明晰自身的法律角色,依法行使权利,提升法律保护意识,必要时可向相关部门提出合理申诉,保障自身合法权益。

第三,在推进乡村教师职业吸引力的具体实践中,特别是涉及重大矛盾冲突的解决时要靠法。在落实乡村教师职业吸引力提升政策及举措时,难免会遇到涉及多个利益主体的问题和矛盾,如乡村教师的工资待遇、职称晋升或工作压力等,此时要善于采用法治方式解决问题。即立足法治导向,以法治原则、法治思维、法治程序和法治手段等保障乡村教师的合法权益,确保乡村教师的相关政策在法律法规的保障下得到有效实施。此外,当事关乡村教师职业吸引力的重大利益冲突缺乏相关教育法律保障时,要及时修改、补充和完善法律,确保与乡村教师政策文件同步配套。在发挥法治对乡村教师职业吸引力的导向和推动作用时,注重依据实时进展不断优化完善与之相关的法律体系。尤其是立足对乡村教师队伍建设过程中可能出现的新矛盾、新问题的考量,及时修订相关法律条文,增强法律内容的前沿性及其与乡村教师职业吸引力提升之间的匹配度,进而带动乡村教育发展法律制度环境的改善,促进乡村教育的规范化发展,为乡村教师职业吸引力的有效提升"保驾护航"。

二、专业导向

专业素养是当代教师队伍高质量发展的集中表现,也是打造高素质、专业化、创新型教师队伍的基本要求[①]。教师专业素养主要包括专业情意、专业知识以及专业能力等。新型城镇化进程对乡村教育产生了不小的冲击与影响,乡村教师的专业素养呈现出城镇化倾向,在一定程度上脱离了乡村教育的现实需求,"离土"倾向的专业素养导致乡村教师愈发"水土不服"。专业导向主张突破外生型城镇化发展道路,立足乡村社会的乡土性、文化性和境遇性,探寻乡村教师专业素养的内生型本土化发展向度。即乡村教师除了具有国家主流教育视野下的通用性专业素养之外,还须具备贴合乡村学校教育教学实践的专业情意、专业知识及专业能力,从而打造一批扎根乡村、甘于奉献、一专多能、素质全面的乡村教师队伍。

教师专业情意包括教师专业意识和教师专业情怀,其一,乡村教师要树立"为乡村而教"的专业意识,坚定在乡从教的专业态度与专业信念。乡村教师的专业意识主要涉及职业认知和乡村文化认同。长期存在的城乡二元化结构差异,导致许多师范生,甚至乡村教师都存在不愿下乡从教的认知取向,缺乏对乡村教育的职业认知和乡村社会的文化认同,在意识层面上切断了乡村教师队伍建设的源头活水。树立乡村教师合理的职业认知和扎根乡村社会的文化认同,是乡村教师职业吸引力提升在专业导向上的重要维度。一方面,师范生和乡村教师在明确乡村教育定位的基础上,要深入了解乡村教师的职业定位,明晰自身角色、树立良好的职业愿景;另一方面,立足乡村社会场域及其文化的境遇性,提高乡村教师对乡村文化的认同度,让其下得去、留得住。对乡村文化的认同包括乡村教师对学校所处乡村地区的地域认同、价值认同和风土人情等认同,这类认同需立足于乡村教师对乡村文化背景和相关知识的理解,并从心理层面予以认可与融入[②]。其二,立足深厚的专业意识,乡村教师还

[①] 叶澜.新世纪教师专业素养初探[J].教育研究与实验,1998(1):41-46.
[②] 胡习之.卓越乡村教师培养的路径——以阜阳师范学院文学院卓越教师计划为例[J].阜阳师范学院学报(社会科学版),2017(4):146-149.

需从情感方面强化自身的专业情怀,包括扎根乡村、甘于奉献的乡土情怀以及以教书育人为己任的乡村教育情怀。乡土情怀作为乡村教师专业导向的精神特质和灵魂,是其安心从教的先导和动力系统,乡村教师只有真正热爱乡村,才能更好地发挥自身的专业能力并积极投身乡村教育事业[①]。此外,乡村学校教育相对滞后的发展水平是教育现代化进程中的一大短板,因此需要乡村教师秉持致力于改造乡村教育落后面貌的责任意识,主动担当提升乡村教育质量的时代使命,葆有浓厚强烈的教育情怀,扎根、服务和奉献乡村教育。

乡村教师的专业知识和专业能力等专业素养作为专业导向在实践层面的集中体现,是决定乡村教师能不能"教得好"的关键。就乡村教师的专业知识而言,鉴于乡村教师工作环境、教学任务及教育对象等的特性,乡村教师不仅要掌握教育学知识、学科知识及科学文化知识等基础性知识,更要习得一定的乡土文化、心理健康等方面的知识。一是具备乡土文化与民族文化等方面的知识。乡村场域兼具乡土性和民族性,所蕴含的乡土民俗和民族文化既是乡村教师融入乡村的文化资本,也是联结乡村教师与村民人际关系的精神纽带,更是乡村教师在教学中酌情融入乡土文化和民族文化知识、提高教学质量的在地化举措,能够为乡村教师开展本土化教学、开发特色校本课程夯实基础。二是具备适应乡村学校学情的多学科教学知识。乡村学校普遍存在师资数量相对匮乏、教师结构性缺编等现象,绝大多数乡村教师都承担着两门或两门以上学科的教学工作。对此,乡村教师只有掌握多学科知识及教学方法,勇担多学科教学的"包班"工作,才能满足乡村学校教学需要,确保乡村学生的优质发展。三是掌握心理健康调节与辅导的相关知识。心理健康知识作为教师必备的专业知识之一,对乡村教师缓解生活、工作、社交等方面的压力至关重要。乡村学校相对艰苦的生活环境和庞杂的教育工作容易使教师陷入职业倦怠,乡村教师掌握必要的心理健康知识不仅有助于他们树立合理的自我认知、悦纳自我角色、保持积极的心理健康状态,更重要的是确保乡村教师能深入理解乡村学生尤其是留守儿童和民族学生的心理状态,确保乡村学生的身心健康

---

① 赵鑫.新型城镇化进程中乡村教师乡土情感的缺失与重塑[J].西南大学学报(社会科学版),2016(2):90-96.

发展。尽管乡村学生在身心发展阶段及其主要特点上存在共性,但在家庭生活、文化背景方面又有其特性。比如,民族学生在独特的民族文化环境下成长,往往对本族认同,而对外族排斥;留守儿童的家长外出打工,缺乏温暖的亲情关怀。乡村教师的教育工作必须基于对学生身心特点的科学把握,结合心理健康知识予以有效开展。

在专业能力方面,乡村教师应当具备多学科教学能力、乡土课程开发能力和教育管理能力。多学科教学能力作为乡村教师"一专多能"的重要标志,是其各类专业能力的核心。乡村教师应立足多学科知识基础,运用合理的方法、手段或策略有效施教。近年来,各学科课程标准对学生核心素养高度重视,要求乡村教师在学科中或学科间开展整合教学,培养学生完整的世界观和综合素养。乡村教师应当遵循从分科走向整合的教学观,以一门学科为依托,将不同学科的内容合理整合,实现统整式的跨学科教学[1]。乡土课程开发能力是乡村教师在课程领域"一专多能"的应然彰显。乡土课程作为对国家课程的特色补充和实现乡土文化价值的有效支撑,在乡土文化传承、乡村学生发展和乡村社会建设等方面发挥着重要作用[2]。乡土课程并非传统意义上对乡村社会风土人情的简单介绍,而是在优秀的乡村文化和民族文化的基础上,传承乡村文化自信和独特的民族精神。这就要求乡村教师在开发乡土课程时,不仅要积极挖掘乡土文化,更要寻求扎根其中的价值精华,并与国家主流文化有机融合,强化现代主流文化与乡土文化等亚文化之间的多维联结。教育管理能力在很大程度上影响着乡村教师教书育人的成效和乡村学生的发展质量。随着乡村社会的许多村民陆续外出务工,留守儿童逐渐成为乡村学生的主要群体,他们寄宿在乡村学校、接受统一的管理,使得乡村教师的角色及责任愈加多元复杂。这就要求乡村教师必须兼顾学生的课堂管理、班级管理和生活管理,着力发展责任化、专业化与科学化的教育管理能力。

---

[1] 李俊佐,边仕英,姜廷志.民族地区小学全科教师培养建议[J].基础教育课程,2019(20):75-80.
[2] 袁利平,温双.社会转型时期乡土课程的价值定位与开发路径[J].教育科学研究,2018(1)69-72.

三、民生导向

"民生"一词作为乡村教师社会层面生活样态的体现,主要囊括乡村教师的生存和生活状态、乡村教师发展的机会与能力,以及乡村教师权益保护的状况等[①]。民生导向强调乡村教师职业吸引力的提升同包括乡村教师在内的村民的生活和生计具有循环增值的关联。作为乡村教师职业吸引力的价值尺度,民生导向主张乡村教师队伍建设要从工具取向转为人本取向,通过教育行政部门、乡村社会和乡村学校等主体的良性互动、整体融合与共同发力,在"强国家-强社会"的关系模式下着力提高乡村社会的生活水平,进而改善乡村教师的生活、工作环境及相关保障体系。

囿于乡村师资相对匮乏的现实困境,部分教育管理者将乡村师资数量视为乡村教育发展的唯一指标,认为只要补足师资便可实现提高乡村教育质量的目标。此种窄化的思维单单从效果最大化的角度考虑乡村教师如何"引得来",很大程度上忽视了确保乡村教师"留得住"的生活保障建设。民生导向坚持以人为本的价值取向,关注乡村教师和乡村社会的民生,主张在重视乡村教师队伍量化指标的同时,更要积极关注乡村教师专业发展过程中的情感样态与心理诉求,提升乡村教师的生活质量。

首先,坚持以满足乡村教师的生命成长需求为导向。一方面,避免将乡村教师简单视为乡村教育质量提升者的工具理性倾向。乡村教师作为乡村学校教育的关键力量,是物质性与精神性相统一的教育主体,具有独特的生命体验、内在的精神世界和情感生活。民生导向要求村民、乡村社会和乡村学校尊重乡村教师的主体性、自觉性和实践性,重视乡村教师作为职业人在物质层面与精神层面上的生存状态,力求满足乡村教师的物质需求与精神需求,鼓励乡村教师在职业生涯中实现自我价值。在促使乡村教师需求得以满足的同时,将乡村自然和社会生态纳入自我生命的重要组成部分,以"局内人"身份,通过自我专业情意、专业知识和专业技能反哺乡村社会,秉持教书育人的职业使

---

① 吴忠民.民生的基本涵义及特征[J].中国党政干部论坛,2008(5):33-35.

命,全身心投入乡村教育事业,致力于乡村学生和乡村社会的发展[①]。另一方面,尽管许多乡村学校的新任教师来自外地,但无论是生活于乡村,还是"走教"于城乡之间,他们在身体和精神上都与乡村社会密切相关,本质上仍然具有村民的公共身份,拥有对基本生计、基本发展机会、基本发展能力以及社会福利等方面的个人民生需求。在落实乡村教师职业吸引力提升的各项举措时,应当关注乡村教师作为乡村社会居民的生存状态、生活样态与生活质量。

其次,坚持以推动乡村社会发展为引领。乡村教师职业吸引力的提升与乡村社会的繁荣发展相互作用。党的十九大报告指出,建设教育强国是中华民族伟大复兴的基础工程,必须把教育事业放在优先位置。"办好人民满意的教育"也是党的二十大报告中对教育的价值定位,教育旨在为人民服务、改善民生并让百姓满意。在"一切为了人民"的价值导向下,乡村教师职业吸引力的提升是增强乡村教育质量的核心保障,归根到底在于为乡村振兴服务,以乡村教育的力量让村民收获满足感和幸福感。以乡村教师职业吸引力为依托的乡村教育要满足民生需要,着眼于村民在教育层面的基本文化生活和基本发展机会。具体包括提高村民的文化水平,确保村民的子女普遍享有公平而优质的乡村教育,确保乡村青少年通过获得高质量的教育赢得未来发展的机会。此外,民生导向不仅强调通过提升乡村教师职业吸引力保证教育质量的间接性民生,更关心乡村教师与村民面对面帮扶的直接性民生。乡村教师与村民共处乡村社会,具有较强的业缘关系和地缘关系,两者都有着"乡村发展与振兴"的共同利益诉求、共同的生活方式与共同的价值认同,乡村教师与村民通过进入彼此的生活场域,在精神上强化情感交流、在物质上相互帮扶,形成互利互惠的乡村社会共同体,以乡村人的共同力量改善彼此的民生质量。

最后,坚持强调地方教育行政部门、乡村社会及乡村学校的互动互联、共同协作。以乡村教师和村民的人本价值为出发点,以推动两者在物质生活和精神生活领域的发展为价值旨归,构建整体关联的协同关系。乡村教师职业吸引力的提升并不局限于推动乡村学校的教育发展,还关系到村民个体和乡

[①] 蔺海沣,谢敏敏.新生代乡村教师形象及其塑造路径[J].湖南师范大学教育科学学报,2019(6):60-69.

村社会的民生水平。但是,仅凭乡村教师或乡村学校无法有效实现这一目标。基于以人为本的逻辑起点,民生导向要求乡村教师及其所在的乡村学校同当地教育行政部门和乡村社会有机融合,以相互关联形成的合力作为乡村教师职业吸引力持续提升的重要动力源。教育行政部门在重视乡村教师职业吸引力的基础上,制定相关政策举措,切实解决乡村教师及村民最关心、最直接和最现实的生活问题。如完善乡村社会的设施条件,从而改善乡村教师生活和工作环境,满足村民对优质教育的殷切渴望和对乡村教师的教育期待。同时,积极搭建各类社会活动平台,强化乡村教师、乡村学校与乡村社会三者的融合。乡村学校也可以鼓励乡村教师走出校门、走向乡村社会,增进乡村教师与乡村社会的往来沟通。在不影响乡村教师工作与生活的前提下,鼓励乡村教师为村民进行社会服务、开展文化活动或结对帮扶,以增强乡村教师的乡村归属感,增强乡村教师的身份认同感和社会责任感。观照乡村教师在乡村社会场域中的角色特性与发展需要,强化乡村教师与乡村学校、乡村社会的地缘关联和业缘共治,实现乡村教师民生发展与乡村社会民生发展的有机融合。

四、系统导向

系统导向从整体角度出发,将乡村教师职业吸引力提升的内在要素、组分关系和外部环境等统合起来,作为有机、复杂的整体系统加以考察。系统导向关注乡村教师队伍建设整体功能的发挥,并以兼顾工具理性和价值理性的多元系统思维落实相关政策及措施,统整乡村教师职业吸引力提升的实践理路,在国家政策引领的前提下,充分发挥地方教育行政部门与乡村学校的自主性和灵活性。由此,乡村社会由"强国家-弱社会"模式转变为"强国家-强社会"模式,并通过对乡村教师职业吸引力提升的总体规划与积极施策,探索乡村教师队伍建设的特色发展之路。

其一,基于宏观统筹推动乡村教师职业吸引力的提升。系统导向强调必须从整体出发,把着眼点放在乡村教师职业吸引力提升的全局上,注重整体效益和整体结果,并综合考察乡村教师职业吸引力的各类要素,从全局出发并处理其中的各种矛盾问题,达到最佳的总体目标。具体而言,系统导向注重从整体出发来研究乡村教师职业吸引力和组成要素以及两者之间的关系,以实现内在目标体系与外在保障体系的有机统一。关注乡村教师从"引得来"到"留得住"与"教得好"这一逻辑流程内部,各体系之间的彼此衔接与有机整合,推动乡村教师职业吸引力的整体发展,避免"只见树木,不见森林"的片面实践观。此外,系统导向不仅把乡村教师职业吸引力提升本身视为系统工程,对其内部要素进行整体考察把握,同时将乡村教师职业吸引力系统嵌入更大的系统之内来考察。即在乡村社会整体建设背景下把握乡村教师的职业吸引力,将其视为乡村社会发展的子系统,从乡村社会的相互关系和交互作用中探寻乡村教师职业吸引力的提升之道。

其二,从时间和空间两个维度增强乡村教师职业吸引力提升的整体效益。在时间上,兼顾乡村教师职业吸引力提升的近期、中期与远期效益,使三者合理衔接并协调一致,避免只关注某一时期的短期效益而顾此失彼、因小失大。比如,尽管乡村教师待遇福利的提高在短期内有助于吸引人才赴乡村学校任教,缓解乡村教师数量不足等问题,但并不能保证这批教师的专业素养达标。而专业素养较低的教师会降低乡村学校教育的质量,缺乏专业发展后劲的乡村学校师资队伍也难以为继,无法实现持续稳定的长期发展。为此,立足当前、放眼长远的整体规划更有助于提升乡村教师职业吸引力的战略效益。在空间上,乡村教师职业吸引力的提升可由点切入,并采取逐级递进和动态深入的路径,由点辐射到线,最终推广到面,实现"点线面结合"的整体发展。部分举措可以由点切入,集中力量将某些区域及乡村教师作为实验对象,在针对性的具体举措中检验效果、积累经验;随后在线上延伸,将已经获取成效的示范点联结为示范带,扩大已有经验的辐射范围;最后以点、线带面,在我国整个乡村社会逐步覆盖推广。

其三,系统导向的内在伦理尺度,要求乡村教师职业吸引力的相关决策兼顾各项举措的价值理性和社会交往理性。乡村教师职业吸引力的提升机制作为一项系统工程,在具体处理不同体系以及体系内部诸要素之间的关系时,不可避免地存在矛盾和冲突,这在多元背景及文化并存的乡村学校教育场域尤为突出。鉴于此,系统导向主张各类决策主体和实施主体均应强化自身的责任意识,深入了解各个阶段的系统措施以及可能遇到的伦理困惑,重视利益相关者之间文化与价值观的差异性,甚至冲突性,秉持多元并重的理念,以对话与协商的方式解决利益相关者尤其是乡村教师与其他主体的利益冲突和伦理困惑,以效益追求与伦理意蕴共在的整体责任意识推动乡村教师职业吸引力的有效提升[①]。

总体而言,"法治""专业""民生""系统"四维导向机制贯穿乡村教师职业吸引力提升全过程,着力厘清乡村教师队伍建设中存在的观念偏差与思维误区,澄清乡村教师职业吸引力提升的战略价值及其在乡村振兴中的基础性功能。法治导向旨在增强乡村教师职业吸引力提升的法律保障,强调上至政府部门和教育管理单位,下至乡村学校及乡村教师,都需要科学立法、办事依法、解决问题靠法,保障乡村教师职业吸引力的提升机制从顶层设计阶段、启动阶段到执行阶段均有法可依。专业导向立足乡村学校的地域性、乡土性和文化性,聚焦乡村教师应当具备的专业意识、专业情怀、专业知识和专业能力,确保乡村教师及村民明确乡村教师职业的特殊性质、素养要求及重要价值,从思想观念和专业素养方面为乡村教师职业吸引力的提升机制引领方向。民生导向以乡村教师职业吸引力中最核心的要素——"人"及其生命发展为着眼点,旨在持续改善乡村教师和村民的生活质量,唤起与调动乡村教师职业吸引力持续提升的内在动力。系统导向既重视乡村教师职业吸引力提升机制的宏观规划,也关注乡村教师职业吸引力提升机制的具体策略。宏观规划上将乡村教师职业吸引力提升作为整体系统,把握内部各要素的功能关系,具体策略上以纵横交错和时空统筹的视角充分发挥乡村教师职业吸引力提升机制的整体效益,并深入考量其伦理尺度,从而实现整体功能的最优化与效益的最大化。

[①] 范冬萍,王泽榔.系统思维的发展与价值理性的凸显[J].自然辩证法通讯,2012(6):83-87.

第二节
乡村教师职业吸引力提升的运行机制

导向机制明确了乡村教师职业吸引力提升的趋向,但只有依靠乡村教师职业吸引力提升的运行机制,才能从根本上加强乡村教师队伍的整体建设,切实推进乡村教育事业的发展。乡村教师职业吸引力的运行机制是指职业保障力、职业维持力与职业发展力等关键要素的内在机理、运行方式和运作策略。三大关键要素之间呈历时态关系,即从职业保障力、职业维持力到职业发展力的阶段性递进,并围绕乡村教师"引得来""留得住""教得好"等三维目标展开。职业吸引力的提升在时间上贯穿乡村教师的整个职业生涯。其中,职业保障力旨在让乡村教师"引得来",这一阶段的乡村教师主要处于职业适应期;职业维持力确保乡村教师"留得住",此阶段的乡村教师主要处于职业稳定期;职业发展力重在乡村教师"教得好",该阶段乡村教师则主要处于职业发展期。

一、乡村教师职业保障力的运行机制

职业保障力围绕吸引优秀人才赴乡村学校就业展开,应根据作为准乡村教师的师范生发展特征,衡量职业动机、职业待遇和生活环境等要素之于乡村教师"引得来"的作用及其内在关系,进而根据诸要素产生的影响与运行机理构建乡村教师职业保障力的提升策略。

1. 乡村教师职业保障力的运行机理

职业保障力重点关注优秀人才"引得来"。许多师范生尚未步入教师岗位,也未亲临乡村学校,对乡村教育的现实情状并不了解,职业发展规划较为模糊,主要基于职业动机、工资待遇、福利补贴和生活环境等因素决定是否入乡从教。其中,职业动机作为内在驱动力,是乡村教师职业的心理保障;工资待遇、福利补贴和生活环境等则是外部吸引力,构成了乡村教师职业的物质保

障,共同影响着师范生的择业意向。

职业动机是激励师范生赴乡村学校从教的内在动力,能够激发和维持师范生的职业行为,对于他们下乡从教的意愿强度及从教的持久程度具有重要影响。职业动机主要源自师范生对乡村教师职业的热爱和追求,也是师范生将自身内在要求与外在诱因有机协调后的结果。积极的职业动机是教师从教意愿和能动性的重要组成部分,相比于工资待遇、生活环境等外在物质条件,职业动机对教师的激励作用强度更大、时效更长[①]。引导师范生在职业预备期树立良好的职业动机、培养热爱乡村和乡村教育的情感态度,能够为师范生选择和适应乡村学校教育工作持续提供动力。高等师范院校在开展全科培养的同时,有必要围绕乡村文化、乡村教育等方面开设专门课程,采取顶岗、轮岗等方式开展乡村学校实习或教育见习,引导师范生了解和熟悉乡村学校,增强他们的职业动机。

工资待遇、生活环境和福利补贴作为影响师范生入乡从教的物质因素,反映了乡村教师职业对师范生物质需求的满足程度,承载着师范生对乡村教师职业的生活期望。其中,工资待遇关乎乡村教师的基本生活质量,是决定能否"引得来"优秀人才的首要因素。工资待遇不仅是乡村教师的经济基础,更是安家立命的保障。乡村教师每个月的工资待遇和福利补贴是家庭最重要的经济来源,支撑着全家人的生活开销,决定着乡村教师及其家庭的生存状态和生活水平。生活环境作为教师赖以生存的乡村自然条件和乡村社会条件,既是乡村教师发展的现实根基与外部资源,也是影响教师职业保障力的重要因素。良好的生活环境能够提高乡村教师的职业满意度和职业幸福感,而贫乏艰苦的生活环境,如严重缺水的高寒山区,则难以为乡村教师正常生活提供基本的保障,乡村教师的职业保障力存在较大的提升空间。福利补贴作为工资待遇和生活环境的补偿性要素,既能为乡村教师提供必要的经济收入,也能弥补生活环境不便给乡村教师带来的心理落差。环境存在风险或带来更多不愉快体

[①] 韩佶颖,尹弘飚.教师动机:教师专业发展新议题[J].外国教育研究,2014(10):88-95.

验的职业,需要获得某种补偿[①],在偏远地区和高寒山区,乡村教师的住宿环境、交通环境和其他生活条件非常恶劣,相应的艰苦边远地区津贴、高寒补贴等福利补贴作为补偿性劳动报酬,能够在一定程度上弥补生活环境的短板,从经济层面肯定并尊重乡村教师的艰辛付出,在物质层面和精神层面满足乡村教师的生活需要,激励他们保持工作热情。

乡村教师职业保障力的外部现实条件和内部心理条件相互作用,发挥合力,共同决定着乡村教师职业吸引力的强弱。但囿于城乡经济与社会发展水平的差距,乡村学校往往"在整个教育领域中缺乏竞争力"[②]。为此,工资待遇、福利补贴和生活环境等外部物质保障在乡村教师职业保障力中占据了主导地位,很大程度上影响着师范生的择业意向,是提高乡村教师民生水平、确保优秀人才"引得来"的关键。同时,三者对教师的职业动机具有促进或消解作用。例如,丰厚的工资待遇、福利补贴与良好的生活环境将会最大程度激发乡村教师的职业动机,而当工资待遇、福利补贴和生活环境同乡村教师的心理预期存在较大落差时,则会削弱乡村教师的职业动机。职业动机作为乡村教师心理状态的表征,也影响着其入职后的专业成长,其运行机制的效能不容忽视。乡村教师的教育情怀、乡土情怀等动机性因素,有助于他们克服艰苦生活条件的影响,在入职后保持对学校教育工作的全身心投入(如图8-1所示)。但是,乡村学校大多地理位置偏僻,在交通环境、住宿条件、日常用水等方面都较为不便,而工资待遇、福利补贴相较于乡村教师所投入的时间精力而言,远不及他们的预期,提高乡村教师的职业保障力势在必行。

---

① 卢锦珍.美国农村教师补充政策研究[M].北京:北京理工大学出版社.2020:149.
② 李宁.乡村教师生活补助政策的麦克唐纳尔模型分析[J].教育科学研究,2017(7):28-32.

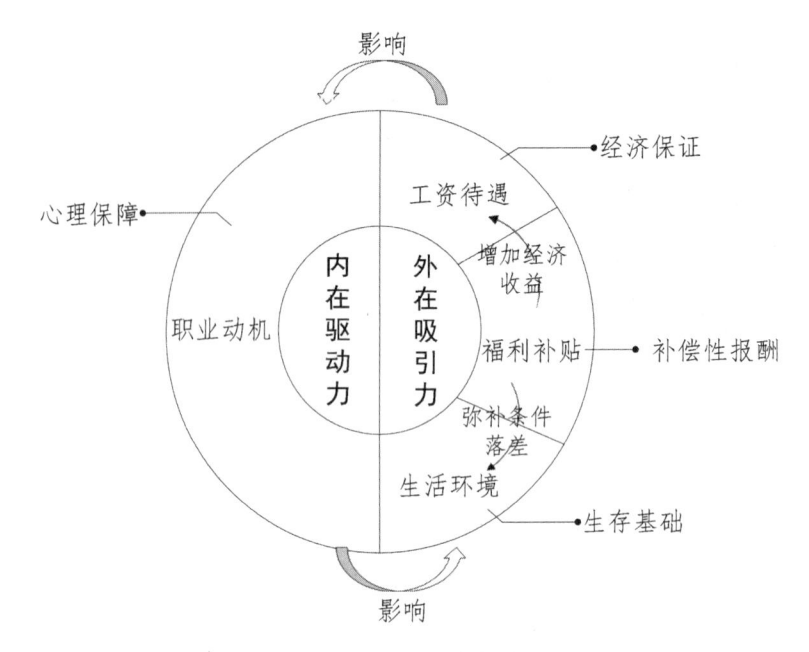

图 8-1　乡村教师职业保障力的运行机制

2. 乡村教师职业保障力的提升策略

乡村教师职业保障力的运行机理要求政府、教育行政部门、高等师范院校和乡村学校等相关单位采取针对性与实效性的提升策略。在乡村教师的职业预备期,应改进和创新乡村教师职前培养内容与方式,激发并维持乡村教师良好的职业动机;通过政府和相关部门的资源调控和资金投入,着力改善乡村教师的生活环境;切实提高乡村教师的工资待遇,有效满足乡村教师民生需求;健全乡村教师福利保障制度,全面保障乡村教师生活需要。

首先,改进和创新乡村教师职前培养内容与方式,激发并维持乡村教师良好的职业动机。高师院校可推行"乡村全科教师定向培养模式",借鉴部属师范院校实行的公费师范生教育,根据教育部《关于做好2021年中西部欠发达地区优秀教师定向培养工作的通知》,以部分地区乡村学校全科教师培养的相关举措与现行经验为基础,科学预测、本土招生、公费培养、定向就业,厚植师范生的教育动机和乡土情怀,培养一批既"引得来""下得去",又"留得住""教得好"的乡村全科教师。尤其是针对乡村学校特别紧缺,且数量缺口较大的学科教师,可以打造师范院校负责培养、省(区、市)负责就业、乡村学校择优录用的

"订单式培养"模式①。

在培养过程中,一是要强化师德建设、增强乡村教师职业动机。职业动机不仅对乡村教师的专业认知、专业情意和专业信念具有统摄作用,也决定着他们入乡从教后的发展方向及发展韧性。高师院校应着力激发和树立师范生良好的职业动机,培养师范生成为热爱乡土、甘于奉献的乡村教师,并在职业生涯中能够坚定职业信念、扎根乡土大地,全身心投入乡村教育现代化和乡村教育振兴的伟大事业中。二是开设有关乡村教育的系列课程。高等师范院校为本土乡村教育培养优秀师资,应酌情将乡村教育情怀的培育融入培养目标及课程内容当中②。既要引导不同背景的师范生了解乡村教育作为国家教育现代化建设重难点的现状,更要让他们明确在此背景下乡村教师队伍建设的战略意义,唤醒师范生作为准乡村教师的家国担当及责任意识。三是指导师范生制定专业发展规划。鉴于师范生缺乏乡村教育实践经验,高师院校和乡村学校应酌情选派相关专家、优秀乡村教师为师范生进行精准化指导,在深入了解师范生自身发展需求的基础上,共同制定可行的职业规划,明确乡村教师各专业发展阶段的预期目标,形成可实现的教育愿景,为新生代乡村教师队伍扎根乡村、进一步提升职业维持力和职业发展力夯实基础。

在加强乡村教师后备人才培养的同时,还需要持续拓宽乡村教师的补充渠道。各级政府应积极与人力资源部门、编制统筹规划,基于对各区县乡村教师队伍的现实样态考察,根据乡村学校的教育需求与师资需要安排补充学科教师。一方面,乡村学校有空编时,原则上对乡村教师的安排要做到足额进人、有编即补。乡村学校编不足额时,适当从全区事业编制总量内调剂一定数量编制,确保乡村教师有编制保障。在编制管理上确保乡村教师供需平衡,实现乡村教育"后继有人"。另一方面,严格执行相关政策文件中关于"健全县域交流轮岗机制"意见的具体举措。在教师评选职称方面,教师申报高级职称以到乡村学校任教一年以上为必要条件,选任中小学校长则以到乡村学校任教

---

① 赵鑫.民族地区乡村教师职业吸引力提升的理念与路径[J].教育研究,2019(1):131-140.
② 黄健毅,黎芳露.新时代民族地区乡村教师的特殊素养及培养路径[J].民族教育研究,2020(1):85-90.

三年以上为优先条件。针对各地的实际情况,灵活开展和有效落实"银龄计划",吸引退休教师等人员踊跃赴乡村从教,以身作则引领新生代乡村教师的发展、增强其职业动机。加强对乡村学校英语、音乐、美术、体育、美术、信息技术等短缺学科教师需求情况的调研,在制订城乡教师轮岗计划时,按实际需求向短缺学科倾斜,补齐乡村学校短缺学科教师,确保乡村学校所应开设学科均能开齐课程、开足课时。

其次,通过政府和相关部门进行资源调控与资金投入,着力改善乡村教师的生活环境。一方面,政府持续加大对乡村社会和乡村学校软硬件设备等基础设施建设的资金投入,改善乡村学校教学设施和生活环境。乡村学校基础设施建设事关乡村教师的基本民生,而政府经费投入作为乡村学校重要的经济基础和维持日常运转的主要来源,在人力、物力与财力资源中具有整体把控的宏观作用,充足的教育经费投入能够满足乡村教师生活和工作的基本需要。尽管当前各级政府已经加大了对乡村教育的资金投入,并在乡村学校软硬件设备的建设和维护、乡村生活设施的完善以及乡村医疗水平的提高等方面取得了显著成效,但相比于乡村学校的实际需求,政府投入的经费依然有限,难以满足乡村教师对生活环境和教学设施改善的合理诉求。作为全国教育重点扶持和投入的区域,中央财政还需要根据乡村学校的实际需要进一步加大经费投入,如通过对口援助、设置专项经费等措施增加教育经费的投入。各级政府也需要合理调整教育方面的财政支出结构,加大对乡村教育的资金投入力度,切实解决乡村教师的生存与生活问题。同时,教育部门还需要与地方政府共同施策,努力拓宽乡村学校基础设施建设经费的来源,如鼓励各种社会力量投资乡村学校,从资金层面支持乡村教育事业发展,在乡村学校教育经费领域实现"强国家–强社会"的投入模式。

再次,切实提高教师的工资待遇,有效满足乡村教师的民生需求。工资待遇作为影响个体选择职业的最基本要素,是优秀人才选择赴乡村学校从教时最为关注的外显因素之一。《关于加强新时代乡村教师队伍建设的意见》指出要为乡村教师工资待遇的提升予以必要而充分的保障,"完善乡村教师待遇保障机制,确保平均工资收入水平不低于或高于当地公务员平均工资收入水平。"乡村学校在政府和教育行政部门的支持下,核定教师工资时应当统筹考虑当地的公务员工资水平,实现与公务员工资同步调整。同时,在确保不低于当地公务员工资收入平均水平的前提下,稳步提升乡村教师的基本薪资水平,达到当地中等偏上水平。此外,为确保乡村教师的生活水平,各级政府还可以设立区域性乡村教师工资调整机制。随着不同区域乡村社会经济的发展,乡村教师工资的提升应参考当地经济发展程度、物价水平和生活成本等影响因素的变化,才能提高乡村教师对工资待遇的满意度。各级政府、财政部门联合设立区域性乡村教师工资调整机制,邀请经济学、教育学和民族学等领域的专家,在系统研究的基础上建立动态的乡村教师工资预测模型,实行乡村教师工资待遇的常规性调整,并根据区域经济发展水平和物价指数等合理设置工资变动期限及教师工资变动幅度,确保乡村教师工资待遇与地方经济发展的适应度,积极回应并有效保障乡村教师的民生需求。

最后,健全乡村教师福利补贴制度,全面保障乡村教师生活需要。针对乡村教师最为迫切的福利补贴诉求,一是推进"安居工程""公转房"等项目建设,有效解决乡村教师的住房问题。无论是吸引优秀人才,还是留住乡村教师,都迫切需要各级政府为乡村教师提供足量的周转房或酌情实施集资建房的举措,加大"安居工程""公转房"等项目建设规模,积极为乡村教师提供各项社会保险等保障。为乡村教师提供一定额度的购房补贴或住房优惠,如按照乡村教师教龄给予住房补贴,对乡村新任教师采取购房或租房优惠政策等,为乡村教师提供舒适的住宿条件,解除他们的住房之忧。二是完善并落实乡村教师医疗补贴等保障性福利制度。乡村教师医疗应当享受当地公务员的同等待遇,定期开展教师体检,因地制宜安排教师休养。鉴于乡村学校地处偏远,环境相对恶劣,加之乡村教师身心压力较大,需特别注重乡村教师重大疾病的救助工作。在中央财政与政策支持下,地方政府尤其需要改善县级以下辖区的医疗条件。改善老旧医疗设备设施,积极引进优秀医疗队伍,提升医疗救治水平,并适当调整医疗制度体系,逐步解决乡村教师"看病难、看病远、看病贵"等医疗难题。三是全面落实条件艰苦地区的乡村教师生活补助政策。以乡村教师生活补助全覆盖为基础,根据乡村学校所在区域的艰苦边远程度逐级实行差别化补助标准。例如,县级政府在中央和省级财政支持下,依据乡村学校的实际情况,对乡村学校所处地区的交通环境、医疗条件和生活需求等指标进一步细化,制定综合全面的指标体系,并据此划分乡村教师生活补助的档次和额度,确保边远地区生活补助政策的目标教师群体真正受益。应完善和调整艰苦边远地区特殊津贴制度,充分发挥特殊津贴的杠杆作用,按照各地经济水平以及乡村教师的工作与生活状况,在现有边远地区特殊津贴基础上,分类按需发放乡村教师特殊津贴,充分发挥特殊津贴的补偿与保障功能。

二、乡村教师职业维持力的运行机制

职业维持力聚焦乡村教师如何"留得住",针对处于由职业适应期向职业稳定期过渡的乡村教师。他们的工作和家庭需求是否能够得到合理满足,是其扎根乡村和稳步发展的关键。本部分根据乡村教师职业维持力涉及的工作环境、工作强度、人际关系、子女教育和留任意愿等因素,明晰各项因素的功能及职业维持力的运行机理,进而构建职业维持力的提升策略。

1. 乡村教师职业维持力的运行机理

在由职业预备期转向职业稳定期的过渡阶段,乡村教师的教育理想逐渐转变为教育现实,身处实然的乡村环境并与之相互作用,构成了乡村教师工作、生活与发展的场域。场域作为乡村教师的心理、行为和社会活动产生的特定空间,既"包括个体行为发生的物理空间场域即环境场,同时也包括个体在特定时空影响下的心理空间场域即心理场"[1]。环境场域作为乡村教师的生活空间,涵盖了乡村学校场域、社会场域和家庭场域。乡村教师首先以职业人的身份进入乡村学校场域,随后,他们会根据自身各方面的发展而逐渐步入社会场域和家庭场域,扮演社会人和父母等多重角色身份。学校场域在乡村教师

---

[1] 杨进,李广,杨雪.何以坚守——基于勒温"场动力理论"谈乡村教师流失的规避[J].杭州师范大学学报(社会科学版),2021(2):114-121.

职业发展的诸多场域中占据主导地位，工作任务、工作强度和工作压力等因素会对乡村教师的身心产生持久影响，也会间接作用于他们在社会场域和家庭场域的活动。乡村学校合理的任务安排和工作强度能够维持乡村教师充沛的精力，有助于提升专业能力。乡村教师也是生活于乡村场域的社会人，人际关系及其构成的社会网络能从精神层面为乡村教师提供可靠支持。乡村教师在家庭场域中主要扮演父母角色，最为关心子女的教育质量，只有当子女能够在本地接受良好教育时，才能维持并增强教师在乡任教的毅力与动力。鉴于不同区域乡村环境场域的差异性，乡村教师的工作任务、工作强度、人际关系和子女教育等因素在各类环境场域中的具体表征也不同，呈现出多样化与差别化的实然状态。

心理场域作为乡村教师对环境场域中诸多因素相互作用后所形成的个体心理感受，主要涉及乡村教师的情感体验、主观认知和心理需求等。乡村教师在接触环境场域后，对工作、社交和家庭等形成了具有个人意义的好恶体验，即情感体验；在长期的环境互动中形成了个体化的观念认识，即主观认知；当乡村教师整体把握环境场域的客观因素和自身状态，并形成一定的主观态度与情感体验后，便会产生相应的心理需求。心理需求位居心理场域的最高层次，包括乡村教师对工作任务和工作强度的职业期待，对人际关系、子女教育等的需求及满意程度等，只有这些期待和需求得到合理满足，教师才能在乡村学校立业安身，平稳步入专业发展的稳定期和上升期，不断提升各项教育教学能力与整体专业水平。在整个心理场域中，心理需求作为乡村教师主观态度与情感体验的综合作用结果，引导着乡村教师在不同场域中表现出不同的社会行动，并随着乡村教师的环境条件、工作情况和生活经历变化而发生变化。

在职业稳定期，乡村教师心理场域的心理需求与环境场域中的客观因素动态交互，二者是一种嵌套关系，心理需求只有一小部分是完全来自个体自身，更多来自与环境的互动[1]。受环境场域的综合影响，乡村教师逐渐形成稳

---

[1] 杨进,李广,杨雪.何以坚守——基于勒温"场动力理论"谈乡村教师流失的规避[J].杭州师范大学学报(社会科学版),2021(2):114-121.

定的个人心理感受和相应的发展诉求,构成了乡村教师职业维持力的关键要素——留任意愿。留任意愿是乡村教师对从教经历的综合态度体验,反映了乡村教师对工作状况、生活体验、发展前景、期望目标的应然期望与实然状态的一致程度,直接关乎乡村教师职业生涯的长期发展。乡村教师基于对乡村环境场域的亲身体验与心理感受,从工作任务、工作强度、人际关系、子女教育等因素综合衡量环境场域的客观条件同心理场域的主观需求之间的匹配程度,进而对自身及子女的未来发展进行基本评估,最终做出是否继续留乡任教的职业选择。在这一意义上,乡村教师的留任意愿是环境场域与心理场域相互作用而形成的整体结果。留任意愿作为乡村教师继续留乡任教的主观想法,也可能随着教师在乡村场域中的体验而发生变动,只有当观念层面的留任意愿转变为乡村教师的实际行动时,即乡村教师真正留任乡村学校工作岗位时,才意味着乡村教师心理场域和环境场域内诸多要素互动过程的阶段性结束,并产生相应的行为结果(如图8-2所示)。

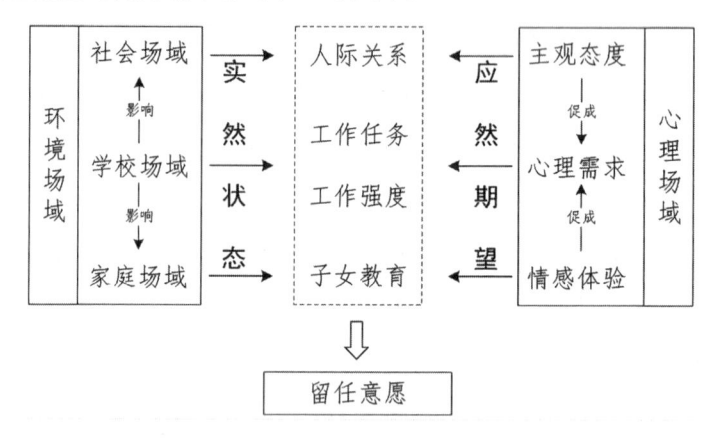

图8-2 乡村教师职业维持力的运行机理

2. 乡村教师职业维持力的提升策略

乡村教师职业维持力是乡村教师"留得住"的安业之本。乡村教师职业维持力的提升,既要重视环境场域和心理场域中共同要素的建设,满足乡村教师多维角色的发展需要;又要关注双场域的交互作用,推动各类要素与乡村教师心理诉求的匹配,从而实现乡村教师职业维持力实然状态与应然期望的内在契合。需要在明确乡村教师对工作任务、工作强度、人际关系和子女教育等需求的基础上,强化相关举措的协同性和关联性,系统构建乡村教师职业维持力的施策体系,确保教师在乡村学校安心从业。

根据环境场域对乡村教师发展的影响强弱,可以构建乡村教师职业维持力"一体两翼"施策体系。乡村教师环境场域与心理场域的互动机理反映了乡村教师职业身份的复杂性,多维的角色诉求意味着乡村教师职业维持力的提升举措决不能"分头推进",而应作为系统工程进行整体设计,防止"补丁化"政策及举措导致的实践局限。综合考察乡村教师在三重环境场域中的实然状态,学校作为乡村教师工作和生活的主要场域,很大程度上决定了乡村教师对自我身份及角色的认同度,社会场域和家庭场域也受学校场域中诸多要素的影响。鉴于此,可以将增强学校场域中乡村教师的积极体验视为"一体",重点改善乡村教师生活工作的环境、设施及条件,明确乡村教师的工作责任及范畴,提高乡村教师的身份认同感和工作满意度;以优化社会场域和家庭场域中乡村教师的人际网络和子女教育水平为"两翼",构筑乡村教师良好的人际关系,使之逐渐融入乡村社会,并完善乡村教师子女教育优惠政策,为乡村教师提供精神支撑,解除后顾之忧。此外,健全各级政府对乡村教师相关政策实施情况的督导和问责机制,确保各项政策举措切实落地,着力满足乡村教师在不同场域及身份维度上的发展需求,在乡村"留得住",并安心从教,维持乡村教师队伍的相对稳定性。

第一,改善工作环境和工作条件,确保乡村教师的各项工作有序开展。乡村学校在政府和教育行政部门支持下科学统筹办学经费,改善优化教师的工作环境和工作条件,在做好成本核算的基础上将资金分配到位、不留缺口,保障学校设施投入、管理与使用的效益。工作环境上,对于乡村学校使用多年、相对陈旧、老化失修的教学设备,如办公电脑、教室桌椅等进行周期维护,维持设备设施的正常运转;持续完善多媒体、图书等资源,提升乡村教师教学设备使用的体验。政府部门着力为工作空间紧张的乡村学校提供教师办公的独立场所,以便乡村教师有效开展日常的办公与备课等活动。工作条件上,对于乡村学校供电不稳定、网络故障、交通不便等长期性问题,要联合相关部门予以有效解决,保障乡村教师的工作与生活需要。

具体而言,应为乡村学校提供集体供暖设备和稳定的供电服务,保障乡村教师的正常教学。在冬季,许多乡村学校,特别是高寒地区乡村学校往往因气候严寒、供热不足、供电不稳而无法较好地实施教学,窘迫的教学环境影响了乡村教师的教学效果。国家相关部门与地方政府部门需要加大对高寒地区乡村学校的供暖设备资源支持及专项经费投入,全力保障乡村师生的冬季供暖,如在学校教室、办公室、食堂、师生宿舍等公共场所设立供热管网、安装室内暖气片,并配备一定数量的电锅炉等供暖设备,以确保供热来源充足。同时,政府部门需要强化高寒地区的供电服务和网络保障。在电力局、电信局和社会相关机构的支持下,组织有关人员定期到校进行电力检修和提供网络支持服务。在对电力设施设备进行全面检查的基础上,维修与更新老旧设备线路,改善网络信号质量,并为乡村师生详细解答他们在使用电力和网络时遇到的问题,提醒用电安全的注意事项。此外,乡村学校与供暖供电部门应通力合作,通过校园黑板报、手抄报、宣传栏和网络等形式,向师生宣传供电取暖的基本常识和紧急事件的应对措施,全方位确保乡村学校教师安全、顺利地工作与生活。

积极修建引水工程,缓解乡村教师用水压力。在中海拔和高海拔地区的乡村学校,用水已成为困扰乡村师生的一大难题,当地缺乏充足的水源,加之经常停电导致的频繁停水,以及乡村学校人员集中、用水压力大等原因,乡村学校能保障基本饮水已是不易,乡村师生生活用水也十分困难。长期缺水不仅导致乡村教师生活不便,也让乡村学生日渐养成不爱卫生等不良习惯。为有效解决乡村学校饮水用水这一基本的生存问题,政府部门应高度重视,酌情引入社会资金的支持,设立专项资金修建引水工程,通过水渠将离校最近的河流、山泉等水资源净化后引入乡村学校,保障师生的日常用水。同时,地方政府部门还需完善饮水设施。鉴于水资源在长距离引输过程中可能造成一定程度的二次污染和安全隐患,水利局等部门需要为缺水的乡村学校建设管道直饮水供应系统,保证师生饮水的安全卫生,为他们的用水健康保驾护航。

改善乡村学校及周边的交通条件。交通不便是困扰乡村教师生活的一大难题,乡村道路往往路况差、路程远,没有便利的公共交通设施,且公共交通的费用偏高。乡村教师出行多依靠熟人的顺风车或搭乘非法运营车辆,交通安全难以得到保障。对于高海拔地区乡村学校而言,交通出行更为困难。政府部门需要加大对公共车辆的投放,以充足的车辆保证乡村教师的正常上班与出行。适当为乡村教师制定普惠的乘车政策,比如,给予乡村教师乘车优惠或交通补贴等,解决乡村教师的交通难题。鉴于较差的交通条件造成的乡村教师生活物资紧缺和物价高涨,建立专门供应乡村学校的物资通道势在必行。交通管理局等部门可以积极组织交通运输企业为边远山区及高寒地区乡村学校定期运送瓜果蔬菜、生活用品和卫生药品等必需物资。同时,物价管理部门应当严格对运输物资的价格进行监管和督查,确保物价稳定,减轻乡村教师的生活压力,逐步改善乡村教师的生活水平。

第二,明确乡村教师的工作范畴,提高乡村教师的身份认同感和工作满意度。正如调研所发现,乡村教师对自己的身份定位及工作职责不够明晰,行政任务与教学任务的边界模糊。乡村教师常常花费大量的时间、精力承担各类繁重的行政事务,忙于应付、疲于奔波成为工作常态。这不仅严重影响了乡村教师教育教学工作的积极性,也给老师带来了较大的工作压力,导致出现职业倦怠的现象,亟须确保乡村教师回归教书育人的应然教育职责,缓解其工作压力。

在理念层面,应明晰乡村教师与政府公务员的职责定位,厘清乡村教师的工作职责。尽管乡村学校与政府部门之间存在单向科层关系,但政府作为行政管理部门的主要职责在于发挥管理职能,乡村学校作为教育部门则主要承担"为党育人、为国育才"的办学职责,负责有计划、有组织地开展乡村学生的义务教育活动,二者的分工及侧重截然不同。政府为确保乡村学校的教育质量,无须在学校内部的环节以及运行的过程中进行过多干预,也不需要过多插手学校的日常教学事务。乡村教师主要在乡村学校场域中落实自身的育人职责,为政府部门完成行政任务并不在其责任范围之内。尽管乡村教师在空闲时间也可以适当参与行政事务,然而鉴于滞后的教育发展水平,乡村教师全身心投入学校教育工作既有必要性,也有重要性。乡村学校和政府应明确分工,实施行政与教学分离的教务制度,在明晰行政人员和教职人员分工的前提下,树立教师育人为本的从教职责和工作原则,确保乡村教师投入充沛的精力和时间完成教学任务,在本职岗位上"发光发亮"。

在权力层面,采取简政放权、民主管理的方式,逐渐完善乡村学校内部民主考核机制。各级政府部门要酌情向乡村学校下放权限,一方面适当减少各类行政部门对乡村学校开展的不定期行政化考核,为乡村学校及教师合理卸下行政负担,呵护乡村教师的教育初心。乡村学校每年都要接受来自不同上级部门的检查,严重分散了乡村教师的工作精力。需要尽量减少甚至杜绝上级部门的形式化检查,确保乡村教师将主要精力放在教育教学工作上。此外,检查活动制定方应当结合实际确定检查的目标及其标准,将形式化检查转变为能够切实帮助推动乡村学校发展的实质检查,提升检查质量和效果。另一方面,给予乡村学校充分的自主权,如学校的内部评估权和人事权等,扩大乡村学校的自主办学权限和决策权。积极推选优秀的乡村教师代表参与学校的民主管理和自主决策,确保乡村教师在学校制度、章程等制定和决议中发挥决定性作用,为广大乡村教师发民声、表民意,切实为乡村教师缓解不必要的负担[①]。

第三,构筑良好的人际关系,夯实乡村教师社会层面的精神支撑。乡村教师要与同事、家长以及村民构筑良好的人际关系。融入乡村社会,乡村教师才能在和谐的人际氛围中更好地安居乐业、提升专业发展水平。促进人际关系的主要途径在于缩短空间的距离、提高交往的频率、强化个体之间的情感共鸣。在学校层面,乡村学校氛围影响着教师的自我效能感,也决定了乡村教师对职业本身和学校环境的满意程度[②]。乡村学校尤其是乡村校长要从价值导

---

① 张志峰.学校"去行政化"与教师队伍专业化建设探析[J].中国教育学刊,2011(5):29-31.
② 王照萱,张雅晴,何柯薇,等.乡村教师感知的学校氛围对其工作满意度的影响:教师领导力和自我效能感的中介作用[J].教师教育研究,2020(6):84-90.

向和文化氛围等领域为乡村教师提供良好的软环境,乡村校长通过理解、凝练与践行乡村学校价值观,引导乡村学校师生形成共同的价值追求和理想信念,实现乡村学校、教师与学生共生共长[1]。校长作为乡村学校发展的领军人物,更应在提升乡村教师职业吸引力的各项具体工作中,把握它们与社会、情境的联系,将乡村教师管理和决策融于系统的背景之中进行诊断[2]。带领乡村学校管理团队营建融洽的校园文化环境,增进乡村教师、学生和家长之间的交流理解,鼓励乡村教师参与学校事务决策,为乡村教师赋权增能,提升他们在乡从教的意义感和幸福感。一方面,乡村学校可以通过定期举办团建活动,加强不同乡村教师,尤其是外地籍新任教师与本土籍资深教师之间的交流,打破地域、年龄和文化背景方面的藩篱,使乡村教师能够在工作和生活中互帮互助。另一方面,乡村学校通过引导教师群体在教研活动和进修培训中积极合作,构建基于一致愿景的乡村教师教研共同体,引导乡村教师之间不仅在情感上相互依存,也能够在工作中以自身独有的知识、经验、能力互促互进,彼此成就。在社会层面,乡村学校和地方政府部门可搭建各类活动平台,推动乡村教师与乡村社会的融合,如利用节假日开展形式多样的主题活动,通过多方人员的积极参与和沟通,帮助乡村教师加深对乡土人情、地域文化、风俗习惯等的认识,同时增进村民对乡村教师工作与生活的理解。二者之间了解与联系的增多,能够有效增强乡村教师对乡村社会的认同感、亲近感和归属感。

第四,完善乡村教师子女教育优惠政策,为乡村教师解除后顾之忧。一方面,政府部门设置相应的优惠政策,尽可能满足乡村教师对子女教育的期望。乡村教师送子女到城镇接受教育已成为常态,政府及相关教育部门在尊重现状的基础上,应积极优化城乡教师轮岗政策,试点建立以省为主、全国统筹的乡村教师管理制度,并试行偏远地区乡村教师的城乡调动和轮岗制度[3]。根据乡村教师的任教年限及配偶职业特点,给予进城照顾子女的优先权。对于夫

---

[1] 赵鑫,贺婷婷.乡村校长价值领导力的构成逻辑与提升路径[J].今日教育,2022(Z1):22-25.
[2] 赵鑫.统筹城乡教育发展中的思维误区及其对策[J].教育发展研究,2015(7):5-10.
[3] 郑新蓉,王成龙,佟彤.我国新生代乡村教师城市化特征研究[J].河北师范大学学报(教育科学版),2016(3):70-77.

妻双方均是乡村教师的家庭,在交流轮岗时予以政策支持,在达到交流条件的基础上就近安排轮岗学校,以便照顾家庭。另一方面,全方位提高乡村教育质量,鼓励乡村教师子女在乡入学。从乡村学校的校园环境、基础设施、师资队伍、教育资源等方面入手,综合施策,逐步提升乡村学校的办学质量,推动城乡教育的均衡发展,使乡村教育逐渐发展为大众称道的"优质教育",吸引乡村教师子女就地入学,确保乡村教师子女不仅能够就近接受优质教育,也能无差别地享受父母的陪伴和照顾。而乡村教师也能在子女安顿的基础上安心从教,继续扎根乡村学校,进一步推动乡村教育质量的提升。

第五,健全各级政府对乡村教师各项政策实施情况的督导和问责机制。顺利推进乡村教师职业维持力相关举措的有效落实,必须强化政府的监管力度。各地教育行政部门要积极配合当地管理、纪检和监察等相关部门,构建一套行之有效的监督管理机制[①]。在外部监督层面,将乡村学校学生的受教育权、经费预算安排、师资队伍建设、教师工作量负荷及其工资和福利的发放等作为监督检查的重要内容。首先,明确各级政府的职责,在政府主导和统筹的基础上,各部门承担相应的监督责任,发挥教育系统内部各层级部门之间的领导监督作用,同时成立专门的"乡村教师队伍建设"监管小组,对相关政策实施、制度执行情况等进行权责分明的监督。其次,全面扩大监管范围,对乡村教师福利保障政策、乡村教师编制、教育经费投入与分配及乡村教师工资发放等环节进行全面监督管理。再次,构建体系化的监管机制,推进监督、管理、问责等程序"一条龙"紧密衔接,确保各环节整体统筹、协调一致。最后,建立和完善乡村教育的监督举报制度及责任追究制度,乡村学校和有关部门要接受教师、学生家长和其他社会大众的舆论监督,同时加大监管问责力度,对相关政策落实不力的问责到底。在内部督导层面,乡村学校可以酌情设立教育督导机构或督导小组,结合本校教育实情进行细节调整并认真贯彻执行。乡村学校将招生规则、现任师资、教师评聘、财政收支情况等重要信息公开,接受全

---

① 孟立军,等.中国民族地区教育发展研究报告——以武陵山片区为例[M].北京:科学出版社,2013:63.

校师生员工及学生家长的社会监督。乡村教师作为专业发展的主体和学生在校期间的负责人,在乡村教育中享有话语权,乡村学校可以遴选优秀教师担任教育系统内外部管理层级的代表,代表整个乡村教师群体积极发声。乡村学校教师代表的合理监督更有利于纠正实际操作执行中的偏差,保障相关法律与政策的有效落地。

三、乡村教师职业发展力的运行机制

乡村教师"引得来"和"留得住"是职业吸引力的基础,在乡村学校"教得好"则是乡村教师职业吸引力提升的根本。职业发展力以乡村教师"教得好"为价值旨归,需要协调并发挥相关因素的功能与运作机理,激发乡村教师持续发展的动力,增强乡村教师队伍的专业水平和教学质量。

1. 乡村教师职业发展力的运行机理

乡村教师职业发展力主要由岗位编制、职称评审、培训进修、职业地位和职业成就感等因素构成,可分为外显因素和内隐因素。前者主要包括岗位编制、职称评审、培训进修和职业地位;后者作为教师精神层面自我发展的需求和期待,主要是指乡村教师的职业成就感。鉴于乡村教师职业吸引力提升的长期性,职业发展力的外显因素最终将转化为乡村教师内在的驱动力,推动乡村教师认可自身的职业地位,增强职业成就感,从而提高乡村教师专业发展的内在动力。乡村教师职业发展力的运行机理遵循由外在物质表征逐渐过渡到内在精神价值的渐进过程,以合理的岗位编制为发展前提,通过职称晋升和培训进修提高乡村教师的专业水平与职业地位,最终提升乡村教师的职业成就感,达成乡村教师精神状态的自洽(如图8-3所示)。

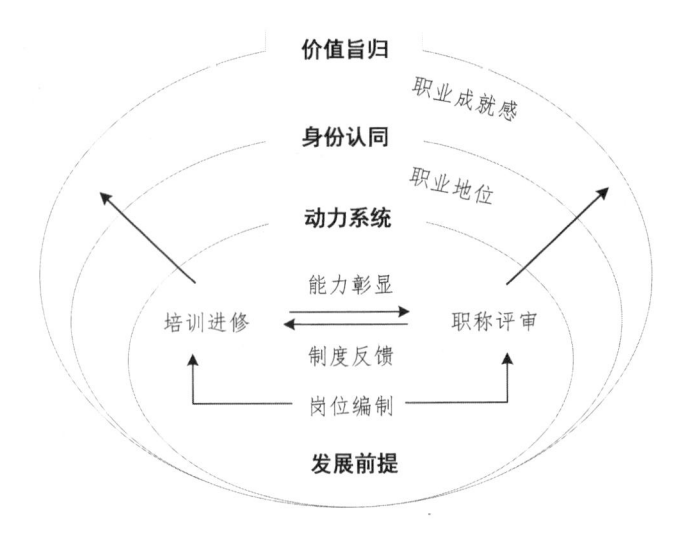

图 8-3　乡村教师职业发展力的运行机理

乡村教师主要在乡村学校开展专业活动，职业发展空间的前景和职业动力首先受到学校层面的影响。其中，岗位编制是乡村教师职业发展的前提条件。岗位编制标志着乡村教师成为正式的事业单位工作人员，可以按照相关规定享受工资待遇与福利补贴，享有职称评审和培训进修等发展机会。培训进修是乡村教师接受现代化与前沿化教育教学理念、不断充实自我和提升教育教学专业能力的主要途径。职称评审作为乡村教师任职能力和专业水平的重要表征，具有决定乡村教师工资待遇、激励持续的职业发展动力等功能。培训进修和职称评审之间存在互促互进的循环关系，共同激活乡村教师的职业发展动力。一方面，乡村教师通过各类进修培训提升职业道德与专业技能等，有助于达到职称评审中相应岗位的专业标准；另一方面，乡村教师通过培训所获得的专业成长，需要通过职称晋升获取制度化反馈，职称的晋升在很大程度上标志着乡村教师专业水平的提高。同时，职称作为一种荣誉称号，是激励乡村教师坚持从教、不断提升自我的无形动力。概言之，乡村教师培训进修和职称评审的过程是他们的综合素养在专业层面与制度层面的双重表征，构成了乡村教师职业发展力的主动力系统。

社会层面的职业地位也深刻影响着乡村教师的职业发展力。教师职业地位主要包含客观社会地位和主观社会地位，前者通过教师个体或群体的受教育水平、经济收入、职业特性和职业声望等指标来衡量,后者是教师个体对自身职业及其所归属教师群体在整个社会中处于何种位置的主观认知。客观社会地位以固定指标评价乡村教师在社会评价体系中所处位置,属于标准参照评价;主观社会地位则是乡村教师群体根据主观设置的标准,与相近社会群体或其他区域教师群体之间进行相对比较的常模参照评价。乡村中的社会群体类别较少,乡村教师经常接触与交往的社会群体相对有限,主要是作为各级政府职员的公务员群体,所以当地公务员通常是乡村教师评定自身职业地位的重要参照对象。乡村教师在进行比较时,往往以工资待遇、福利补贴、社会认可度等外显指标作为比较标准,在各项指标上均高于或有多项高于公务员群体时,他们会深化对自身职业的认同感和归属感,认可自身的社会身份与职业地位。一般而言,由高度专业化水平、合理的经济收入以及较强的职业认同感所支持的较高职业地位,能够强化乡村教师的职业归属感,坚守"立德树人"的职业操守,并保持良好的心理健康状态,有助于缓解日常工作压力,避免在工作中弱化或丧失继续发展的动力。反之,较低的职业地位会严重影响乡村教师对自身的职业认同,导致他们逐渐丧失自我身份感与自我价值感,身陷职业倦怠的囹圄,由此萌生"逃离"乡村的想法。

  无论是岗位编制、培训进修、职称评审等乡村学校层面的因素,还是职业地位这一社会层面的因素,主要作用在于拓展乡村教师及后备人才的发展空间,这些外显因素最终要转化并作用于乡村教师精神层面的内在因素,方能全面提升乡村教师职业发展力。在此意义上,衡量乡村教师发展力的重要标准在于教师精神层面是否拥有在乡从教的职业成就感。对乡村教师而言,高度的职业成就感一方面意味着乡村教师对本职工作的高度投入,充分施展自身的专业技能,有效提高乡村教育质量;另一方面,也预示着乡村教师的专业发展趋向,当乡村教师拥有强烈的职业成就感时,能够以满腔的教育热情和对乡村教育工作的不懈追求,充分发挥自我价值,激发自身积极的心理体验,达成自我实现的发展状态。自我实现作为最高层级的发展需要,强度不会因为基本需要得到满足而减弱或消失,而是会继续增加[①]。当乡村教师因自我价值的实现而获得愉快的心理体验时,会以强烈的自我效能感和饱满的姿态投入到乡村教育工作中,更加坚定地扎根乡土、教书育人,终身致力于乡村教育事业。在这一意义上,职业成就感正是乡村教师职业发展力的精神彰显。

2. 乡村教师职业发展力的提升策略

乡村教师职业发展力的提升立足于乡村教师队伍建设享有充足的岗位编制,开展精准有效的进修培训,打造乡村学校环境支持体系,不断提升职业地位,从而激发乡村教师的职业成就感和幸福感,以高水平的专业素养与高质量的教学成效,推动乡村教师成为备受社会大众尊敬和向往的职业。

其一,构建适合乡村教师的进修培训体系。精准有效的进修培训是乡村教师职业吸引力提升的重要环节,也是乡村教师专业发展的必然要求[②]。主要从进修培训的设计规划、施训平台、实训内容和开展方式等方面着手实施。

一是制订科学合理的乡村教师培训规划,提升培训实效性。此举也是解决乡村教师在各类短期培训中面临的培训目标零散化、内容碎片化、效果浅层化等问题的有效方式。高校、教师进修学校(院)等培训机构应立足当地政府和教育行政部门的支持,对乡村教师培训现状进行全方位的前置调研,系统了解乡村教师的发展现状、培训意愿及需求,在大数据分析基础上制订短期和长期的培训方案,坚持问题导向、目标管理的总体原则,科学设置培训目标、培训模块、培训内容、培训模式与培训评价等环节,增强培训的系统性和持续性,确保乡村教师培训结果的长效化[③]。

二是积极搭建培训平台、拓宽培训方式。各省(市、区、县)教育局、教师进修学校(院)、远程教育培训指导中心和"三名"工作室等应联合当地的高校,搭建集虚拟与现实于一体的培训平台,解决乡村教师工学矛盾,整合线上培训和线下研修的优势。基于互联网的便捷、即时、远程连接等优势,教师培训机构、施训者以及参训教师能够实现在线学习及多元互动交流,借助研修平台数据

---

① 张大均.教育心理学[M].北京:人民教育出版社,2015:147.
② 赵鑫.民族地区乡村教师职业吸引力提升的理念与路径[J].教育研究,2019(1):131-140.
③ 马静,钭玉陶.贵州民族地区乡村教师培训需求与对策研究[J].贵州教育,2019(21):22-24.

可以及时跟进对乡村教师的培训情况,依据大数据的记录、统计和测算对他们开展有针对性的辅导、精准考核及综合评价。结合乡村教师的实际需求,综合采用网络研修、专家指导及送教下乡等多元培训方式,将培训场域贯通于校园内外、乡村内外和线上线下,根据教师培训进修的实时进展灵活调整,以增强培训实效。

三是在对乡村教育发展现实情况把握的基础上精选培训内容。在广泛、深入征求乡村教师的培训需求、意见和建议后,立足"按需施训"的培训理念,组织和设计不同的专题内容,由"热锅炒冷饭"式培训转变为菜单式服务,充分考虑乡村学校教育需要,推动乡村学校、教师和学生的整体发展,有效提升培训质量[①]。比如,设立"学(全)科教学知识与技能""乡村学生教育与管理""乡村教师信息技术能力培训"和"乡村学校师生心理健康发展"等专题,乡村教师根据自己的需求选择和组合相应的培训模块,结合自身的时间安排开展连贯性的专业培训,确保乡村教师相关专业能力得到快速发展。菜单式培训内容能够尽可能切合乡村教师的实际,为其提供个性化的专业发展支撑,提高参训教师的培训积极性和学习热情,确保他们"培有所获""训有所得"。

四是建设专业性和针对性的乡村教师培训基地。为提升乡村教师培训的实效性,可以整合高等学校、教师进修学校与乡村学校的特色资源,建立乡村教师培训基地。由市级行政主体统筹各种培训资源,包括制定培训方案、遴选培训机构和培训教师、审核培训课程、分配培训名额、完善培训制度、考核培训质量等,实现整个培训过程的专业化、机制化与流程化,严格监控每个环节,既要确保每名乡村教师都有接受培训的机会,也要保证培训质量,并推动培训师资、课程、教材等资源的共建共享,保障乡村教师培训活动科学、有效[②]。

其二,打造乡村教师"教得好"的学校环境支持体系。乡村教师长年任教于乡村学校,他们的持续成长和专业发展离不开乡村学校人文环境与制度环境的支持。在人文环境支持方面,除了物质支持,乡村教师还非常注重所在学

---

① 赵鑫,涂梦雪,王安娜.乡村振兴背景下乡土课程资源优化策略[J].教育评论,2020(2):140-147.
② 赵鑫,谢小蓉.改革开放40年乡村教师培训研究的进展与走向[J].教育研究与实验,2019(1):61-67.

校管理者及同事对自己的关心与支持。乡村学校管理者应秉持"从教师中来，到教师中去"的理念，尊重乡村教师的专业地位及价值，倾听教师的心声与诉求，关注和理解乡村教师的感受，定期与教师代表进行教学与管理等事宜的深度交流，以达成乡村学校管理者与教师之间的心灵共振，并通过赋权增能的方式激发乡村教师自主、自发、自觉的职业发展动力。乡村教师之间应构建和谐的人际关系，同辈教师改变"关门教学"的局面，在各类教研活动中加强团体凝聚力。不同年龄段和教龄段的乡村教师也可以跨越"代沟"，通过相互帮扶铸牢情感纽带，以合作与信任增强乡村教师队伍的凝聚力和向心力，在同行之间营造彼此信任、相互帮助的良好工作氛围。

此外，乡村学校要为教师的专业发展营造宽松、人性化的制度环境，尤其是在乡村教师高度重视的职称评审领域，要提供更多评优、晋级的机会。乡村学校一方面应积极向政府相关部门和社会发声，促使政府部门站在乡村教师专业发展的立场，合理衡量职称评定条件及标准的严宽，考察职称名额能否满足已达标乡村教师的需求，向乡村学校倾斜职称指标，为乡村教师争取充足的职称名额，立足公平、公正、公开的原则，根据实际情况适当放宽二级教师评一级的标准，保障满足条件的乡村教师享有评审职称的机会。在教师教研方面，乡村学校需提升教师的教学研究意识，协助乡村教师提高教研能力，引导他们在教学实践中挖掘与提炼教育问题，充分发挥专业主体性和能动性，保障集体备课、听课和评课等常规教研活动的有序开展。乡村学校管理者作为教研活动的重要组织者，秉持信任、真诚、责任的教研态度，做好高校教育理论研究者、教研员和乡村教师之间的联络人，在价值共享、积极互助、融合激励的教研情境中，与乡村教师共同成长[①]。

其三，重塑乡村社会尊师重教的氛围，提高乡村教师的职业地位。就乡村教师内部体验而言，重在提高职业认同感。乡村教师对职业本身及所处任教环境的认可程度，很大程度上影响着他们对教师职业社会地位的认识与理解。具有高职业认同感的乡村教师能够从内心生发职业归属感，满足自我尊重的

---

① 傅敏,高建波,刘卫民.从"差序格局"到"专业盟约":校本教研共同体建构的转型策略[J].中国教育学刊,2019(5):22-26.

需要,认可乡村教师的社会地位。乡村教师首先要具备清晰的职业认知,乡村教育工作者是乡村教育发展的中坚力量,职业的意义与价值重大,能够引导乡村学生成长成才,阻断返贫问题代际传递。同时,乡村教师应当树立崇高的职业理想。教师素来承担着教书育人的神圣使命,乡村教师更是如此,要将目光聚焦乡村教育全景,将自身的专业发展和职业生涯同乡村教育振兴相整合,预设并规划职业愿景,着眼长远发展的同时立足当前实际,胸怀奉献乡村教育事业的教育情怀,在培育乡村学生的过程中体验成就感和幸福感,基于愉悦的主观体验提升主观职业地位。就乡村教师外部因素来说,应重塑尊师重教的社会氛围,使乡村教师职业获得包括乡村社会在内的全社会的高度认可。

一方面,各级政府和乡村学校应发挥引领作用。比如,以"同工同酬"的绩效激励乡村教师的工作热情和积极性,全面落实乡村教师年收入不低于当地公务员的政策规定;对于长期在乡村学校任教的教师,通过专项奖励、宣传表彰等方式,予以乡村教师物质层面和精神层面的认可,激发他们扎根乡村、安心从教的动力与信心。另一方面,着力改善村民尤其是学生家长对乡村教师的认知与理解。积极在社会层面通过电视、广播、宣传栏和网络媒体报道乡村教师的优秀事迹,改变村民对乡村教师的固化印象,建立乡村教师积极向上的正面形象与社会声望;充分发挥张桂梅等优秀乡村教师的榜样示范作用,在多方渠道的共同努力下重塑村民尊师重教的社会氛围,切实提高乡村教师的职业声望。

其四,乡村教师自觉提升专业素养,推动教研成果的产出。乡村教师职业发展力的关键在于自身专业素养的稳步提升,积极将外部提供的保障性因素和维持性因素转化为自己发展的内动力,成长为热爱乡村、能力突出、充满活力的优质乡村教师,推动乡村学校教育的内涵式发展。具体而言,乡村教师首先要深入认识与理解乡村教育工作的战略意义,树立崇高的使命感与责任感,在身心、时间和精力上加大教育教学方面的投入。同时,乡村教师应将培训研修和职称评审的收获与成果转化为自身的专业素养,悉心培养乡村学生成人成才,以优异的教学成绩引导并强化政府部门、社会舆论和村民对乡村教师的积极评价,进而激发和巩固乡村教师自身职业成就感。教学成绩作为乡村教师职业胜任力的核心指标,很大程度上决定了政府、社会、村民、学生及家长对乡村教师的评价,只有具备深厚的乡村教育情怀、精湛的专业素养,并投入大量的精力到教育教学中,乡村教师才有可能产出优异的教学成绩,获得乡村社会的肯定与认可。而这类肯定与认可又能够有效激发乡村教师的职业成就感,调动他们教书育人的积极性和创造性,巩固乡村教师对自身职业的正向评价,这些来自自身和外界的正向评价能让物质层面的职业成就上升为精神层面的职业成就感,有效提升乡村教师的职业吸引力。

第三节 乡村教师职业吸引力提升的联动机制

乡村教师职业吸引力提升的联动机制旨在实现乡村教师职业保障力、职业维持力和职业发展力之间的协同对接。科学合理的联动机制能够从根源上破解乡村教师职业吸引力诸多要素在"分"与"合"、"联"与"动"之间的关键问题,提高政府、社会、乡村学校与教师等主体要素之间的聚合力,为乡村教师职业吸引力的持续提升提供强有力的外部保障和源源不竭的内生动力。

一、乡村教师职业吸引力提升的主体联动机制

乡村教师职业吸引力提升是一项复杂的工作,需要政府、社会、学校和教师等多方主体的共同参与和协同合作,方能激发乡村教师的职业动机,吸引他们主动投入乡村教育振兴。主体联动机制强调乡村教师职业吸引力提升的相关责任主体在决策、管理、执行等环节的共同负责、密切沟通和互相监督,在权责分明的基础上贯通和联动起来,确保乡村教师职业吸引力提升机制有序推

进、有效运转。

政府主体主要包括中央政府和地方各级政府。中央政府对乡村教师队伍建设的高度重视是惠及乡村教师的各项政策举措得以出台并逐步落实的坚实支撑。在聚焦乡村教师发展关键领域,出台相关倾斜政策,加强财政经费和资源投入等宏观规划方面,中央政府发挥着不可取代的关键作用,引领着社会对乡村教师的积极关注。当中央政府高度重视乡村教师职业吸引力的提升时,整个社会将跟随国家方针的指引,集中力量办大事,跟进并解决事关乡村教师生存与发展的重大问题。基于《关于加强新时代乡村教师队伍建设的意见》,中央政府优先考虑并加强对乡村教师队伍建设的统筹管理、规划和指导,做好全面系统的顶层设计。相关政府部门按照职责分工主动履职,切实承担责任。

在具体施策及执行上,省(区、市)政府作为将相关政策及举措落到实处的责任主体,具有其管辖范围内乡村教师发展的统筹权、决策权和管理权,必须充分发挥当地"一把手"的主导作用,切实把乡村教师职业吸引力的提升摆在优先发展的战略地位。在将中央政府要求与本省(区、市)乡村教师职业吸引力实际情况密切结合的基础上,规划省(区、市)乡村教师职业吸引力的整体布局,细化责任分工,推进地方各级政府相关部门之间的多元联动,确保乡村教师职业吸引力提升机制运作的实效性。比如,省(区、市)政府教育督导机构具有指导权和监督权,承担对乡村教师吸引力提升实际情况开展系统跟进和严密督查的重大责任。各级地方教育行政部门作为对当地乡村教育事业进行领导、组织和管理的单位,能够基于地方乡村教师队伍发展的现状及需求,为乡村教师职业吸引力的提升予以必要的政策支持和经费支持。

社会主体主要包括社会组织、企事业单位和乡村社会。在乡村教师职业吸引力的提升过程中,社会主体发挥着参与决策、资源投入和评价监督等重要作用。社会力量参与乡村教师职业吸引力提升的方式包括"补充式"参与和"利益式"参与两种。"补充式"参与是指社会组织在乡村教师职业吸引力提升中扮演协助角色,主动配合政府部门改善当地乡村学校教育的软硬件条件,助力乡村教育现代化。"利益式"参与则是企事业单位直接参与乡村教育发展尤其是乡村教师队伍建设,以塑造乡村教师良好的社会形象。无论社会主体以何种方式参与,都必须与政府主体的目标导向相契合,通过改变乡村社会和乡村学校的整体环境,提升乡村教师的职业吸引力。

同时,社会主体在聚集社会资源方面有着先天的优势。政府可以通过向社会组织、企事业单位购买服务的方式,增加对乡村教育,尤其是乡村教师发展资源的供给。例如,向乡村学校捐赠教学设备、修缮食堂和宿舍等,改善乡村学校的办学条件。对于乡村教师职业吸引力提升中的专业性问题,诸如乡村留守儿童的心理疏导与素质拓展、乡村特殊儿童的教育服务、乡村教师专业培训、乡村义务教育质量"第三方"评估、乡村艺术进校园、少数民族学生语言能力发展等,可以通过邀请社会主体自愿参与,或向社会组织购买乡村教育服务等方式解决。乡村社会作为乡村教师的依存场域,以服务乡村教育、支持乡村教师为己任,可以通过加强乡村经济文化发展与乡村教育改革的深度融合,激发乡村教师职业吸引力持续发展的内生动力。为充分发挥乡村社会的力量,有能力、有资源的发达地区可以对乡村学校进行一对一的捐赠与帮扶,联合乡镇政府和乡村学校开展教育宣讲活动,逐渐消除乡村家庭"读书无用论""读书致贫论"等错误观念,营造尊师重教的社会氛围。

学校主体涵盖高校、教师进修学校(院)和乡村学校。高校和教师进修学校(院)承担着培养与培训乡村教师的重要职责,直接关系到乡村教师队伍整体素养的提升。教师培养也在供给侧层面奠定了乡村教师专业素养的基础,直接决定着乡村教师的专业水平,间接影响着乡村教育的发展质量。从教师培训的需求侧视角而言,高校和教师进修学校(院)能够为乡村教师搭建培训进修平台,并为乡村教师职业吸引力提升的规划及策略提供理论支撑与实践支持,在乡村教师的师德情怀、教育理论、信息技术、科学研究等方面发挥指导作用。

乡村学校对乡村教师职业吸引力提升发挥着更为直接的功能。一方面,乡村学校的场域环境直接影响着乡村教师职业吸引力的强弱。"惯习是社会性地体现在身体中的,在它所居留的那个场域里,它感到轻松自在,'就像在自己家一样',直接能体会到场域里充满意义和利益。"[1]乡村学校作为乡村教师的核心工作场域,在物质环境、人文环境和制度环境上有其独特表征,能够帮助教师逐渐适应乡村工作和生活场域,形塑他们的惯习。当乡村学校在各维度都能为教师提供良好环境时,乡村教师在个人专业发展和教育教学等领域便能够得心应手,养成同乡村工作与生活相适应的惯习,乡村教师职业便会对乡村教师产生了强烈的吸引力。另一方面,乡村学校作为乡村社会的子系统,在经济发展、文化繁荣以及人口素质等方面都可以推动乡村社会的振兴。乡村学校为乡村社会培养生产劳动力以提高经济效益,通过挖掘、开发、传递和创新乡土文化或民族文化,推动乡村文化的更新与繁荣,以及通过学校教育提高当地青少年的文化素质,从而优化乡村人口质量。乡村学校既是提升乡村教育质量的重要主体,也是彰显和提升乡村教师职业吸引力的关键力量。随着乡村振兴战略的推进,亟须立足乡村、顶层设计、深度推进,以乡村教育为立场,对乡村学校自身的特色资源和历史经验认真梳理。只有尊重并发挥乡村学校的特色与差异,引导师生更多去感受、发现乡村独特的教育资源,乡村学校才能由弱变强、稳步提质,吸引并留住更多优秀教师[2]。

教师主体主要指乡村教师。作为职业吸引力的主体,乡村教师在乡就业、安业和乐业是乡村教师职业吸引力的直接表征,他们对乡村教育的现实情状和发展前景所表达的满意度,彰显了乡村教师职业的意义感和幸福感,并以此吸引、激励和带动优秀人才扎根乡村从教,以优秀人才的持续引进和长期留任进一步提升乡村教师职业吸引力。需要强调的是,每一位乡村教师都对职业吸引力的提升发挥着重要作用。从这一意义上来说,任何乡村教师个体的力量都不容小觑,处于不同专业发展阶段的乡村教师个体能够通过自身专业能力和教育影响力的增强,在职业吸引力的提升过程中发挥积累效应与合力作用。

---

[1] [法]皮埃尔·布迪厄,[美]华康德.实践与反思——反思社会学导引[M].李猛,李康,译.北京:中央编译出版社,1998:173.
[2] 赵鑫,黄继玲.乡村学校深度变革的特征与路径[J].现代教育论丛,2018(4):56-60.

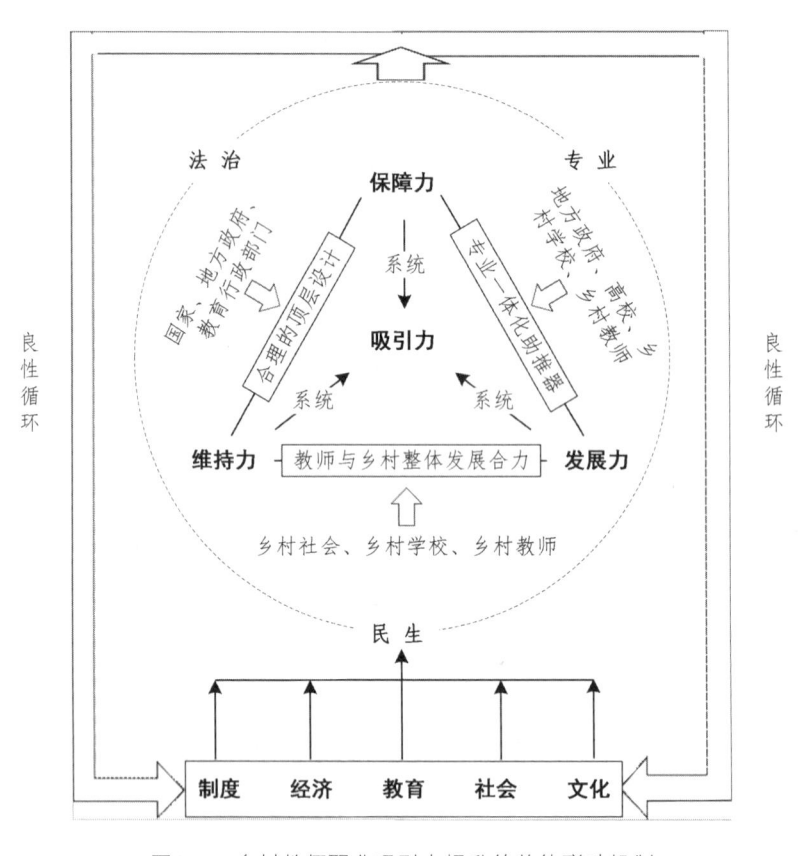

二、乡村教师职业吸引力提升的整体联动机制

乡村教师职业吸引力的提升一项作为复杂而系统的整体工程,不仅需要多元主体的直接参与,更要求以导向机制和运行机制的实践机理来组织与协调主体之间的力量,推动各主体和各机制之间的互联互动,及其功能的彼此衔接与有机整合,创设互联、互动、互补的整体联动机制,形成乡村教师职业吸引力提升的"一盘棋"格局,全方位提升乡村教师职业吸引力的整体效益(如图8-4所示)。

图8-4 乡村教师职业吸引力提升的整体联动机制

首先,职业保障力和职业维持力的关联重在从财政经费与资源配置等方面进行顶层设计。乡村学校的地理环境和物质条件是教师队伍建设的主要短板,其中财政经费和优质资源配置不均衡、生活环境艰苦等是乡村教师职业吸引力提升面临的突出问题。为此,职业保障力和职业维持力应高度关注乡村教师在生存环境、基本生计和生活条件等方面的需要。二者关联的合力能够打出"组合拳",着力攻克乡村教师的生活难关,进一步强化乡村教师职业吸引力的物质保障。其中,职业保障力旨在改善乡村教师在乡村社会和乡村学校的生活环境和工资待遇,职业维持力则主要从乡村教师工作设施和工作条件等方面满足乡村教师的需要。二者的合力为乡村教师职业吸引力提供必要的政策支持及充足的财力和物力资源。鉴于政策制度、财政经费与物质资源在横向上关涉职业吸引力提升系统的各个方面,同时也牵涉到职业保障力、职业维持力和职业发展力的纵向实施过程,因此需要中央政府及各级地方政府和教育行政部门进行合理的顶层设计,自上而下进行各环节的系统设计与要素规划,在宏观层面上寻求相关问题的解决之道。

中央政府不仅为乡村教师队伍建设提供价值导向、提出目标要求,同时以"看得见的手"在政策制定与颁布、经费物资供给中发挥主导统筹作用,各级地方政府和教育行政部门主要在财政经费和物资投入分配上发挥区域性规划的作用。中央政府需要在政策上针对乡村教育重难点问题做出必要的规划和部署,并要求各级政府部门执行政策规定,以发挥职业保障力和职业维持力联动的重要功能。在财政上,立足"中央和地方政府'分项目、按比例'"的教育经费主体分担办法,中央财政进一步增加乡村教育经费的投入比重,设立乡村教育专项经费[①]。此外,各省、市、区、县的政府和地方教育行政部门一同实施"经费省级统筹,管理以县为主"的财政体制,根据乡村学校的现实情状因地制宜做好区域性规划,切实改善乡村教师的工资待遇和生活环境。在资源投入与分配上,中央政府优化资源配置,加大对乡村教育公共资源投入的倾斜力度。各级地方政府基于当地乡村教师生存及其发展现状,公平、合理地配置教育资源,并通过物质资源的流动与共享机制发挥教育资源的辐射作用,实现教育资源效益的最大化。

---

① 哈巍,陈晓宇,刘叶,等.中国农村义务教育经费体制改革四十年回顾[J].教育学术月刊,2017(12):3-11.

职业保障力和职业维持力的联动需要法治导向保驾护航,法治导向能够确保有关乡村教师职业吸引力提升的各项举措在法律保障下有效执行。无论是国家相关政策的颁布与落实,还是各级地方政府对财政经费和教育资源的分配,都需要秉持法治思维、依法办事。各级地方政府部门拥有相应的行政权力,落实国家有关乡村教师的政策举措实质上是依法行使权力的过程,行使任何权力必须坚持"权力法定",即由法律授权,依照法律执行,且受到法律的监督,尤其是对于乡村教师的工资待遇、福利补贴等关系到乡村教师生存发展的资金投入,在进行财政经费规划与分配时更要贯彻法治原则,避免私吞漏报等违法行为的发生[①]。法治导向下的法律权威能够确保职业保障力和职业维持力共同创生的乡村教师发展"保护伞"及其功能发挥得到全社会的认同,确保乡村教师职业吸引力的提升有法可依。

其次,职业保障力和职业发展力的联动合力是乡村教师职业吸引力提升的一体化"推进器"。乡村教师会经历由高校毕业生成长为新任教师,再从新任教师蜕变为成熟型教师的专业发展历程。其中,职业保障力视域下的预备适应阶段与职业发展力视角下的快速发展阶段是乡村教师专业成长的关键时期,这两个阶段中的职前培养体系与职后培训体系是乡村教师职业生涯中重要的专业支撑体系,很大程度上决定了乡村教师专业发展的速度、水平和空间。当前,乡村教师的职前培养内容与职后培训内容相对割裂,职前所学的教育理论、学科知识同乡村学校教学实践之间缺乏连贯性与一致性。这就要求职业保障力和职业发展力联合发力,打通教师职前培养体系与职后培训研修体系之间互融互通的内在经脉,推动乡村教师的职前职后一体化发展。《教师教育振兴行动计划(2018—2022年)》也要求高校尤其是师范院校与中小学校协同开展乡村教师职前职后相互衔接的培养培训。职业保障力和职业发展力的联动主要依靠政府和教育行政部门的协调,联合高校、教师进修学校(院)和乡村学校等多方主体,以共同体的方式构建乡村教师职前职后一体化专业发展模式。

---

① 韩伟.社会治理需要遵循民主法治导向——对基层社区网格化社会治理的反思[J].理论导刊,2016(1):48-51.

在职前阶段,高校尤其是师范院校要发挥主导作用。一方面,高校基于地方政府与教育行政部门的支持,应深入了解乡村学校对教师的总体需求,立足"按需定策"的培养方针,强化定向公费培养和订单式培养,明确培养定位,将乡村教师的数量、素养以及其他方面的需求同高校的培养目标无缝对接,培育适岗、乐岗和爱岗的乡村教师后备人才。另一方面,高校可以联合当地教师进修学校(院),从乡村教师职前职后一体化课程体系建设的角度着手,根据乡村教育振兴的实际需求整体设置课程。比如,开设《中国乡村文化概况》《乡村教育学》《乡村学生发展心理学》等针对性课程,引导师范生系统学习相关知识;联合教师进修学校(院)和乡村学校定期进行师范生技能培训、顶岗支教和实地见习,提升他们的专业实践能力、角色转换和职业适应能力,帮助他们能够顺利度过职业预备阶段和适应阶段。在职后阶段,乡村学校发挥主导作用,结合乡村社会实际,协助乡村教师制定并完善专业发展规划。在这一过程中,高校和教师进修学校(院)起到专业引领作用,为乡村教师培训提供良好的平台或基地、丰富的项目资源以及优秀的专家指导。地方政府及教育行政部门则提供支撑,为乡村教师的专业发展营造和谐的制度环境与人文环境。

同时,在各级地方政府及教育行政部门引领下,强化乡村教师入职前后培训体系的对接与反馈。职业发展力为乡村教师"教得好"保驾护航,要求高校,尤其是师范院校为乡村教师的专业发展创造条件,拓宽乡村教师学习的途径,鼓励有志研学的乡村教师继续攻读研究生学位,支持他们成长为学习型教师,增强教育理论素养和教学研究创新能力。新任教师赴乡村学校任职后,高校可以继续对他们开展职后跟踪访谈和调查,根据乡村教师入职后的教学工作与专业发展情况进一步调整与优化师范生培养体系,秉持专业导向,促进乡村教师职前职后贯通式、一体化专业发展。专业导向强调乡村教师职业吸引力提升举措的针对性和有效性,将对乡村教师在乡从教必须具备的关键品质的培养,贯穿职前培养和职后培训的始终[1]。乡村场域的特殊性,要求乡村教师除了具备入乡从教必备的基础性专业知识技能,更要怀揣乡土情怀,掌握乡村文化知识和风俗知识,提高全科教学能力等,以专业导向全面优化职业保障力

---

[1] 赵鑫.民族地区乡村教师职业吸引力提升的理念与路径[J].教育研究,2019(1):131-140.

和职业发展力的联动效能。

再次,职业维持力和职业发展力的联动能够促进乡村教育与乡村社会的价值关联,提升乡村教师职业吸引力的整体效益。二者联动需要立足乡村民生理念,将乡村教师职业吸引力提升的目标及功效从乡村教师和乡村教育领域,扩大到整个乡村社会,尤其是关涉乡村教师和村民的民生领域。这就需要突破乡村学校教育的边界,实现乡村教育改革与乡村社会发展的深度融合,由此将乡村教师职业吸引力的提升内嵌于乡村社会,与乡村振兴事业紧密相连。

乡村教师职业吸引力的提升与乡村社会发展之间存在着良性互动关系。"乡村教师内含'专业性与公共性的双重属性',是专业身份与公共身份的统一体。"[1]一方面,乡村教师是个体身为职业人承担的特定社会角色,肩负着在乡村学校教书育人的职责,在职业人的轨道上促进乡村教育这一乡村社会子系统的发展,进而实现与乡村社会在功能上的间接互动。比如,通过推动乡村教育质量的公平,进而助力乡村社会的公平。另一方面,作为生活在乡村社会、拥有公共属性的社会人,乡村教师还兼具乡村知识分子、乡村经济社会建设者等公共身份,并以这种公共身份实现与乡村社会的直接互动。乡村教师承担着为所在乡村服务的公益性职责。在实施乡村振兴战略的背景下,乡村社会各行各业的从业人员都是乡村建设的主力军。乡村教师身为乡村社会中的知识分子,应着力塑造"新乡贤"身份,发挥在乡村振兴中的价值引领和文化示范作用。在完成乡村学校教学任务的基础上,以自身丰厚的文化资本为乡村公共建设出谋划策,通过举办各类公共知识宣传活动提高村民的基本素养,打造乡村社会文明新面貌[2]。此外,乡村社会也要为乡村教师提供转变身份角色的机会,使其从书本知识的传授者转变为地方性知识和乡村实践性知识的发掘者与生产者。乡村教师在当地政府的引导下融入教育行政系统,兼任与乡村教育事业密切相关的职务。例如,在不影响乡村学校教育质量的前提下,将乡村教师分批分期酌情派遣至乡村学校周边的乡村担任"教育书记员"或"教育委员",让他们能够结合自身的专业知识和教学经验,在乡村社会活动中挖掘

---

[1] 闫闯.走向"新乡贤":乡村教师公共身份的困境突破与角色重塑[J].教育科学,2019(4):77-83.
[2] 时伟,王艳玲.乡村教师乡村生活的式微与重构[J].教师教育研究,2019(5):117-122.

并凝练本土化的教育知识。当乡村教师以职业人专业身份和社会人公共身份的双重角色生活在乡村社会时，会逐渐以乡村社会建设者的公共身份从乡村社会的"离场"走向"返场"，职业地位特别是社会经济地位也将得到巩固。此外，乡村教师调适或重构自身的公共角色，努力与乡村振兴事业相适应，承担促进乡村振兴和乡村社会繁荣的社会责任与时代使命，提升乡村归属感和自我成就感，激励他们以更加强烈的职业动机投身并奉献于乡村教育和乡村社会。

乡村学校与乡村社会之间存在互利共赢、良性共生的关系。乡村学校可通过活动空间功能重组，缓解对乡村社会的认知依附状态，成为推动乡村振兴的精神支点。尽管乡村学校在场域上依附于乡村社会，但并不是乡村社会空间上的附庸，在功能上也不会与整个乡村社会区隔而显得格格不入。相反，乡村学校不仅是"教育机构"，更是具有社会改良职能的"文化中心"，理应承担起对当地村民潜移默化的教化功能，造福村民的民生[①]。对于社会经济发展相对滞后的乡村来说，乡村学校的设备设施和广阔的活动空间意味着其能够有效承担村民交往、政策宣传、文化生产等活动，与乡村社会互利共赢，在提高教育成效的同时产生诸多社会效益。乡村社会也应该高度重视乡村学校的价值，在资金和物质支持以及乡村学校环境建设上，提供便利和支撑，调动社会力量支持乡村教育改革发展。进而推动乡村学校和乡村社会的空间互动、利益互惠与和谐共生，为乡村教师职业吸引力的提升搭建全方位的支持平台。

最后，乡村教师职业吸引力的提升机制更关注职业保障力、职业维持力和职业发展力的协同发力，作为整体系统促进乡村教师职业吸引力提升与乡村社会文化、经济发展的良性循环。换言之，践行"系统"导向，将乡村教师职业吸引力置于更广阔的乡村社会整体建设中去把握，将乡村教师职业吸引力提升系统视为乡村社会发展的重要组成部分，通过乡村教育与乡村社会的相互关系和交互作用，寻求乡村教师职业吸引力提升的根本之道。

立足乡村教师职业吸引力的主要因素及作用机理，政策制度、乡村社会、

[①] 薛小平.从区隔走向共在：乡村学校建设的"空间立场"[J].教育发展研究，2018(24)：28-33.

乡村经济、乡村文化和乡村教育从不同维度为乡村教师职业吸引力提升机制提供条件支持。具体而言,政策制度确定发展方向和内容要求,乡村社会强化行动力,乡村经济夯实物质基础,乡村文化明确精神支持,乡村教育提供专业支撑。依循系统导向,各子系统的功效需要遵循时空维度的系统观,在时间上放眼长远,兼顾乡村教师职业吸引力的短期、中期和长期效益,避免发生短期获益长期受损的现象;在空间上把握乡村教师职业吸引力的整体布局,处理好宏观布局和微观布局的关系,既要形成点线面结合、整体一盘棋的格局,又要精准施策,抓住事关乡村教师职业吸引力提升的"牛鼻子",拓展关键地域的空间效益,如在乡村社会选取部分乡村学校作为乡村教师职业吸引力提升实验的重点基地,以高投入、强师资确保"名师、名校在乡村"的发展趋势,打造具有优良口碑的示范乡村学校,并在当地发挥榜样作用。乡村教师职业吸引力根植于乡村社会大系统,需要源源不断地从社会各子系统中汲取营养。高素质、专业化和创新型的乡村教师队伍,会对乡村社会系统的改造发挥重要作用[1]。

综合而言,乡村教师职业保障力、职业维持力和职业发展力相互作用、相互制约、循序渐进、首尾相连,微观上促进乡村教师个体的专业素养持续发展,由疏离乡土的新任教师成长为热爱乡土的资深教师;宏观上推动新生代乡村教师群体从"引得来""留得住"到"教得好",从整体上打造高素质、专业化、有情怀、有活力的乡村教师队伍。全方位提升乡村教师职业吸引力,使之成为乡村教师在乡村学校就业、安业和乐业的精神力量,也成为更多有志青年和优秀人才赴乡从教的不竭动力。师德高尚、情怀浓厚、业务精湛、充满活力的乡村教师队伍作为乡村教师职业吸引力的关键因子,又能够反哺整个乡村社会,推动乡村教育、乡村经济、乡村文化和乡村社会之间良性循环发展,对实现乡村振兴战略的有效推进具有重要意义。

---

[1] 叶澜.教育概论[M].北京:人民教育出版社,1991:96.

结 语

乡村教师乃乡村教育之本,乡村教师职业吸引力作为吸引人才就业、促进教师安业与乐业的力量,既是乡村教育亟待补齐的"短板",也是乡村教育振兴的"着力点"。提升乡村教师职业吸引力,确保乡村教育成为有奔头的事业,是深入推进教育优先发展战略在乡村社会的有效落实,推进区域教育协调发展的关键所在,对提高乡村教育质量,实现"扶智""扶志"同频共振,促进民族团结、稳边固疆,具有重大的现实意义。通过对乡村教师职业吸引力现状的实地调研,发现乡村教师队伍建设总体上存在优质教育人才难招、难留、难育等问题,并从国家、社会、学校和教师层面对其成因进行分析。在此基础上,针对乡村教育的特殊需要,构建以"法治""专业""民生"和"系统"等理念为导向,采取多元联动的措施提升乡村教师职业保障力、增强乡村教师职业维持力、提高乡村教师职业发展力,确保乡村教师"引得来""留得住"并"教得好",对于中国式乡村教育现代化的实现、乡村振兴战略的推进等具有重大意义。

第一,推动中国式乡村教育现代化。乡村教师队伍作为乡村学校教育发展的动力源,是促进乡村教育发展的关键。优质的乡村教师队伍能够培育乡村学生成人成才,确保学生接受公平而有质量的乡村教育,带动乡村学校整体精神面貌和教育质量的提升,进而促进城乡教育动态均衡发展。补齐"乡村教师职业吸引力不强"这一乡村教育的薄弱环节,能够有力推动乡村教育现代化。乡村教育作为我国教育发展的重中之重,乡村教师职业吸引力的提升能够增强乡村教师队伍的质量,促进乡村教育现代化和乡村教育振兴,推动教育强国建设战略目标的顺利达成。

第二，助力乡村振兴战略的推进。提升乡村教师职业吸引力旨在吸纳有情怀、有学识的优秀人才加入乡村教师队伍并长期坚守乡村教育岗位。乡村教师在提高乡村社会劳动力基本文化素质和生产能力的基础上实现劳动力再生产，通过以德化人、言传身教的榜样示范培养乡村学生的"亲乡""爱乡"和"为乡"素养，引领乡村学生深刻理解和切身感受当地浓郁的地域文化和乡村习俗，培植乡村学生的乡土文化自信与深厚的乡土情怀，培养学生扎根乡村的社会责任感和使命感，以习得的综合素养反哺乡村，投身乡村振兴事业。

第三，传承、传播并创新乡村文化。乡村文化是乡村社会数千年来传承的生存经验与智慧结晶。乡村教师作为乡村社会中知识文化的代言人，对乡村文化进行保护和传承责无旁贷。乡村教师职业吸引力所打造的新生代乡村教师队伍，具有同新时代相契合的现代主流文化，通过主流文化与乡村文化、民族文化等地域文化的有机融合实现文化的传承、传播和创新，进而吸引更多具备文化底蕴和人文情怀的教师扎根乡村学校、弘扬乡土文化，致力于乡村文化的深入开发与持续创造。

概言之，乡村教师职业吸引力的提升作为乡村社会"优先发展教育事业""办好人民满意的教育"的关键节点，对乡村教育和整个教育事业的发展来说，是功在当代、利在千秋的伟大事业。但乡村教师职业吸引力的提升不能一蹴而就，而是需要政府、社会、学校和教师多方面持续而长期地投入与努力，根据时代变迁和社会发展及时调整价值导向及实践机制，建设高水平的乡村教师队伍，打造高质量乡村教育体系，实现中国式教育现代化的伟大目标。高质量的乡村教师队伍是中国式乡村教育现代化的根本依靠，怎样在中国这片古老的乡土大地上有效提升乡村教师职业吸引力，仍然需要坚持不懈地探索。

附录一

西南民族地区乡村教师职业吸引力访谈提纲
(乡村教师)

一、个人情况

访谈对象(姓氏)		访谈时间		访谈地点	
性　别		民　族		婚姻状况	
年　龄		教　龄		职　称	
户籍/家庭所在地		毕业院校/学历/编制/教师资格证			
任教学段		任教学科			
任教班级数		每周课时			
收入(每月/每年/有无特殊津贴)					

二、访谈问题

1.当初是什么原因让您选择了乡村教师这份职业？您现在对乡村教师这一职业的看法是什么？之前是否有在其他学校工作过？是什么原因让您到本校任教？

2.您觉得从事教师这一行业(来这里工作),跟您一开始的预期相比,是否满意?有无落差?如果有落差,具体有哪些方面的落差?

3.您每天大概工作几个小时?早上几点上课,下午几点放学,中午有无午休时间?是否有晚自习,一般到几点?平常工作日会加班吗?周末或节假日是否有加班?为什么加班?加班时间有多长?加班是否有额外补助?您对这样的加班满意吗,学校是否有对此采取什么措施?

4.您现在每天的教学工作大概是怎样安排的?有哪些具体教学工作?教学过程的难度怎样?多媒体教学设备使用情况如何?(是否参加过专门针对多媒体设备使用的培训?)如果是寄宿制学校,有专门的生活管理教师吗?如果没有,教师是否需要管理学生睡觉,学校是怎样安排的,晚上几点才能休息?

5.班上少数民族学生的比例是多少?您觉得学生整体素质、学习基础如何?(学生基础差,具体表现在哪些方面?期中、期末考试的及格率、优生率多少?)是否容易管理?是否存在比较难教或者难管理的学生?这类学生的比例是多少?您是怎么应对的?是否存在优秀生源流失、难管理的学生不断增加的情况?您是如何进行管理的?

6.您认为目前的工作压力大吗?除了教学工作之外,您还要承担哪些工作?如果有,主要来自哪些方面?有没有什么解决措施?平时请假是否方便?请假次数的多少是否与工资、评职称等挂钩?

7.您所在学校目前有多少学生和教师?在编教师多少人?编外教师多少人?是否有代课教师?您认为学校的教师人数、师生比例合理吗?学校缺什么学科教师,如何解决的?

8.您目前的职称级别是什么？如果未评级,大概入职几年后可以评职称,需要满足哪些条件？如果已经评职称,那么评职称的时间节点如何,中间是否存在什么困难,下一次评职称是什么时候,需要满足哪些条件？您所在学校是如何进行职称评审的？您觉得这样做合理吗？如果不合理,哪些方面有待改进？每年的职称名额是否充足？如果不够的话,您觉得每年划分多少个名额才能满足教师们的需要？是否存在由于职称名额较少,教师通过调往更艰苦的地区的学校来获得更高职称的现象？这种现象常见吗,是否每个学校都会出现这样的情况？

9.您会经常参加培训吗？培训内容涉及哪些方面？学校一般是怎样确定参加培训的教师人选呢？您觉得参加培训对教学工作的开展帮助大吗？是否希望以后有更多的培训机会？最希望得到哪些方面的培训？

10.您与学校领导/同事/学生/家长相处中,有没有遇到比较难相处的情况？令您印象最深刻的事情是什么？(例如,学校领导管理是否存在制度上的问题？家长是否尊重教师？家长是否愿意配合教师？调皮的学生是否难相处？学生有没有做什么令您感动的事情？)

11.您觉得学校的工作环境如何？如教学设备配置(具体有哪些设备,如多媒体、多功能教室等)、办公设备(教师是否有办公室、独立办公桌？如果没有,平时在哪里备课？)、图书室(如果没有,教师平时想查阅资料或自我充电是怎么解决的)、网络(如果网络不畅通,教师平时想找资料是怎么解决的)、打印机以及复印机(如果没有,教师平时要打印或复印资料是怎么解决的)、就餐(学校每个月是否有提供餐补,有的话,每月多少？平时吃饭,是自己煮还是学校有教师食堂？如果自己煮的话,会不会影响教学？如果是老师们集资请师傅做饭的话,每个月自己要出多少钱)等方面。

12.据您了解,当地的乡村教师有哪些福利待遇? 您对当前的福利待遇满意吗? 如果不满意,您觉得还可以在哪些方面提高? 绩效、工资、补贴等具体需要在已有的基础上提高多少?(需问出具体的数据)

13.您平时工作日是住学校提供的宿舍吗?(如果没有提供,教师自己租房的话,每月租金多少,租房条件如何?)学校的住宿条件如何?(大概多少平方米? 是否有独立卫生间、厨房和阳台? 一间宿舍住几人? 是否有互联网?)住宿是否安全,是否有同伴陪同? 是否感到孤独、难以融入教师团队? 是否经常停水停电,为您的生活带来了哪些不便? 政府是否有给您提供住房福利? 如果没有,希望政府提供哪类住房福利? 自己是否有在县城或市里买房,当地的房价如何?

14.当地物价如何?(问到具体的价格,如果学校是在镇上,可以跟县城或市区的价格作比较)消费水平与市区相比高吗,是否可以举例说明一下? 您认为当地的经济发展水平如何? 平时周末或节假日是怎么度过的呢,有没有休闲娱乐的方式?

15.您平时出行的交通工具有哪些? 往返家或者往返县城/市区的价格是多少,需要多长时间? 是否认为有必要为乡村教师提供车补? 如果需要的话,大概每个月多少钱比较合适?

16.您的身体健康状况如何? 有没有因为工作劳累而生病? 生病的话一般会到哪里就医(小病在哪看,大病在哪看)? 学校附近是否有医疗点? 县城的医疗条件、医生水平如何?(医疗条件和医生水平可以举例说明,比如县医院能否做手术、有什么仪器等)是否每个老师都有医疗保障? 如果有,看病花费的钱是怎样报销的,大概报销多少?

17.(已婚老师)您有孩子了吗？几岁了？目前在哪里上学,读几年级？您认为孩子能在本地接受良好的教育吗？如果不能,您是否有考虑将孩子送到市区或其他地方比较好的学校去读书呢？孩子每学期或每年的教育开销是多少？这是否给您带来了经济压力？您目前的工资水平能为孩子提供良好的教育吗？/(未婚老师)您的个人情感问题是如何解决的？是否想在当地找对象？如果不想,未来是如何打算的,是否会对当前的职业产生影响？

18.影响您选择乡村教师职业最重要的原因(标准)是什么?(如果老师说了两个以上的标准,可以让老师对其进行排序,或从中选出最重要的原因/标准)

19.学校教师流动性大不大？是否能够留住优秀教师？学校有没有采取什么措施来留住优秀教师？是否有措施激励教师更好地工作？是否有引进优秀教师到校任教？

20.您对自己的职业前景有什么样的期待？如果有机会调到县城学校/换一份工作(分开问),您会怎么选择？如果放弃乡村教师这份职业,您的理由是什么？

附录二

西南民族地区乡村教师职业吸引力访谈提纲
（乡村校长）

一、个人情况

访谈对象（姓氏）		访谈时间		访谈地点	
性　别		民　族		婚姻状况	
年　龄		教　龄		职称/职务	
户籍/家庭所在地		毕业院校/学历			
任教学段		任教学科			
任教班级数		每周课时			

二、访谈问题

1.学校采取了哪些措施吸引教师、留住教师、促进教师的发展？其中存在的最大困难是什么？有什么计划加以解决？当地政府采取了哪些措施？您认为，什么条件才能"留得住"优秀教师，什么条件才能"引得来"青年教师？

2.学校是否存在教师流失的情况？是否严重？您认为教师流失主要有哪些原因？

3.学校的教学环境如何？目前有几栋楼，操场多大，各项设施是否齐全？学生教室和住宿条件如何？教师的办公和住宿情况如何？学校的生源如何？学生整体质量如何？是否有难教的学生，表现在哪些方面？是否存在优秀生源流失的情况，如何解决？学校教师的学历、整体素质、专业水平如何？您目前所在学校的教师人数、代课教师人数、男女教师比例、新老教师比例（30岁以下、30至50岁、50岁以上的教师人数各有多少）如何？

4.学校教师的主要教学任务有哪些？每位教师的工作量是多少？有没有教师反映工作量太大，学校是如何解决的？教师是否会经常加班？是否有加班补助等？

5.学校教师的工作积极性如何？是否有教师产生职业倦怠，对工作不上心？对此，学校有没有什么措施来提高教师的工作积极性？

6.学校教师是否好管理，教师是否会按时、保质完成下达的通知、布置的任务？主要根据教师哪些方面的表现来考核他们的工作？对于表现突出的或者不好的教师，是否会有什么奖惩制度？

7.学校会开展哪些活动来提升教师的专业水平或教学能力？怎样开展？多久一次？学校是否会组织内部或兄弟院校之间开展观摩课、评课、赛课活动？多久一次？

8.学校会给教师提供参加国家级、省市级或县级培训的机会吗？如何确定参加培训的人选？学校是否经常开展校本培训，一般多久开展一次？教师参加培训后的效果如何？

9.学校是如何开展教师职称评审工作的？大概的流程是什么样的？您觉得这么做是否合理？

10.学校给教师提供了哪些福利待遇？(年终考核绩效、就餐补贴、住房补贴、医疗保障、交通补贴、节假日福利等)教师对这些福利待遇满意吗？

11.教师在当地的社会地位如何？当地人(村民、家长、学生等)是否尊重教师？如果不尊重，您认为是哪些原因导致的？

12.您认为吸引青年教师或有经验的优秀教师到学校工作最重要的因素是什么？怎样才能使乡村教师"留得住""教得好"？可以从哪些方面提升乡村教师的职业吸引力？

附录三

西南民族地区乡村教师职业吸引力调查问卷

尊敬的老师,您好!感谢您在百忙之中参与此次调查,本问卷旨在了解西南民族地区乡村教师职业吸引力的现状。您的回答将对我们的研究具有十分重要的价值,调查数据仅作为学术研究的依据,不涉及其他用途。本问卷采用不记名方式,答案没有对错之分,请您根据自身的实际情况如实填写,我们将对调查内容严格保密。衷心感谢您对我们工作的支持!

国家社科基金课题组

第一部分:个人基本情况(请根据您的实际情况在"[ ]"内打"√",每题只选一个答案,并在横线上"＿＿"填写相关信息)。

序号	基本信息	选项
1	性别	(1)男 [ ]　　　(2)女 [ ]
2	婚姻状况	(1)未婚 [ ]　　　(2)已婚 [ ]
3	年龄	(1)30岁以下(含30岁) [ ]　　(2)31~40岁 [ ] (3)41~50岁 [ ]　　　　　　　(4)51岁以上(含51岁) [ ]
4	民族	＿＿＿＿＿＿＿＿＿＿＿＿＿＿＿族(须填写)
5	户籍所在地	(1)本省城镇户籍 [ ]　　(2)本省农村户籍 [ ] (3)外省城镇户籍 [ ]　　(4)外省农村户籍 [ ]

续表

序号	基本信息	选项
6	最高学历	(1)高中 [ ] (2)中专 [ ] (3)大专 [ ] (4)本科 [ ] (5)硕士研究生 [ ] (6)博士研究生 [ ]
7	师范院校毕业	(1)是 [ ] (2)否 [ ]
8	任教学段	(1)幼儿园 [ ] (2)小学 [ ] (3)初中 [ ] (4)高中 [ ]
9	任教学科	(可多选)(1)语文 [ ] (2)数学 [ ] (3)英语 [ ] (4)其他学科_____(如任教两门以上学科,请依次填写)
10	教龄	_____年(须填写)
11	职称	(1)特级 [ ] (2)中小学高级 [ ] (3)中小学一级 [ ] (4)中小学二级____ (5)中小学三级 [ ] (6)未评级 [ ]
12	月收入	(1)2500元及以下(含2500) [ ] (2)2500~3500元(含3500) [ ] (3)3500~4500元(含4500) [ ] (4)4500~5500元(含5500) [ ] (5)5500~6500元(含6500) [ ] (6)6500元以上 [ ]
13	工作所属区域	____省/自治区(直辖市)____市/自治州____县(须填写)

第二部分:请根据您的实际情况在框内打"√",每题只选一个答案。

序号	题目	非常符合	比较符合	不确定	比较不符合	非常不符合
1	我所在学校的教学设施配置良好(如教具、图书、多媒体、运动设备等),满足教学要求					
2	我所在学校的校园文化氛围浓厚					
3	我所在学校的教风、学风良好					
4	学校的工作环境好,是我选择乡村教师职业的标准之一					
5	我所在学校的地理位置较为偏僻					
6	学校所处的地理位置好,是我选择乡村教师职业的标准之一					
7	学校所在地区经济发展较好,生活条件便利,物价便宜					

续表

序号	题目	非常符合	比较符合	不确定	比较不符合	非常不符合
8	学校所在地区经济发达,是我选择乡村教师职业的标准之一					
9	学校所在地区交通便利,出行方便					
10	学校所在地区交通便利,是我选择乡村教师职业的标准之一					
11	我目前的住宿条件良好,家居用品配置齐全					
12	我所在学校为乡村教师提供了住房或住房补贴					
13	当地政府颁布了专门针对乡村教师的购房优惠政策					
14	住宿条件好,是我选择乡村教师职业的标准之一					
15	学校所在地区的医疗条件较好,如就医方便、设备齐全、医疗人员水平高、费用合理等					
16	我所在学校或当地政府有专门针对乡村教师的医疗保障政策					
17	医疗保障健全,是我选择乡村教师职业的标准之一					
18	学校安排的教学任务合理,任教学段、任教学科、工作量等均在我的能力范围之内					
19	每学期的教学任务是由教研组教师共同商讨而定,体现出较大的民主性					
20	学生的民族及语言差异会对我完成教学任务造成一定的困难					
21	我目前的工作压力适当,不会对教学和生活产生负面影响					

续表

序号	题目	非常符合	比较符合	不确定	比较不符合	非常不符合
22	除了常规的教学工作之外,我还承担着其他的工作(例如学生管理、与家长沟通等)					
23	学校工作压力小,是我选择乡村教师职业的标准之一					
24	我的工作时间较为稳定,通常不需要加班					
25	因学生来自不同民族,存在语言各异、整体素质参差不齐等情况,我需要花费较多的工作时间来管理教导学生					
26	我每年都有参加进修或培训(包括校本培训)的机会					
27	我每学期都有与本校优秀教师或其他学校教师交流学习的机会					
28	参加过的进修或培训对我的教学工作有很大的帮助					
29	有参加培训或进修的机会,是我选择乡村教师职业的标准之一					
30	我目前的工资不低于本地公务员的平均工资					
31	我对目前的工资收入感到满意					
32	我对自身的福利待遇(除工资收入之外的津贴、补贴、医疗保险、养老保险、公积金、节假日福利等)感到满意					
33	我认为乡村教师的工资,应与当地公务员的工资水平一致					
34	工资收入高,是我选择乡村教师职业的标准之一					

续表

序号	题目	非常符合	比较符合	不确定	比较不符合	非常不符合
35	我认为乡村教师的基本福利待遇远低于城市教师,需要进一步提高					
36	乡村教师福利待遇好,是我选择该职业的标准之一					
37	我所在地区乡村教师的职称评审条件太高,多数教师难以达到评审要求					
38	我所在地区乡村教师的职称评审名额充足					
39	我认为乡村教师的职称晋升制度不合理,需要进一步完善					
40	我当前的职称晋升空间较大					
41	职称晋升空间大,是我选择乡村教师职业的标准之一					
42	我所在学校的教师岗位编制合理,教师数量与教学工作量相匹配					
43	有正式编制,是我选择乡村教师职业的标准之一					
44	我认为自己(未来)的子女能够在本地接受良好的义务教育					
45	子女能在本地接受良好教育,是我选择该职业的标准之一					
46	我发自内心地热爱乡村教育工作,不在乎其待遇或从业条件					
47	我选择乡村教师职业,主要是因为这一工作较为稳定					

续表

序号	题目	非常符合	比较符合	不确定	比较不符合	非常不符合
48	我选择乡村教师职业,主要是迫于外部压力不得已而为之(诸如就业压力、家人要求等)					
49	如有机会,我会离开现在的乡村学校,到条件更好的城镇学校任职					
50	如有机会,我会放弃教师职业,到前景或待遇更好的行业就职					
51	我认为,有必要进一步提升乡村教师的职业地位					
52	假如将教师职业地位分成上、中上、中、中下、下五个等级,我认为乡村教师的职业地位,在整个教师行业中属于上或中上等级					
53	职业地位高,是我选择乡村教师职业的标准之一					
54	目前从事的乡村教育工作很有意义,让我体验到自豪感					
55	我能够热情地完成各项教学任务,让我体会到成就感					
56	乡村教师这一职业能实现自身的人生价值,让我乐教乐学					
57	职业成就感高,是我选择乡村教师职业的标准之一					
58	我所在学校的领导实施民主化管理,一切从师生的利益出发					
59	我与学校领导关系融洽,相互之间能够有效地沟通交流					

续表

序号	题目	非常符合	比较符合	不确定	比较不符合	非常不符合
60	我与同事们沟通良好,相处融洽					
61	学校人际关系易于处理,是我选择乡村教师职业的标准之一					
62	我与家长之间的关系融洽,沟通顺畅					
63	由于民族文化和语言差异,我与家长的沟通存在问题					
64	我与所在学校的学生关系良好,相处融洽					
65	由于学生的民族或语言差异,我与学生之间存在沟通不畅等问题					

第三部分:请根据您的真实情况,回答以下问题。

影响您选择乡村教师职业<u>最重要</u>的标准或原因是什么?

_____

_____

_____

问卷到此结束,请您再从头到尾检查一次是否有漏答或错答的问题。再次衷心地感谢您对调查的热情支持!

主要参考文献

(一)著作类

1. 费孝通.乡土中国[M].北京:生活·读书·新知三联书店,1985.

2. 袁亚愚.乡村社会学[M].成都:四川大学出版社,1990.

3. 曹锦清.黄河边的中国[M].上海:上海文艺出版社,2000.

4. 约翰·杜威.学校与社会·明日之学校[M].赵祥麟,任钟印,吴志宏,译.北京:人民教育出版社,2005.

5. 曹锦清.如何研究中国[M].上海:上海人民出版社,2010.

6. 孟立军.新中国民族教育政策研究[M].北京:科学出版社,2010.

7. 朱旭东.教师专业发展理论研究[M].北京:北京师范大学出版社,2011.

8. 孟立军,柳劲松,许锋华,等.中国民族地区教育发展研究报告——以武陵山片区为例[M].北京:科学出版社,2013.

9. 梁漱溟.乡村建设理论[M].北京:商务印书馆,2015.

10. 邬志辉,秦玉友.中国农村教育发展报告2013—2014[M].北京:北京师范大学出版社,2015.

11. 赵鑫.教师感情修养论[M].福州:福建教育出版社,2015.

12. 李森,崔友兴.社会变迁中的乡村教育[M].福州:福建教育出版社,2017.

13. 邬志辉,秦玉友.中国农村教育发展报告2016[M].北京:北京师范大学出版社,2017.

14. 薛正斌.乡村教师支持计划政策研究[M].北京:中国社会科学出版社,2021.

15. 梁文艳.农村中小学教师质量问题研究:现状、评价与提升路径[M].北京:中国经济出版社,2022.

(二)期刊类

1. 申国昌.明清塾师的日常生活与教学活动[J].教育研究,2012(6).

2. 容中逵.农村教师薪酬问题研究——来自浙江、河北、四川三省的调研报告[J].教育研究,2014(3).

3. 姚荣.从"嵌入"到"悬浮":国家与社会视角下我国乡村教育变迁研究[J].清华大学教育研究,2014(4).

4. 徐继存,高盼望.民国乡村教师的社会形象及其时代特征[J].教师教育研究,2015(4).

5. 吴明海.对民族地区乡村教师队伍建设的思考与建议[J].中国民族教育,2015(5).

6. 李森,崔友兴.新型城镇化进程中乡村教师专业发展现状调查研究——基于对川、滇、黔、渝四省市的实证分析[J].教育研究,2015(7).

7. 赵鑫.统筹城乡教育发展中的思维误区及其对策[J].教育发展研究,2015(7).

8. 赵鑫.新型城镇化进程中乡村教师乡土情感的缺失与重塑[J].西南大学学报(社会科学版),2016(2).

9. 田恒平.乡村教师培养与补充的现实路径思考[J].教师教育研究,2016(3).

10. 张晓文,张旭.从颁布到落地:32份《乡村教师支持计划》文本分析[J].现代教育管理,2017(2).

11. 付卫东,范先佐.《乡村教师支持计划》实施的成效、问题及对策——基于中西部6省12县(区)120余所农村中小学的调查[J].华中师范大学学报(人文社会科学版),2018(1).

12. 贺文洁,李琼,穆洪华.学校文化氛围对乡村教师工作满意度的影响:教师能动性的中介作用[J].教师教育研究,2018(3).

13. 杨明刚,于思琪,唐松林.如何提升教师吸引力:欧盟的经验与启示[J].湖南师范大学教育科学学报,2018(4).

14. 朱永新.切实提高地位待遇 增强教师职业吸引力[J].中国教育学刊,2018(4).

15. 赵鑫,谢小蓉.乡村小学新教师情感劳动的质性研究[J].基础教育,2018(5).

16. 石连海,田晓苗.我国乡村教师队伍建设政策的发展与创新[J].教育研究,2018(9).

17. 田友谊,张迪.民族地区农村特岗教师离职问题的叙事研究[J].民族教育研究,2019(1).

18. 赵鑫.民族地区乡村教师职业吸引力提升的理念与路径[J].教育研究,2019(1).

19. 赵鑫,谢小蓉.改革开放40年乡村教师培训研究的进展与走向[J].教育研究与实验,2019(1).

20. 赵垣可,刘善槐.新中国70年农村教师政策的演变与审思——基于1949—2019年农村教师政策文本的分析[J].西南大学学报(社会科学版),2019(5).

21. 席梅红.新中国成立70年乡村教师历史价值探析[J].中国教育学刊,2019(6).

22. 赵鑫,谢小蓉.从"在乡村从教"到"为乡村而教":我国乡村教师身份认同研究的进展及走向[J].当代教育与文化,2020(1).

23. 钟云华,张维.民族农村地区新生代特岗教师职业压力来源的叙事分析[J].教师教育研究,2020(1).

24. 肖正德.论乡村振兴战略中乡村教师的新乡贤角色[J].教育研究,

2020(11).

25. 何树虎,邬志辉.乡村教师职业吸引力的实证研究——基于"离"与"留"强意愿的对比[J].教师教育研究,2021(1).

26. 庞丽娟,杨小敏,金志峰,等.构建综合待遇保障制度提升乡村教师职业吸引力[J].中国教育学刊,2021(4).

27. 袁振国,沈伟."优师专项"特点和培养方式改革[J].教育研究,2021(6).

28. 谢小蓉,赵鑫.西南民族地区乡村教师职业吸引力的实证分析与提升策略[J].中国成人教育,2021(19).

29. 郝文武,雒强,贺璐璐.增强乡村教师职业吸引力的关键指标和特殊措施[J].教育与经济,2022(2).

30. 李涛,黄少澜.乡村教师职业吸引力的多维测算与分解[J].东北师范大学学报(哲学社会科学版),2023(1).

31. 赵鑫,李敏.中国式乡村教育现代化的发展逻辑与推进路径[J].现代教育管理,2023(6).

32. 张学文.科教何以兴国:大变局中的政策议程及中国实践[J].教育研究,2024(1).

33. 李森.打造高素质乡村教师队伍 赋能乡村教育高质量发展[J].教育发展研究,2024(10).

后记

身为在课程与教学论领域"摸爬滚打"的研习者,乡村教师研究实际并非本人专业所长,但在理论研究与实践探索过程中,本人也积极关注乡村学校的课程与教学改革。乡村学校课程与教学既是乡村教育发展的重点,也是乡村教育振兴的堵点,乡村学校课程与教学的质量直接关系到我国基础教育事业的整体水平,自然应被课程与教学论研究者所重视。我们在调查研究中深切感受到,乡村学校课程与教学改革存在一些长期以来未能得到有效解决的问题,诸如价值导向城市化、教学目标同质化、教学方式单一化、资源开发低效化等。为了切实解决这些问题,必须深入调研乡村学校课程与教学的主体——"乡村教师",以期建成一支热爱乡村、数量充足、素质优良、充满活力的乡村教师队伍。有效提升乡村教师职业吸引力,直接关系到乡村学校课程与教学深度变革的内核,课程与教学论研究者无法绕过,应当敢于直面相关的难题。

结合多年来在西南地区乡村学校调研的所获与所感,本人尝试申报了国家社会科学基金青年项目"西南民族地区乡村教师职业吸引力的提升机制研究"(项目批准号:16CMZ025)。课题有幸获批,但身为乡村教师研究的门外汉,很长时间却无从下手。在查阅资料、寻方解惑的过程中,书架上曹锦清先生撰写的《如何研究中国》使我如获至宝,书中提出的"返回国情、返回历史、返回实证"理念,让课题研究明确了方法论导向,乡村教师职业吸引力作为中国乡村教育"土生土长"的现实问题,相关研究若要"开花结果",必须扎根中国国情,梳理历史变迁,并深入乡村社会。

"没有调查,没有发言权",研究团队积极"入场",八年来走访了四川、云南、贵州和重庆等地百余所乡村学校,通过线上、线下双渠道发放调查问卷

3000份,努力以"无知"与"好奇"的状态一对一深度访谈乡村教师122位,其中包括28位乡村校长。每次访谈结束,研究团队力争客观、科学地保存"现场",第一时间如实记录所见、所闻与所谈,形成了30余万字的访谈笔记。在此基础上,将所思、所疑和所得转化成论著与报告,拙作便是其一。

项目申报研究和书稿撰写过程有幸得到了诸多师友的关心支持。李森教授、熊川武教授、宋乃庆教授、朱德全教授、徐辉教授等专家学者经常给予点拨指导。四川省凉山州金阳县原副县长阿余拉哲,云南省楚雄州牟定县教研师训中心主任、教师进修学校刘家琨校长,贵州师范大学杜尚荣教授,贵阳学院余文武教授等热心搭建了调研平台。我的博士和硕士研究生作为实证调研的生力军,谢小蓉、张杰、王安娜、吴佩蓉和涂梦雪等深度参与了调研活动,涂梦雪、权琪、王珊、龙菊、杨佳、曾小璇和吕寒雪等搜集、整理、分析与撰写了部分研究资料,李之郁、陈莉婷、李敏、王玲、曾鸽、李阳、温好琳、傅密、沈仕坤、魏君洪、徐苏苏和杨力等协助校对了书稿。感谢老师们、同学们以不计辛劳与名利的热情投入、倾力奉献。

全国哲学社会科学工作办公室及评审专家不嫌选题稚嫩,慷慨给予立项资助;西南大学教育学部领导不计拙作粗鄙,纳入"西南大学'双一流'建设(教育学)学术文库";西南大学出版社徐中仁、黄瑱等领导和编辑老师不厌文字生硬,认真予以校编润色;书中借鉴、引用了诸多学人同行的论著观点,在此一并感谢。

2016年申报课题时,通过各种途径搜寻有关乡村教师职业吸引力的资料,直接为题的研究成果仅有8篇论文。近年来,随着党和政府对乡村教师的深切关怀和大力支持,相关研究得到了快速发展,乡村教师职业吸引力研究可谓形势大好。亚里士多德在《诗学》中说过,作品能够在动态中展现出潜伏于作者内心深处的思想与情感。拙作虽然构思与行文平淡无奇,却表达了本人多年来对乡村教师的崇敬之情,着力避免崇论闳议和不易之言。鉴于乡村教育的战略地位与社会价值,可以说乡村教师职业吸引力无论怎样提升,都不为过。同样,拙作吸引力仍然存在很大的提升空间,诚恳期待读者朋友们不吝赐教。